Als selbst die Dichter schwiegen

GEORGE POGANY

BRANDRAM

This 1st German edition first published in Great Britain in 2020
by Brandram, an imprint of Takeaway (Publishing)

Deutsche Erstausgabe 1.1
Translated from the original English by Michael Sieker

First published in English in Great Britain in 2011 as
When Even the Poets Were Silent

Text copyright © George Pogany 2011
Photographs copyright © George Pogany 2020
Afterword copyright © Istvan Pogany 2011
Translator's Afterword copyright © Michael Sieker 2020

George Pogany has asserted his right to be identified as the author of this work

All rights reserved. No part of this publication may be reproduced, stored in a retrieval system or transmitted in any form or by any means without the prior written permission of the publisher nor be otherwise circulated in any form of binding or cover other than that in which it is published and without a similar condition being imposed on the subsequent purchaser

Takeaway (Publishing), Chapel House, Exwick Manor, Exeter EX4 2AT

E-mail: books@takeawaypublishing.co.uk

British Library Cataloguing in Publication Data.
A catalogue record for this book is available from the British Library

ISBN 978-0-9931896-3-0

Cover images by Váraljai Nóra

Zu einer Zeit lebe ich auf Erden,
als selbst die Dichter schwiegen
und verzweifelt darauf hofften,
dass Jesaja noch einmal seine
Stimme erheben möge.
Denn wer sonst könnte einen
passenden Fluch aussprechen?

Aus der *Sechsten Ekloge*
von Miklós Radnóti, Mai 1944
(Übersetzung Andrea Banai
und Michael Sieker)

Inhalt

vii Vorwort

ix Vorwort zur deutschen Ausgabe

11 Orosháza

55 Verfolgung

107 Befreiung

133 Universität

163 Almásfüzitő

189 Vegyterv

221 Tauwetter

259 Freiheit

293 Epilog

299 Nachwort, Die ungarischen Juden: Von der Emanzipation zum Genozid, von Prof. Istvan Pogany

315 Danksagung

316 Nachwort des Übersetzers

Vorwort

Dies ist eine wahre Geschichte und ich habe mich bemüht, die Ereignisse nach so vielen Jahrzehnten wahrheitsgemäß wiederzugeben. Das Buch ist kein Geschichtsbuch, aber es ist mehr als nur die Geschichte meines Lebens. Es ist auch eine Reise in die Vergangenheit, zu Orten und zu Menschen während einiger der bedeutsamsten Ereignisse des 20. Jahrhunderts. Während meiner Jugend und als junger Erwachsener taumelte ein großer Teil des europäischen Kontinents zwischen Stabilität, Ordnung und bürgerlichen Werten sowie Verfolgung, Krieg und Völkermord, bevor er schließlich in den stalinistischen Totalitarismus abdriftete. Dieses Buch erzählt von meinen Erlebnissen in dieser Zeit.

Ich habe die internationale Praxis übernommen, den Vornamen vor den Familiennamen zu setzen, obwohl es auf ungarisch genau umgekehrt üblich ist. Auch habe ich die ungarischen Wörter *Bácsi* und *Néni*, beides alltägliche Begriffe in Ungarn, durchgängig verwendet. Es sind höfliche Anreden, ähnlich wie Onkel und Tante, implizieren aber nicht zwingend eine familiäre Verbindung. Im Ungarischen bedeutet der Titel *Úr* „Herr" und *-né* bedeutet „die Ehefrau von". In den Kapiteln über Ungarn im Kommunismus wurde statt der ungarischen Bezeichnung „elvtárs" das deutsche Wort „Genosse" verwendet. Einige Namen wurden geändert, um die Anonymität bestimmter Personen zu schützen.

Vorwort zur deutschen Ausgabe

Ich bin dankbar und fühle mich geehrt, dass mein Buch ins Deutsche übersetzt wird. Auch wenn ich den Faschismus hasse, so hege ich doch keinen Groll gegen die Deutschen, die inzwischen in einem demokratischen Land leben. Tatsächlich gab es viele einfache Deutsche, die mir während des Krieges halfen und damit ihre eigene Freiheit aufs Spiel setzten. Es ist wichtig, dass wir die Vergangenheit nicht vergessen. Deshalb ist es mir ein Anliegen, all jenen die Wahrheit zu erzählen, die den Horror des Faschismus nicht durchleben mussten.

Im zweiten Teil des Buches geht es um den Kommunismus. Als junger Mann war ich von der Idee angezogen und trat in die Kommunistische Partei ein, jedoch wurde ich dank der praktischen Erfahrungen immer mehr desillusioniert. Und so ergriff ich die Gelegenheit und floh mit meiner Frau und unserem vierjährigen Sohn in den Westen.

Ich hoffe, dass dieses Buch zwei Zielen gerecht wird. Zum einen ist es eine spannende persönliche Geschichte, in der das Glück eine wichtige Rolle gespielt hat. Zum anderen ist es ein Zeugnis einer düsteren Epoche in der Geschichte Europas und der Welt, die sich hoffentlich nie wiederholen wird.

Für Istvan, meinen Sohn

1
Orosháza

IN MEINER FRÜHESTEN Erinnerung liege ich im Bett und höre meiner Großmutter zu, wie sie mir vor dem Einschlafen eine Geschichte erzählt. Wenn sie zu Besuch war, erzählte sie mir immer Geschichten von alten mitteleuropäischen Städten und immer ging es auch um Wölfe. Am Ende war ich völlig verängstigt und rechnete ständig damit von Wölfen angegriffen zu werden. Mir war damals nicht klar, dass die einzigen Wölfe Ungarns im Budapester Zoo besichtigt werden konnten. Als kleiner Junge teilte ich ein Schlafzimmer mit meinem älteren Bruder. Wenn ich also nachts die Bettpfanne benutzen musste, musste er erst aufstehen und mich davon überzeugen, dass die Luft rein war, sonst fühlte ich mich vor den Wölfen nicht sicher. Erst viel später wurde mir klar, dass es nicht die Wölfe waren, die die größte Gefahr für mich darstellen sollten.

Der Autor mit seiner Großmutter

ALS SELBST DIE DICHTER SCHWIEGEN

Ich wurde im Januar 1928 als György Sándor Platschek geboren, aber alle nannten mich Gyuri. Es war ein slawischer Familienname mit eher deutscher Schreibweise, der vermutlich aus Polen stammte. Wie und woher waren meine Vorfahren nach Polen gekommen? Wir wussten es nicht, aber es schien nicht wichtig zu sein, denn wir waren ja Ungarn. Mein Geburtsort Orosháza, der im äußersten Südosten von Ungarn und nur fünfzig Kilometer von Rumänien entfernt lag, war zu dieser Zeit das größte Dorf in Ungarn. Die Bevölkerung bestand hauptsächlich aus armen Kleinbauern. Fast überall in der Welt wäre eine Siedlung von etwa 28.000 Seelen eine Stadt gewesen, aber aus nicht nachvollziehbaren, bürokratischen Gründen wurde Orosháza bis nach dem Krieg offiziell als Dorf eingestuft. Der ganze Bezirk von Békés, an dessen Rand Orosháza lag, hatte den Ruf, rebellisch zu sein. Man nannte ihn lange Zeit „Viharsarok" – Ungarns „stürmische Ecke". Vielleicht lag es daran, dass die Regierung der Region so wenig Beachtung schenkte.

Das umliegende Land war fruchtbar und flach und es war das landwirtschaftliche Kerngebiet Zentraleuropas. Meinen ersten Berg sah ich mit 18, das Meer erst im Alter von 29 Jahren.

Das politische System in Ungarn, besonders auf dem Land, war geprägt von fest etablierten feudalen Strukturen. Die herrschende Klasse bestand aus Großgrundbesitzern und den höchsten lokalen Beamten des Regimes, die ein Leben weit ab vom Rest der Bevölkerung führten. Daneben gab es noch eine kleine Mittelklasse, die sich aus Ärzten, Rechtsanwälten, Lehrern und Kaufleuten zusammensetzte. Die zahlenmäßig größte Gruppe waren jedoch Bauern, die ihren Lebensunterhalt dem Boden abtrotzten. Die unterste Klasse waren Bauern ohne Land und Tagelöhner. Wenn der Vater einer kleinbäuerlichen Familie starb, wurde sein

Orosháza

Land zwischen seinen Söhnen aufgeteilt, was zu kleinen, schmalen Landstrichen führte, die als „Hosengürtel" bezeichnet wurden. Diese waren nicht für moderne Produktionsmethoden geeignet und zu klein, um eine neue Familie zu ernähren. Die Söhne waren daher häufig gezwungen ihr Land zu verkaufen und als landlose Bauern für einen Großgrundbesitzer zu arbeiten oder sich als Gelegenheitsarbeiter zu verdingen. Einige versuchten einen Kredit aufzunehmen. Dies war aber ein sicherer Weg in den Konkurs, denn es gab keinen Überschuss, mit dem man den Kredit hätte tilgen können.

Wir gehörten zur Mittelklasse. Wir waren zu viert in der Familie: mein Vater, der Schullehrer Lajos, den meine Mutter immer Loli nannte; meine Mutter, die Hausfrau Eleonora, die mein Vater seinerseits Nóri nannte; mein älterer Bruder István, den wir alle Pista nannten; und schließlich ich, Gyuri. Leider habe ich meine Großväter nicht kennengelernt, beide starben einige Jahre vor meiner Geburt. Kennengelernt habe ich nur die Mutter meines Vaters. Oma Julia war damals eine gebrechliche, alte Frau mit langen, weißen Haaren, die zu einem Dutt auf dem Kopf hochgesteckt waren. Es waren ihre Geschichten von Wölfen, die mich verfolgt hatten. Ihr Gesicht war voller Falten und sie war stets in schwarz gekleidet. Sie lebte bei einem meiner Onkel und mein Vater schickte ihr jeden Monat etwas Geld.

Wir waren zwar Juden, aber nicht besonders strenggläubig. In Orosháza gab es keine orthodoxen Juden. Es gab nicht einmal einen Laden, wo man koscheres Essen kaufen konnte. Allerdings gab es ein religiöses Schlachthaus, zu dem einige Hausfrauen ihr Geflügel brachten, um es schlachten und dem jüdischen Gesetz entsprechend ausbluten zu lassen. Unsere jüdische Gemeinde bestand aus etwa fünfhundert Seelen. Wir betrachteten die jüdischen Feiertage als alte Traditionen, aber wir waren ziemlich wählerisch. Keiner von uns hatte *Peots*, die langen Schläfenlocken, anhand derer man die Strenggläubigen erkennen konnte und wir bedeckten unsere Köpfe nur im Winter oder während wir in der Synagoge waren. Unser Erscheinungsbild unterschied sich nicht von der übrigen Bevölkerung von Orosháza, die überwiegend christlich war – eine Mischung aus Katholiken und Protestanten – allerdings war ihnen bewusst, dass wir Juden waren. Einige von uns hielten zwar Schweine und aßen Schweinefleisch, alle fasteten aber am höchsten jüdischen Feiertag *Jóm Kippur*. Ein gewähltes Komitee kümmerte sich um die Angelegenheiten der Synagoge, unseres jüdischen Friedhofs und unserer Grundschule und regelte die Finanzen. Es gab allerdings kein richtiges Gemeindeleben und keine Zusammenkünfte. Am Ende von *Rós Hásáná*, dem jüdischen Neujahrsfest, war es Tradition unter den Juden, sich mit einem „Nächstes Jahr in Jerusalem" zu grüßen: aber niemand glaubte daran oder hatte tatsächlich die Absicht, dorthin zu gehen. Ungarn war unsere Heimat. Wir betrachteten uns zu hundert Prozent als Ungarn – jüdische Ungarn, nicht ungarische Juden. Wir sprachen ungarisch und kaum ein Wort Jiddisch, das in orthodoxeren Gemeinden üblich war. Für mich und meine Familie bedeutete jüdisch zu sein nur, Teil einer religiösen Gemeinschaft zu sein, deren Mitglieder *Zsidók* – Juden – genannt wurden.

Zu dieser Zeit gab es viele Juden in Ungarn. In der Hauptstadt Budapest war sogar ein Fünftel der Bevölkerung jüdisch. Ich bin aufgewachsen in dem Gefühl, dass diese Identität anderen Ungarn in nichts nachsteht. Immerhin hatte das ungarische Parlament 1867 die ungarischen Juden politisch gleichgestellt und um die Jahrhundertwende hatte das Judentum sogar den gleichen Status wie das Christentum.

Meine Mutter wurde in der Stadt Mármarossziget geboren, einem berühmten Zentrum des orthodoxen und ult-

Orosháza

raorthodoxen jüdischen Lebens. Aber Mármarossziget lag in einem Teil Ungarns, der 1920 im Vertrag von Trianon Rumänien zugesprochen wurde. Ungarn war seit diesem Vertrag nur noch ein Schatten seiner selbst. So trennten die alliierten Siegermächte des 1. Weltkriegs etwa drei Viertel des Landes und zwei Drittel der Bevölkerung ab. Mein Großvater mütterlicherseits war Schuster, einer von vielen in der Stadt. Mein Großvater väterlicherseits war Schneider. Er wuchs in der ungarischen Stadt Losonc auf, die zum Zeitpunkt meiner Geburt im Zuge des Vertrages von Trianon zur tschechoslowakischen Stadt Lucenec geworden war. Mein Vater selbst wurde im westlichen Teil von Ungarn in der Stadt Nagyatád geboren. Wenigstens Nagyatád war noch ungarisch. Ich liebte mein Land, seine Sprache und seine Literatur, und ich hoffte leidenschaftlich, dass die nach dem ersten Weltkrieg gestohlenen Gebiete eines Tages an Ungarn zurückgegeben würden. Als kleines Kind träumte ich sogar davon, mich in Versailles in den Grand Trianon Palast zu schleichen und den schändlichen Vertrag zu zerreißen. Aber auch wenn sich die Juden von Orosháza für durch und durch ungarisch hielten, betrachtete sie der Rest der Bevölkerung auch als gleichwertig? Als Kind habe ich nie über diese Frage nachgedacht, aber die folgenden Ereignisse beantworteten mir die Frage.

Meine Mutter war elf Jahre jünger als mein Vater. Obwohl sie in späteren Jahren etwas übergewichtig wurde, war sie eine hübsche Frau mit blauen Augen und blonden Haaren. Sie war extrem kurzsichtig und musste eine Brille tragen. Sie besaß auch eine Lorgnette mit einem silbernen Griff, die Damen in der Oper oder im Theater benutzten. In Orosháza gab es allerdings weder das eine noch das andere.

Wie die meisten anderen Frauen aus der Mittelschicht von Orosháza hatte auch meine Mutter keine Arbeit und konzentrierte sich darauf, die Kinder zu betreuen und den Haushalt zu führen. Unterstützt wurde sie dabei von einem Dienstmädchen.

Die Eltern des Autors als junges Paar

Meine Eltern kauften die meisten Dinge auf Pump. Zu Beginn eines jeden Monats, wenn mein Vater sein Gehalt erhielt, holte er ein langes, rotes Heft heraus, in dem er Buch führte über unsere Schulden bei den verschiedenen Geschäftsleuten. Dann stritt er regelmäßig mit meiner Mutter darüber, wem wieviel Geld gezahlt werden sollte. Am Ende wurden nie alle Schulden abbezahlt. Es blieb aber immer zu wenig Geld übrig, so dass neue Käufe erneut auf Kredit gekauft werden mussten. Ich hasste diese Streitereien um Geld und sobald ich das rote Buch sah, rannte ich aus dem Raum. Allerdings lernte ich so, nicht über meine Verhältnisse zu leben und bin seitdem in der Lage, meine Finanzen zu regeln.

Der Hauptgrund für die finanziellen Probleme meiner Eltern waren die Kosten für die Ausbildung meines Bruders István, der in einer anderen Stadt das Gymnasium besuchte, weil es damals in Orosháza keins gab. Der Sohn des

Orosháza

örtlichen Apothekers besuchte die gleiche Schule und sein Vater, ein reicher Mann, hatte ein Auto gekauft und einen Fahrer für ihn engagiert. Um Kosten zu sparen, durfte István als zahlender Passagier mitfahren.

Meine Eltern und besonders meine Mutter bemühten sich, mit ihren wohlhabenderen Freunden in sozialer Hinsicht mitzuhalten. Sie gaben teure Dinnerpartys für den Anwalt Goldman, den Tierarzt Balázs und Doktor Zelenka. Ein regelmäßiger Gast auf diesen Feiern war ein nicht-jüdischer, korpulenter Anwalt, der im Ersten Weltkrieg eines seiner Beine verloren hatte. Er hatte ein künstliches Bein und konnte nur langsam mit Hilfe von zwei Krückstöcken gehen. Trotz seiner Behinderung war der Anwalt ein jovialer Mann, witzig, laut und etwas vulgär. Er war stets der strahlende Mittelpunkt der Tischgesellschaft. Sein Appetit war wirklich enorm und er schluckte in der Regel ein ganzes Stück Kuchen herunter ohne zu kauen. Er war Junggeselle und es wurde gemunkelt, dass er mit seiner Haushälterin schlief, die eine einfache Frau vom Lande war. Allerdings ließen sie sich nie zusammen in der Öffentlichkeit blicken.

Seine Freunde nannten ihn alle einfach „Papa". Später hörte ich, dass er an Magenkrebs erkrankt war und praktisch verhungerte.

Das Essen bei diesen Tischgesellschaften begann immer mit einem Gläschen unseres hausgemachten *Szilvapálinka*-Pflaumenschnaps, gefolgt von einer Hühner- oder Pilzsuppe. Als Hauptgang gab es oft *Ürücomb* – Lammkeule. Dies war die Spezialität meiner Mutter, die eine ausgezeichnete Köchin war. Die meisten Ungarn aßen kein Lamm, aber meine Mutter verwendete viel Knoblauch und andere Gewürze, um den charakteristischen Lammgeruch zu beseitigen. Das Gericht kam bei allen Gästen sehr gut an. Als Beilage zum Fleisch gab es gekochte Kartoffeln oder *Tarhonya*, die typischen ungarischen Eiernudeln, die mit der Hand gerieben wurden und Gerstenkörnern ähnelten. Dazu gab es reichlich Sauce. Das Gemüse – Bohnen, Erbsen und Möhren – wurden auf ungarische Art mit einer Mehlschwitze zubereitet, die mit Schmand abgeschmeckt wurde. Der letzte Gang war immer ein selbstgebackener Kuchen. Entweder gab es *Krémes* – eine Cremeschnitte mit einer Vanillefüllung – oder *Dobostorta*, eine abwechselnd mit Biskuit und Schokoladenbuttercreme geschichtete Torte mit einer Karamell-Glasur. Das Festmahl endete mit Kávé – Kaffee. Alle Gerichte waren typisch ungarisch und alles andere als koscher. Ich bekam an solchen Abenden nur meine übliche einfache Mahlzeit vor dem Eintreffen der Gäste. Aber ich konnte es jedes Mal kaum erwarten, am nächsten Tag die übrig gebliebenen Lammstückchen vom *Ürücomb* abzuschneiden.

Meine Mutter spielte mit anderen Hausfrauen aus der Nachbarschaft Karten um Geld, besonders Rommé. Immer wenn sie verlor, und das kam häufig vor, klagte sie über Migräne und schloss sich in einen dunklen Raum ein. Schon als Kind konnte ich immer vorhersehen, wann sie zum Spielen aufbrechen wollte und sah die Wirkung voraus, wenn sie wieder verlieren würde. Ich flehte sie jedes Mal an, nicht zu gehen, hatte damit aber keinen Erfolg. Seit dieser Zeit habe ich eine tiefe Abneigung gegen jede Art von Glücksspiel.

Mein Vater spielte nie um Geld, allerdings hatte auch er ein Laster – er war ein wenig eitel.

Seinen Briefen fügte er einen Stempeldruck hinzu, mit dem er sich den Titel „Professor" verlieh, da in Deutschland allen Lehrern dieser Status zuerkannt worden war. Er war ein intelligenter Mann, studierte Esperanto und begann in dieser Sprache eine Brieffreundschaft mit einer jungen Frau in

Orosháza

Australien. Dabei vermied er es allerdings sein Alter und die Tatsache zu offenbaren, dass er verheiratet war und zwei Kinder hatte. Eines Tages schickte die arme Frau ein Foto von sich – sie schien zwischen zwanzig und dreißig zu sein – und bat meinen Vater, ihr auch ein Foto von ihm zu schicken. Aber mein Vater war bereits fünfzig Jahre alt und so schickte er ihr stattdessen eine Postkarte von einem

Der Vater des Autors

jungen Motorradfahrer in schwarzer Lederkluft, dessen Gesicht von einem Helm verdeckt war. Kein Wunder, dass das Mädchen nach Ungarn kommen wollte, was für die damalige Zeit eine gewaltige Reise war. Allerdings beendete der Krieg den Unfug.

Um etwas Geld hinzu zu verdienen, nahm mein Vater in den Sommerferien einen zusätzlichen Job an. Der Wirt des örtlichen Gasthauses besaß in der Nähe etwas Land, auf dem er Weizen anbaute. Bis zur Ernte machte es nicht viel Arbeit. Zur Ernte wurden jedoch mehrere Erntehelfer engagiert. Mein Vater hatte dann die Aufgabe, die Arbeiter zu beaufsichtigen und am Ende des Tages ihren Lohn auszuzahlen und sicherzustellen, dass nichts gestohlen wurde. Mein Vater war kein Ernteexperte, aber es ging in erster Linie um Vertrauenswürdigkeit und Loyalität, Eigenschaften, die mein Vater verkörperte. Neben dem Acker lag ein kleines Bauernhaus, in dem er rund drei Wochen lang wohnte, bis die Ernte eingebracht war.

Mein Vater war auch leidenschaftlicher Briefmarkensammler. Damals wurden die Briefmarken für den Versand von Paketen per Post nicht auf das Paket selbst geklebt, sondern auf einen Begleitzettel, der bei der Post verblieb. Einmal im Jahr wurden diese Zettel, die ab und an auch seltene und hochwertige Briefmarken enthielten, nach Gewicht verkauft. Jedes Mal, wenn mein Vater ein Kilo kaufte, durchforsteten wir die Lieferung nach besonderen Exemplaren, wie beispielsweise die 5- oder 10-*Pengő*-Marke, auf der die Muttergottes mit Jesuskind aufgedruckt war.

Anschließend verbrachten wir viel Zeit damit, die Briefmarken einzuweichen, vom Papier abzulösen und zwischen den Seiten eines Buches zu trocknen, um sie schließlich zu sortieren. Ein anderes Hobby meines Vaters war das Lesen. Allerdings hatte er nicht genug Geld, um die Bücher zu kaufen, so dass er sich immer von allen möglichen Leuten Bücher lieh. Wir hatten auch ein Radio und er liebte es, klassische Musik zu hören. Zigeunermusik war dagegen nichts für ihn. Jedes Mal, wenn sie anfingen diese Musik zu spielen, sagte er wie schön es sei, dass es einen Aus-Knopf gibt. Besonders gern hörte er den Mittelwellensender Hilversum aus den Niederlanden. Wer hätte gedacht, dass ich eines Tages nur acht Kilometer von diesem Radiosender entfernt wohnen würde.

Die entfernteren Verwandten meiner Eltern, die sich über ganz Ungarn und weit darüber hinaus verteilten, hatten nur wenig Einfluss auf meine Kindheit in Orosháza. Mein Vater hatte mehrere Brüder und eine Schwester. Sein älterer Bruder Kálmán lebte immer noch in Nagyatád, der Heimatstadt der Platscheks. Um dorthin zu gelangen, musste man eine Reise von rund 250 Kilometern quer durch das Land antreten. Auf Grund der Entfernung habe ich ihn und seine Familie nie getroffen. Sie blieben für mich nur Namen und Gesichter auf Fotografien. Ein anderer Bruder, Zoltán, lebte in der Hauptstadt Budapest. Ich traf ihn einmal nach dem Krieg, er lebte mit seiner Frau in großer Armut. Ein dritter Bruder, Dezsö, lebte in Losonc, der Heimatstadt meines Großvaters. Er war ein gutaussehender Mann, der vor dem Ersten Weltkrieg Offizier der ungarischen Armee gewesen war. Ich habe immer noch ein Foto von ihm mit meinem Vater, auf dem beide Uniform tragen. Mein Vater hatte keinen Rang, allerdings zeigte der V-förmige Blitz auf dem Ärmel, dass er eine höhere Ausbildung genossen hatte, was zu dieser Zeit eine Seltenheit war. Er trug das Abzeichen mit einigem Stolz.

Die Schwester meines Vaters, Emma, war mit dem Besitzer des eleganten Hotels Royal in der schönen Universitätsstadt Szeged verheiratet. Von unserem Haus in Orosháza war es eine Reise von rund sechzig Kilometern quer durch die großen Ebenen im Süden.

Folgerichtig übernachteten meine Eltern und ich jedes Mal, wenn wir sie besuchten, im Hotel Royal. Leider kam es nicht sehr oft vor. Meine Tante Emma hatte einen Sohn, Tibor, der ein erfolgreicher Anwalt war. Meine Mutter hatte zwei Schwestern. Eine der Schwestern war in jungen Jahren nach Argentinien ausgewandert und hatte sich nach ihrer Heirat in Buenos Aires niedergelassen. Die andere, Adél, war als junges Mädchen nach New York ausgewandert. Sie hatte ebenfalls geheiratet und zwei Söhne bekommen. Abgesehen von ein paar einfachen, aber unbezahlbaren Essenspaketen, die sie uns nach dem Krieg schickten, blieben sie für mich Fremde und auch meine Mutter sollte sie nie wiedersehen. Ihre Tante Reszi lebte mit ihrer Familie in Budapest. Ihr Mann Izsó handelte mit Orientteppichen. Er war wohlhabend und gebildet und sprach mehrere Sprachen. Er war allerdings etwas klein geraten – mindestens einen Kopf kleiner als seine Frau. Ihre ältere Tochter, Rezsi, hatte einen erfolgreichen Anwalt geheiratet, der zum Liebling der ganzen Familie wurde – und der es ermöglichte, die soziale Leiter in Budapest aufzusteigen. Ihre jüngere Tochter Magda war ein schönes, schlankes Mädchen, das immer makellos aussah und geschmackvoll gekleidet war. Sie war das einzige Mitglied der Familie meiner Mutter, das ich vor dem Krieg kennengelernt hatte, denn sie hatte einmal in Orosháza einen Sommerurlaub bei uns verbracht, in der Hoffnung, etwas zuzunehmen. Sie war Vegetarierin und meine Mutter sollte für sie separat kochen – mit Pflanzenöl anstelle von Schweineschmalz, das wir immer nutzten. Meine Mutter mogelte jedoch: Sie kochte ein Gericht für alle, gab aber einiges davon in eine separate Pfanne, um den Eindruck einer speziellen Zubereitung zu erzeugen. Später verliebte sich Magda und heiratete gegen den Willen ihrer Eltern Pista, einen mittellosen Künstler. Er war ein Charmeur und Frauenheld, der sich in jungen Jahren sogar damit brüstete, ein Gigolo zu sein. Dies waren also die Menschen, die ich meine Familie nannte.

Ich war in unserer Familie der Nachzügler. Mein Vater war schon über vierzig, als ich geboren wurde, und deshalb spielte er nicht mit mir, wie es andere Väter mit ihren Kindern taten. Unsere Beziehung kann man wahrscheinlich am besten als „ernsthaft" beschreiben. Er beschäftigte sich nur mit wichtigen Dingen und vererbte mir seine Liebe zur Logik und zu den Wissenschaften. Er brachte mich zum Briefmarkensammeln, zeigte mir wie man schwimmt und ermutigte mich, Bücher zu lesen. Ich brauchte ihn nicht als Begleiter bei meinem Studium und er hat niemals meine Hausaufgaben kontrolliert. Vor allem genoss er einen ta-

Orosháza

dellosen Ruf und erhielt in jedem Laden grenzenlosen Kredit, wenn er darum bat. Ich bin ihm sehr dankbar, dass er mich gelehrt hat, ehrlich zu sein und immer zu seinem Wort zu stehen.

Soweit ich mich erinnern kann, hat mein Vater mich nur einmal geschlagen. Vielleicht war er kein strenger Zuchtmeister, aber möglicherweise gab ich ihm auch wenig Grund. Bei diesem einen Mal spielte ich mit einem Freund, der teure Wunderkerzen hatte. Ich hatte die glorreiche Idee, ein Feuerwerk zu veranstalten. Also bat ich meinen Vater, in den Garten zu gehen und in eine kleine Öffnung auf dem Dachboden zu schauen. Auf dem Dachboden zündete ich dann eine Wunderkerze an und hielt sie durch die Öffnung. Mein Vater wäre fast gestorben vor Angst, dass das Holzdach unseres Hauses in Brand gerät. Ich habe ihn während meines Heranwachsens nie gefragt, aber er hatte sicherlich vor Augen, welch katastrophalen Schaden ein Funke hätte anrichten können. Er gab mir einen gut dosierten und wohlverdienten Klaps, sobald ich unten war. Seitdem spielte ich nie wieder mit Feuer.

Mit dem 13. Geburtstag war ich nach jüdischer Tradition erwachsen und wie jeder andere dreizehnjährige jüdische Junge auf der ganzen Welt hatte ich meine *Bar Mizwa*. Dabei las ich während eines Gottesdienstes in der Synagoge eine Passage aus der *Tora*. In reicheren Familien ist die *Bar Mizwa* auch Anlass für große Feierlichkeiten, Partys und Geschenke an den „Mann". Bei mir gab es nichts davon, ich bekam nur zwei kleine Geschenke: Eins kam von meinem Onkel Tibor, den reichen Anwalt aus Szeged, der mir ein Exemplar des Buches „Sterne von Eger" überreichte. Der berühmte Roman handelte von der heldenhaften Verteidigung der Burg Eger gegen die angreifende osmanische Armee im Jahr 1552.

ALS SELBST DIE DICHTER SCHWIEGEN

Mein anderes Geschenk, Rudyard Kiplings „Dschungelbuch", bekam ich von Markó *Bácsi*, dem Besitzer von Orosházas Buchladen. Ich freute mich über beide Bücher riesig: Die „Sterne von Eger" verstärkten meinen aufkeimenden Patriotismus und entfachten in mir eine Liebe zu meinem Land und seiner Geschichte. Und das „Dschungelbuch" habe ich immer und immer wieder gelesen, bis die Charaktere in meiner Vorstellung so real wurden wie die Menschen von Orosháza. Da ich jetzt erwachsen war, wurde auch von mir erwartet, an *Jóm Kippur* zu fasten. Um den Hunger zu lindern, steckten wir Kinder einen mit Nelken gespickten Quittenapfel in die Tasche und rochen von Zeit zu Zeit an dem Apfel. Ich kaufte auch ein kleines Glas Ammoniak aus der Apotheke, das etwas besser wirkte. An meinem ersten *Jóm Kippur* ging ich mit meinen Eltern in die Synagoge und mein Vater erklärte, dass wir an diesem Tag jedem vergeben müssen, der uns während des Jahres Unrecht getan hat. Wir hatten keine wirklichen Feinde und ich strengte mich an, um überhaupt Menschen zu finden, denen ich vergeben konnte. Als wir an der Reihe waren, hatte ich alles wieder vergessen.

Wir Platscheks waren zwar nicht verarmt, wir waren aber weit davon entfernt, reich zu sein. Meine Kleider wurden oft geflickt und meine einzigen Geschenke kamen von reichen Verwandten. Ich hatte sehr wenig Taschengeld und bekam nie ein Spielzeug oder ein Buch von meinen Eltern. Einmal bekam ich von Onkel Tibor ein kleines Spielzeugauto. Es hatte vorne an der Seite ein zusätzliches Rad, das verhinderte, dass das Auto von der Kante unseres Esstisches fiel. Ich habe es immer allen demonstriert und freute mich jedes Mal, wenn sie versuchten das Auto zu packen, weil sie befürchteten, dass es auf den Boden fallen würde. Bei einer anderen Gelegenheit erhielt ich von Magda, der

Orosháza

Cousine meiner Mutter, das deutsche Brettspiel „Mensch ärgere Dich nicht", das ich mit jedem spielte, den ich zum Spielen überreden konnte.

Als Kind züchtete ich Angorakaninchen, um meinen ausgeprägten Geldmangel zu beheben. Ich hielt sie in einem Stall in unserem Hinterhof. Ich habe ihr langes, luxuriöses Fell geschoren und es an Hausfrauen verkauft, die daraus Strickwolle für Schals und Pullover gesponnen haben. Ich fotografierte auch Menschen aus der Stadt. Dabei benutzte ich ein Vergrößerungsgerät, dass ich aus einer alten Kamera gebaut hatte und ich arbeitete im Badezimmer, wo ich das kleine Fenster mit einem Handtuch abdecken konnte, um eine passable Dunkelkammer zu schaffen. Auch das brachte mir ein gewisses Einkommen. Außerdem habe ich versucht, Seidenraupen zu züchten und sie mit den Blättern der Maulbeerbäume zu füttern, die in einer Straße in der Nähe wuchsen. Die Würmer wuchsen und bauten wie erwartet ihre Kokons, aber ich konnte niemanden finden, der mir sagen konnte, wie man die Seide aus den Kokons herausholen konnte. Daher war dieser Plan zum Geldverdienen nicht von Erfolg gekrönt. Aus den gesparten Einnahmen aus dem Angora- und dem Fotogeschäft konnte ich ein gebrauchtes Fahrrad und zusätzlich noch ein Akkordeon kaufen, ein schweres, hübsches Instrument. Ich habe nie gelernt, wie man es richtig spielt. Es hat mir aber großen Spaß gemacht, es einfach um die Brust zu schnallen. Es dauerte bis nach dem Krieg, einige Jahre nachdem ich es gekauft hatte, dass ich es tatsächlich zum Vergnügen anderer spielte. In Orosháza gab es damals eine junge jüdische Frau von etwa dreißig Jahren, die eine professionelle Tanzlehrerin war und gegen eine geringe Gebühr bereit war, uns Jungen und Mädchen das Tanzen beizubringen. Sie hatte aber keinen Plattenspieler und konnte uns nur sagen, welche Schritte wir machen sollten. Ich war sowieso nicht sehr am Tanzen interessiert, also meldete ich mich freiwillig, um auf dem Akkordeon Musik zu spielen. Ich hatte ein sehr begrenztes Repertoire von zwei oder drei Stücken und ich staunte jedes Mal, dass die Leute tatsächlich zu meiner Musik tanzen konnten, da mir ehrlich gesagt jegliches Rhythmusgefühl fehlte.

Als Junge war ich neugierig, unternehmungslustig und ein Außenseiter. Man könnte auch altklug sagen, denn mit dreizehn fing ich an, George Bernard Shaw zu lesen. Fasziniert von seinen Aphorismen wollte ich meine eigenen Weisheiten finden und begann daher meine Gedanken in einem kleinen Notizbuch niederzuschreiben. Ich erinnere mich noch an den ersten Satz: „Mein Sohn, wenn du dieses Buch findest und diese Notizen liest, mache dir klar, dass dies das erste Jahr war, in dem dein Vater zu denken begann".

Ich sehnte mich danach, witzig und vor allem originell zu sein. Ich war besessen von den Themen Zeit und Schicksal und schrieb an einer Stelle in meinem Notizbuch: „Kann es ein anderes Ziel im Leben geben, als etwas zu machen, das Bestand hat?" Für mich symbolisierte eine Uhr sowohl Zeit als auch Monotonie. Ich schrieb: „Erkennt diese Uhr nicht, dass sie immer demselben Weg folgt?" Ich bin in meinem eigenen Leben sicher nicht den Zeigern einer Uhr gefolgt, auch wenn dies in meiner frühen Jugend noch der Fall war. Leider habe ich das Notizbuch irgendwo während des Krieges verloren und mein Sohn hatte nie die Gelegenheit es zu lesen.

Obwohl ich nicht besonders stark war, war ich ein ziemlich gesundes Kind und es gab selten einen Grund, Doktor Hazai zu rufen. Wenn ich einmal Fieber hatte, wickelte mich meine Mutter nackt in ein sogenanntes *Priznic* – ein großes, in kaltes Wasser getauchtes Badetuch. Für einige Minuten konnte man nicht anders als zu zittern und sich zu

Orosháza

schütteln und meine Zähne klapperten krampfhaft. Nach einer Weile begann ich zu schwitzen, was der eigentliche Zweck der Übung war. Diese Folter dauerte ein paar Stunden und am Ende war ich gewöhnlich eingeschlafen. Der Effekt war, dass das Fieber schnell runter ging. Im Allgemeinen unterschieden sich die medizinischen Behandlungen im ländlichen Ungarn in den 1930er Jahren aber kaum von denen in der Stadt und diese wiederum waren in etwa dieselben wie in den Städten Westeuropas zu dieser Zeit. In der Hauptstadt Budapest waren mehrere florierende Pharmaunternehmen ansässig.

Auch in Orosháza hatten wir Dank der immerhin drei Apotheken Zugang zu modernen Arzneimitteln. Traditionelle Heilmittel waren zwar weiterhin verbreitet, ihnen wurden aber keine magischen Kräfte zugeschrieben. Da ich oft Halsschmerzen hatte, schlug Doktor Hazai eines Tages vor, meine Mandeln zu entfernen. Das nächste Krankenhaus lag in Szeged, aber es wäre zu teuer gewesen, mich für die Operation dorthin zu bringen. Glücklicherweise war der Sohn eines jüdischen Ladenbesitzers von Orosháza zufällig ein Chirurg im Krankenhaus und er stimmte zu, dass er, wenn er das nächste Mal seine Eltern besuchte, meine Mandeln entfernen würde. Am vereinbarten Tag saß ich auf einem Holzstuhl in ihrer Küche. Eine Frau in einem weißen Kittel, angeblich eine Krankenschwester, stand hinter mir und hielt mir eine Nierenschale unter das Kinn. Der Chirurg setzte sich auf einen Holzstuhl vor mir und verabreichte mir mit einer Spritze eine lokale Betäubung. Die Operation dauerte knapp eine halbe Stunde. Zur Belohnung und um Nachblutungen zu verhindern, bekam ich eine Schale mit Eis. Einmal kam ein Mitarbeiter des Gesundheitsamts zu unserer jüdischen Grundschule, um die Kinder zu untersuchen. Er untersuchte unsere Augen und benutzte ein kleines Instrument, mit dem er das obere Augenlid von innen nach außen drehte. Nach einer schmerzhaften Untersuchung erklärte er, dass ich an einer ernsthaften und ansteckenden Augenentzündung leide. Ich musste sofort alleine auf einer Bank im hinteren Teil des Klassenzimmers sitzen. Am folgenden Tag brachte mich meine Mutter in die nahegelegene Kreisstadt Gyula, um mich von einem renommierten Augenarzt namens Doktor Oláh untersuchen zu lassen. Er hatte das gleiche Instrument, aber eine ruhige Hand. Er diagnostizierte eine leichte Reizung und verordnete Augentropfen. Ich konnte also zu meiner Bank zurückkehren und das Ganze war nach einer Woche vergessen.

Ich erhielt in Orosháza eine gute Ausbildung. Wie es damals in Ungarn üblich war, besuchte ich im Alter zwischen sechs und zehn Jahren die Grundschule neben der Synagoge. Obwohl es sich um eine jüdische Schule handelte, unterschied sich unser Lehrplan kaum von anderen Schulen.

Die jüdische Grundschule Orosháza mit dem Lehrer Herrn Hajdu und dem Hausmeister. Der Autor sitzt in der Mitte der vorderen Reihe.

So wie die Schüler in den christlichen Schulen von Orosháza bekamen wir eine kurze religiöse Ausbildung, allerdings studierten wir nicht den Talmud. Es gab vier Klassen, aber weil wir nur wenige Schüler waren, waren alle in einem einzigen Raum untergebracht. Alle Klassen wurden von einem Lehrer unterrichtet und jede Klasse hatte eine eigene Tischreihe. Wir lernten Ungarisch zu lesen und zu schreiben und lernten das Einmaleins auswendig. Wir nahmen auch die Geschichte und Geographie von Groß-Ungarn durch, einschließlich der zwei Drittel, die nach dem Ersten Weltkrieg vor 15 Jahren durch den Vertrag von Trianon verloren gingen. Es war diese jüdische, in erster Linie aber ungarische Schule, die dafür sorgte, dass sich in mir ein so starker Patriotismus entwickelte.

In der Grundschule war ich in allen wissenschaftlichen Fächern gut. Und ich war ein braver Schüler, auch wenn es da einen Vorfall gab, als ich während einer Pause Soldat spielte. Da ich kein Maschinengewehr hatte, warf ich eifrig mit kleinen Steinen herum. Leider traf einer von ihnen ein Mädchen auf den Mund und brach ein Stück von einem Vorderzahn ab. Zur Bestrafung erhielt ich vier Stockschläge auf meine offenen Handflächen von Herrn Hajdú, dem Schulleiter. Er war ein großer, schlanker, alter Mann, der kurz vor der Pensionierung stand. Bis dahin hatte ich maximal zwei Schläge aushalten müssen. Trotzdem akzeptierte ich die Strafe und vergoss keine Träne. Das Mädchen und ihre Eltern vergaben mir und wir blieben gute Freunde. Wenige Jahre später sollte ich Herrn Hajdú unter gänzlich anderen Umständen wiedertreffen.

Ich ging bis zu meinem 10. Lebensjahr zur Grundschule und wechselte dann auf das neue lutherische Gymnasium, das direkt gegenüber der Synagoge lag. Die Schule bestand aus einem langen, eingeschossigen Gebäude mit acht Klassenräumen, einem Gymnastikraum und einem Lehrerzimmer. Sie hatte einen Schulhof, auf dem wir im Sommer Sport hatten und wo wir unsere Pausen verbrachten. Die

Schüler blieben immer in ihrem Klassenraum, während die Lehrer in die Räume gingen, um ihre Stunden zu geben.

Nach jedem Jahr zogen wir in einen neuen Klassenraum um, der jedes Mal weiter weg von der Eingangstür entfernt lag. Die Schule ging von acht Uhr morgens bis ein Uhr nachmittags. Das Einzige, was fehlte, war eine Schulkantine: Anstatt für ein gekochtes Essen Schlange zu stehen, nahmen wir ein *Vajas Zsömle* mit. Es handelte sich um ein einfaches, mit Butter bestrichenes Brötchen, das wir in der Pause aßen.

Der Autor als Student

Ich war in den naturwissenschaftlichen Fächern sowie in Ungarisch und ungarischer Literatur immer Klassenbester. Daneben hatten wir alle üblichen Fächer, also Geschichte, Erdkunde, Latein, Deutsch und später auch Englisch. Es war nicht überraschend, dass unser armer Englischlehrer eine schlechte Aussprache hatte, schließlich war er Zeit seines Lebens noch nie außerhalb Ungarns gewesen. Trotzdem legten er und unser Deutschlehrer ein gutes Fundament, das mir bei meinen späteren Aufenthalten in deutsch- und englischsprachigen Ländern helfen sollte.

Orosháza

Mein Lieblingsfach war Chemie. Der Chemielehrer am Gymnasium war ein Junggeselle, der bei einem der Ärzte im Ort zur Miete wohnte. Der Sohn des Arztes war in meiner Klasse und wir waren gute Freunde. Als ich ihn eines Tages besuchte, machten wir uns auf die Suche nach einem Buch. Als wir ein verdunkeltes Zimmer betraten, entdeckten wir unseren Chemielehrer mit der Frau des Arztes, der Mutter meines Freundes, auf einem Sofa liegen. Mein Freund tat so, als ob es die normalste Sache der Welt sei. Später sagte er zu mir ohne Emotionen: „Wusstest du das nicht? Sie sind Seelenverwandte." Leider war der Chemielehrer fortan nicht mehr sehr freundlich zu mir.

Nach jedem Schultag aß ich zu Mittag und machte dann alle Hausaufgaben, die wir aufbekommen hatten. In meiner Freizeit kümmerte ich mich um meine Angorakaninchen, fütterte sie mit Gras und Küchenabfällen, arbeitete an meiner Briefmarkensammlung und las. Am Wochenende ging ich schwimmen. Es war der einzige Sport, den ich mochte. Neben der Getreidemühle der Stadt gab es einen kleinen See, dessen Wasser als Kühlung für den Mahlprozess diente. Das warme Wasser wurde anschließend wieder in den See geleitet.

Der See fror nur ein einziges Mal zu, als die Mühle – wahrscheinlich wegen Wartungsarbeiten – außer Betrieb war. Die Leute nutzten die Gelegenheit und holten ihre Schlittschuhe raus und auch mein Vater ging mit mir zum See. Ich weiß nicht, wie er die festschnallbaren Schlittschuh besorgt hatte, aber ich schnallte sie an, obwohl sie zu groß für meine Schuhe waren. Mein Vater ging neben mir her und ermunterte mich, selbständig zu laufen. Es war ein totales Desaster. Seit diesem Tag habe ich eine Abneigung gegen alle Sportarten außer Schwimmen. Das gilt besonders für Sportarten, bei denen man keine feste Bodenhaftung hat.

ALS SELBST DIE DICHTER SCHWIEGEN

Meine Eltern beschlossen, dass ich ein Instrument lernen sollte. Als ich zehn Jahre alt war, kauften sie mir daher eine Geige von Strausz *Bácsi*. Onkel Strausz war ein reicher, korpulenter Witwer mit einer Haushälterin, die mit ziemlicher Sicherheit seine Geliebte war, und einem Sohn, der lieber Klavier spielte. Strausz *Bácsi* und seine Haushälterin kamen eines Tages mit der Geige zu uns und meine Eltern baten ihn, etwas darauf zu spielen.

„Was soll ich spielen?", fragte er.

„Das ist egal", sagten sie.

Also nahm Strausz *Bácsi* die Geige aus dem Koffer, legte sie an sein Kinn, und straffte die Rosshaare des Bogens. Er machte eine große Ausholbewegung, stoppte aber, bevor eine Note zu hören war.

„Was soll ich spielen?", fragte er noch einmal, woraufhin meine Eltern in gleicher Weise antworteten. Dies ging einige Male hin und her, bis Strausz *Bácsi* die Geige ohne einen einzigen Ton gespielt zu haben in den Koffer zurücklegte. Ich habe nie erfahren, warum er nicht spielte. Vielleicht dachte er, dass sein Spiel nicht mehr gut genug war.

Mein Musiklehrer reiste einmal pro Woche aus Szeged an und ich kam in eine Klasse mit einigen anderen jungen Leuten, darunter auch ein Zigeunerjunge. Er war der geborene Musiker und konnte innnerhalb kürzester Zeit komplizierte klassische Stücke perfekt auffführen.

Ich dagegen hatte keine angeborene musikalische Begabung und es dauerte vier Jahre, bis meine Eltern akzeptierten, dass ich niemals würde Geige spielen können, weder im stillen Kämmerlein zu meinem eigenen Vergnügen und schon gar nicht zum Vergnügen anderer. Die Geige, die wir von Strausz *Bácsi* gekauft hatten, verschwand während des Krieges aus unserem Haus.

Orosháza

Wir lebten im Zentrum von Orosháza, in der Nähe der katholischen Kirche. Unsere Straße war benannt nach Ond, angeblich einer der sieben magyarischen Häuptlinge, der die Ungarn vor etwa 1.000 Jahren in die Pannonische Tiefebene geführt hatte. Die Ond *Utca* war gesäumt von Akazien, deren leuchtend gelbe Blüten einen unverwechselbaren und schönen Duft ausströmten. Im Schatten der Akazien wuchs im Frühling ein Teppich aus Kamille. Zwei scharfe Kurven teilten die Straße in einen kurzen und einen längeren Abschnitt. Damals war nur die kurze Strecke asphaltiert. Der Rest der Ond *Utca* war schlammig, wenn es regnete, und verursachte große Staubwolken, wenn es trocken war. Nicht umsonst war Orosházas Spitzname Porosháza, ein Wortspiel mit dem ungarischen Wort für „staubig". Und dies war wohl auch der Grund, dass es auf der Ond *Utca* nicht viel Verkehr gab. Gelegentlich rollte ein mit Landarbeitern beladener Pferdewagen vorbei. Oder der Tierarzt Dr. Balázs, der quasi gegenüber wohnte, fuhr mit seinem alten Ford zur Visite auf einen Bauernhof. Der Ford war damals ein seltener Luxus. Einmal hat er mich bei seinen Visiten mitgenommen. Für mich war es das erste Mal, dass ich in einem Auto saß.

Es gab noch jemanden, der die Straße nutzte: Der Kuhhirte sammelte jeden Morgen weiße Kühe mit großen braunen Flecken aus der Nachbarschaft und führte sie auf die Weide außerhalb der Stadt. Am Abend wurden sie mit vollen Eutern zum Melken wieder nach Hause gebracht.

Einige Kühe schienen abends auf der Ond *Utca* regelrecht zu flanieren, sie schritten langsam und würdevoll, so als hätten sie alle Zeit der Welt. Wenn sie ihre Köpfe bewegten, läuteten ihre Kuhglocken angenehm, jede Kuh hatte ihren einzigartigen Klang. "Wir kommen nach Hause", signalisierten sie mit dem Läuten ihren jeweiligen Besitzern, die das Tor öffneten, damit sie direkt reingehen konnten. Jede von ihnen wusste, wo ihr Zuhause war, und so musste der Hirte bei der abendlichen Heimkehr nicht weiter eingreifen. Eine Kuh gehörte dem Metzger Ravasz, der am Ende unserer Straße wohnte. Wir kauften die frische Milch von seiner Frau. Er hatte ein großes Haus mit einem großen Hinterhof. Im hinteren Teil neben dem Kuhstall war ein Holzverschlag, in dem er Fleisch räucherte. Wegen der scharfen Kurven grenzte sein Hinterhof an unseren. Die Grundstücke waren nur durch einen kleinen Holzzaun getrennt. Ihr Sohn Karcsi war ein paar Jahre älter als ich und immer, wenn wir miteinander reden wollten, pfiffen wir eine Erkennungsmelodie. Ich drehte einen alten Eimer um und stellte mich auf ihn. So konnten wir uns gut sehen. Karcsi hatte ein Luftgewehr, mit dem wir auf Spatzen schossen.

Neben Karcsi hatte ich noch weitere Freunde, mit denen wir gelegentlich zusammen Rad fuhren. Adam war etwa gleich alt und wohnte zur Miete bei unseren Nachbarn, der Familie Ravasz. Er war ein großer, nicht jüdischer Junge mit blonden Haaren und blauen Augen und sein Fahrrad war viel schöner als mein Gebrauchtes. Adam war kein Antisemit, aber er war besessen von deutschen Kriegswaffen, besonders von Flugzeugen. Er baute Papiermodelle und kannte alle technischen Details.

Bei unseren Häusern in der Ond *Utca* handelte es sich um kleine Einfamilienhäuser. Sie waren durch Zäune getrennt und weiß oder butterblumengelb gestrichen. Unser Haus lag am langen Straßenabschnitt und war mit *Vályogs* gebaut – in der Sonne getrocknete Ziegel aus Lehm und Stroh, die traditionell von Zigeunern hergestellt wurden.

Problematisch an den mit *Vályogs* gebauten Häusern war, dass sie anfällig waren für aufsteigende Feuchtigkeit. Um dieses Problem zu lösen, hatte mein Vater die untersten Reihen durch gebrannte Ziegel ersetzt und die Wände mit

Orosháza

einer mit Bitumen beschichteten Pappe abgedichtet. Unser Dach war mit traditionellen Holzschindeln bedeckt. Es war nach vielen Jahren in einem schlechten Zustand und hatte mehrere undichte Stellen. Eine meiner Aufgaben als Kind war es, Töpfe und Pfannen auf dem Dachboden zu positionieren, um den Regen aufzufangen. Unser Haus hatte vier Zimmer, eine Küche und ein Badezimmer, das zwei Fenster auf die Ond *Utca* hinaus hatte. Ein Zimmer war das Schlafzimmer meiner Eltern, das andere war ein Esszimmer, das mit sechs gepolsterten Stühlen um einen großen polierten Tisch herum schön möbliert war. Es wurde aber nur selten genutzt. Die Mahlzeiten aßen wir in der Küche, die auch zum Waschen, Bügeln und zum Einmachen im Herbst genutzt wurde. Die freie Zeit verbrachte unsere Familie im Wohnzimmer. Aus dem Vorgarten kam man durch die Haustür direkt in diesen Raum, der mehrere große Fenster hatte und der sehr hell war. Unser Kinderzimmer war dagegen nüchtern und dunkel, es hatte nur ein winziges Dachfenster. Damit wurde dem damaligen Fensterrecht entsprochen und vermieden, dass wir direkt auf das Grundstück unseres Nachbarn schauen konnten.

Das Schlafzimmer meiner Eltern war gleichzeitig auch unser Wohnzimmer und diente dazu, wichtige Gäste zu empfangen. Das Doppelbett wurde tagsüber zu einem Sofa umgeklappt, in dem die Bettwäsche verstaut wurde. Das Zimmer hatte einen Couchtisch und vier schön gepolsterte Sessel, zwei hellgraue und zwei orangerote. Es gab auch eine Schrankwand, die aus einem Bücherregal mit der bescheidenen Bibliothek meines Vaters, einem Getränkeschrank und einem Kleiderschrank mit Regalen bestand. In dem Raum, den wir jeden Tag als Wohnzimmer benutzten, befanden sich der Schreibtisch und der Stuhl meines Vaters, ein Tisch mit vier Holzstühlen und ein großer, weiß gestrichener Kleiderschrank. Das waren all unsere Möbel.

ALS SELBST DIE DICHTER SCHWIEGEN

Der einzige Luxus, den wir hatten, war fließendes Wasser und ein Badezimmer mit Badewanne und einer Toilette mit Spülung.

Ungarische Winter können bitterkalt sein, mit Temperaturen von -20°C oder kälter. Wir hatten zwar in jedem Zimmer einen Holzofen, aber aus Geldmangel heizten wir nur einen Raum, gewöhnlich das Wohnzimmer. Wegen der vielen Fenster war es jedoch schwierig, diesen Raum warm zu halten. Während der kältesten Tage ging mein Vater so weit, dass er auf den Schrank kletterte, um dort oben zu lesen. Als Lehrer der Naturwissenschaften wusste er, dass Wärme nach oben steigt.

Am Ende des Gartens war unsere sogenannte Sommerküche, die aber das ganze Jahr über genutzt wurde. Daneben war ein weiterer Raum, in dem wir unsere Gartengeräte aufbewahrten und den mein Bruder in den Sommerferien auch als Hobbyraum nutzte. Wie andere ungarische Mittelklasse-Familien beschäftigten auch wir ein Dienstmädchen, das auf einem Klappbett aus Metall in der Sommerküche schlief. Tagsüber wurde das schmale Bett verstaut. Viele Mädchen vom Bauernhof arbeiteten für eine gewisse Zeit auf diese Weise als Magd. So lernten sie, wie man einen Haushalt führt und sparten für ihre Mitgift, was ihre Heiratschancen erhöhte. Sie erhielten ein geringes monatliches Gehalt, für das sie sehr hart arbeiten mussten. Zu den schweren und unangenehmen Pflichten gehörte das Waschen und Bügeln und von Zeit zu Zeit auch das Schlachten und Zubereiten von Hühnern für das Sonntagsessen. Unser Dienstmädchen sammelte das Blut in einem Kochtopf und kochte es für sich selbst mit ein paar gehackten Zwiebeln. Ich habe immer nach dem frisch gekochten Blut gefragt und es auch bekommen, obwohl es sich zweifellos um einen Verstoß gegen die jüdischen Ernährungsgebote handelte.

Orosháza

Sie musste die Außentoilette benutzen, die gebaut worden war, bevor wir das richtige Badezimmer bekommen hatten. Unsere letzte Magd hieß Eszter. Sie war eine kleine, blonde Frau, schon über dreißig, hässlich und extrem kurzsichtig. Sie besaß keine Brille, vielleicht weil eine Brille unerschwinglich teuer war oder weil sie sie als unnötigen Luxus betrachtete. Sie musste alles so nah an ihr Gesicht halten, dass die Sachen fast ihre Nase berührten.

Irgendwann wurde Eszter schwanger. Es wurde nicht darüber gesprochen, aber ich vermutete, dass mein älterer Bruder István der Vater war. Jedes Mal, wenn er von der Universität in Szeged nach Hause kam, war Eszter seltsam aufgekratzt. Das allein wäre schockierend genug gewesen, aber zu der Zeit gab es Gesetze, die sexuelle Beziehungen zwischen Juden und Nichtjuden verboten. Und weil bald darauf ein neues Gesetz erlassen wurde, das es Juden wie uns verbot, Nichtjuden wie Eszter zu beschäftigen, kehrte sie zu ihrer Familie zurück. Höchstwahrscheinlich hatten meine Eltern sie ausbezahlt. Nach dem Krieg besuchte sie einmal meine Eltern und meine Mutter stellte fest, wie sehr ihre Tochter sie an mich erinnerte, als ich im gleichen Alter war. Es muss für meine Mutter schwer gewesen sein, sich von einem Kind zu verabschieden, von dem sie wusste, dass es möglicherweise ihre Enkelin war. Dies galt insbesondere für die Zeit, als István in die Hände der Roten Armee geriet.

Meine Mutter kaufte nur einmal im Jahr Brennholz. Es wurde jeden Herbst mit einem Pferdewagen geliefert. Sie kümmerte sich ums Bezahlen, da sie härter verhandeln konnte als mein Vater, dessen freundlicher Charakter für Verhandlungen denkbar ungeeignet war. Anschließend war es seine Aufgabe, auf den Markt zu gehen, wo sich Männer versammelten, die auf Gelegenheitsarbeiten hofften. Es gab immer ungefähr ein Dutzend dieser *Napszámosok*, die mit der für die ungarische Landbevölkerung typischen schwarzen Weste, dem weißen Hemd, dem schwarzen Hut und den dunklen Lederstiefeln gekleidet waren. Sie standen Schlange, rauchten und plauderten und spuckten auf den Boden. Der Ort war in Orosháza bekannt als *Köpködő Piac* – der „Spuckmarkt". Mein Vater ging vor ihnen auf und ab, um einen auszusuchen, der stark genug aussah. Wenn dieser Mann auch noch eine Säge und eine Axt besaß, beauftragte mein Vater ihn, das Brennholz des Jahres zu sägen, zu klaftern und auf einen Stapel zu schichten. Die Arbeit dauerte regelmäßig mehrere Tage und am Ende war das Holz ordentlich an der Wand der Sommerküche gestapelt.

Zum Mittagessen nahm der Holzhacker ein Stück Brot, etwas geräucherten Speck und eine Zwiebel aus seiner Umhängetasche und ich sah jedes Mal mit verblüffter Bewunderung zu, wie er sein Essen zubereitete. Dabei hielt er die Sachen in seiner riesigen linken Hand, während er mit seinem Taschenmesser in seiner rechten Hand nacheinander Stücke von Brot, Speck und Zwiebel abschnitt und geschickt mit dem Messer in den Mund steckte.

Die meisten anderen Häuser auf der Ond *Utca* hatten kein fließendes Wasser, sondern einen Brunnen, dessen Wasser nicht zum Trinken geeignet war. Mehrere Familien aus der Nachbarschaft schlossen sich schließlich zusammen, um einen artesischen Brunnen zu bohren, dessen Wasser in einen Wasserturm gepumpt wurde und von dort über Rohrleitungen zu den Häusern gelangte. Wir selbst hatten einen Wasserhahn im Garten und Nachbarn kamen oft mit großen Kanistern zu unserem Haus, um Trinkwasser zu holen, statt zur mehrere hundert Meter entfernten Pumpe zu laufen. Das Wasser war ziemlich warm und hatte einen merkwürdigen Geschmack, aber es hieß es sei gesund. Damit man es besser trinken konnte, musste es gekühlt werden. Dies war in den langen, heißen ungarischen

Sommern eine besondere Herausforderung. Wir hatten eine kleine Kühlkiste und kauften täglich Eis von einem Händler, der Eisplatten auf einem Pferdekarren transportierte, die mit Decken vor der Sonne geschützt wurden. Wenn die Kühlkiste voll war, musste ich alles, was noch gekühlt werden musste, zu unserem Nachbarn bringen. Dort wurde es in einen Eimer gestellt und in den tiefen, dunklen Brunnen herabgelassen.

Wir Bewohner der Ond *Utca* waren in viel größerem Maße Selbstversorger als es heute der Fall ist. Wir bauten in unseren kleinen Gärten Obst und Gemüse an und hielten Hühner, Enten, Gänse und sogar ein Schwein. Die Enten und Gänse wurden gemästet, damit sie extrem fett wurden, denn Enten- und Gänseleber galten als eine besondere Delikatesse. Ich muss gestehen, dass mir unsere selbstgemachte *Foie Gras* sehr gut schmeckte. Normalerweise verwendeten wir, obwohl wir Juden waren, Schweineschmalz für das tägliche Kochen.

Aber das Gänseschmalz war eine besondere Delikatesse und wir bestrichen unsere Mittagsbrote damit. Gewürzt wurden die Gänseschmalzbrote mit rotem Paprikapulver. Auch die Gänsefedern waren von unschätzbarem Wert, da wir mit ihnen Kissen, Daunendecken und vor allem unsere *Dunyha* – eine besonders dicke Gänsedaunendecke – füllten. Die *Dunyha* war dick und warm und jedes Mal, als ich unter die Decke kroch, war es, als würde ich auch in der kältesten Winternacht in einem Ofen schlafen.

Gelegentlich setzte meine Mutter den Teig für unser Brot an und ließ ihn unter einem Geschirrtuch gehen. Ich brachte den Teig dann zum örtlichen Bäcker, der es für ein kleines Entgelt in seinem Ofen ausbackte. Das Brot im Ungarn meiner Kindheit war immer schneeweiß, rund und hatte einen Einschnitt, um die Kruste zu vergrößern. Ich liebte den Geruch von frischem Backwerk. Üblicherweise machte man auch *Tarhonya* selber. Ich liebte es meiner Mutter dabei zuzusehen, wie sie aus Mehl und Eiern *Tarhonya* machte und den Teig gegen den Boden eines hölzernen Gefäßes, *Teknő*, rieb, um Graupen zu produzieren, die nicht größer als ein Reiskorn waren. Jede Woche backte meine Mutter einen einfachen Kuchen mit hausgemachten Früchten und Nüssen. Obwohl wir nur einen kleinen Garten hatten, hatten wir mehrere Obstbäume. Besonders wertvoll waren die Pfirsichbäume. Wenn die Pfirsiche reif waren, ordnete meine Mutter ein paar auf einem Tablett an, dekorierte sie mit Weinblättern und gab sie mir. Ich bot sie dann den Ladenbesitzern von *Orosháza an,* um unser geringes Einkommen ein wenig aufzubessern. Es war nicht schwierig, die Pfirsiche zu verkaufen. Schließlich wussten die Ladenbesitzer, dass die Früchte noch vor zehn Minuten an den Bäumen gehangen hatten. Neidisch sah ich jedes Mal zu, wie der Käufer seinen Pfirsich gewöhnlich an Ort und Stelle aß. Leider bekamen wir selbst nur die beschädigten Früchte oder diejenigen, die zu klein oder hässlich waren, um sie zu verkaufen.

Damals kannte man noch keine Pestizide und deshalb waren unsere Äpfel und Birnen oft von Larven befallen. Um den Befall zu vermeiden, habe ich kleine Säcke aus alten Zeitungen hergestellt. Mein Vater befestigte diese dann mit einem Draht um jedes Stück Obst, bevor die Schmetterlinge ihre Eier legten.

Auf diese Weise blieb die Frucht gesund, sah aber wegen des fehlenden Sonnenlichts etwas blass aus. Es war eine Menge Arbeit und auch nicht ganz ungefährlich auf der wackeligen Leiter zu stehen. Die Früchte kochte meine Mutter ein und füllte sie in Gläser. Dabei streute sie auf die Füllung eine Mischung von Konservierungsmitteln, die sie in der Apotheke gekauft hatte. Das gleiche machten wir, um unseren Tomatensaft haltbar zu machen. Dies waren wichtige Aktivitäten, die die volle Aufmerksamkeit meiner

Mutter und unserer Magd erforderten, und kleine Kinder wie ich machten besser einen großen Bogen um die beiden.

Wir hatten drei Pflaumenbäume, die uns jedes Jahr mit Früchten versorgten, die wir direkt verzehrten und auch für Pflaumenmus nutzten. Mehrere hundert Pflaumen fielen jedes Mal wegen der Würmer und durch den Wind auf den Boden. Wir sammelten diese in einem Holzfass im Garten und ließen die Früchte zwei Wochen lang gären, dabei rührten wir sie gelegentlich um. Meine Mutter gab verbotenerweise etwas Zucker in die Pflaumenmaische, um ihren Alkoholgehalt künstlich zu erhöhen. Dabei entstand jedes Mal ein berauschendes Aroma. Als die Früchte fermentiert waren, brachten wir das Fass in die staatliche Schnapsbrennerei. Wir zahlten für das Brennen und entrichteten die Alkoholsteuer und erhielten im Gegenzug rund zehn Liter *Pálinka*-Pflaumenschnaps, der einen Alkoholgehalt von etwa fünfzig Prozent hatte und der das ganze Jahr reichte. An kalten Wintermorgen lief mein Vater hinaus, um das im hinteren Teil des Gartens gelagerte Brennholz zu holen. Er tat dies aber nie, ohne vorher ein kleines Glas *Pálinka* zu trinken. Der restliche Schnaps wurde an Besucher ausgeschenkt.

Wie bereits erwähnt waren wir keine strenggläubigen Juden und aßen wie die nichtjüdische Bevölkerung Schweinefleisch. Meine Eltern kauften daher in jedem Frühjahr ein Ferkel, das im Sommer und Herbst in einem Stall am Ende des Gartens gehalten wurde. Das Ferkel war eine große Investition und deshalb achteten wir während der Zeit sorgsam und ängstlich auf seine Gesundheit.

Manchmal war ich fast neidisch auf das Schwein. Wenn ich einen Husten bekam, sagte meine Mutter einfach: „Mit Salzwasser gurgeln!" Wenn das nicht half, sagte sie: „Schwitz

ALS SELBST DIE DICHTER SCHWIEGEN

es einfach aus!" Wenn dagegen das Schwein Husten bekam, rannte sie sofort zum Tierarzt!

Bei Anbruch des Winters wog das Schwein mehr als 100 Kilogramm. Sobald es kalt genug war, wurde es geschlachtet. Geschlachtet wurde im Winter, da wir damals nur eine kleine Eiskiste hatten und das Fleisch in der Sommerhitze sehr schnell schlecht geworden wäre. Das Töten des Schweins übernahm der Metzger im Rahmen einer damals üblichen Hausschlachtung. Meistens kam er früh am Morgen, als ich noch im Bett lag, so dass ich nicht mit ansehen musste, wie das Schwein getötet wurde.

Nach dem Schlachten versengte der Metzger die Schweineborsten und schnitt den Kadaver in Stücke. Die restliche Arbeit erledigten die Nachbarinnen von der Ond *Utca*. Jede von ihnen hatte ein spezielles Fachgebiet und so lief die Arbeit Hand in Hand. Meine Mutter war besonders gut darin, die getrockneten Würste herzustellen. Die Kunst war genau die richtige Menge an Gewürzen – Salz, Paprika, Knoblauch und Piment – hinzuzugeben. Eine andere Nachbarin machte die Marinade für den Schinken und den Speck und eine Dritte begann mit dem Kochen des Abendessens. Ein Teil des Rückenspecks wurde für *Szalonna* genutzt, eine besonders fettige Art von geräuchertem Speck mit nur einem Hauch Fleisch, während der Rest zu Schmalz verarbeitet wurde, das wir das ganze Jahr zum Kochen verwendeten. Alle übrigen Reste wurden in einem großen Topf gekocht und für *Disnósajt* genutzt. Das war eine Presswurst, die wir herstellten, indem wir den Magen des Schweins mit Fleischstücken, Knorpeln und Fett und dem aus den Knochen stammenden Aspik befüllten. Ich mochte besonders die gekochten Schweineohren und fischte mir immer ein Ohr aus dem Topf, wenn niemand hinsah.

Abends war die meiste Arbeit erledigt. Dann setzten wir uns hin zum lang erwarteten *Disznótor* – das Festmahl des

Orosháza

toten Schweins. Wir begannen mit einem Stück Wurst aus dem letzten Jahr, die extra für diesen Anlass aufbewahrt wurde.

Jeder nickte anerkennend und äußerte den Wunsch, dass die gerade hergestellten Lebensmittel genauso gut sein würden wie im letzten Jahr. Als Hauptgericht gab es *Töltött Káposzta*, Kohlrouladen mit einer Füllung aus Hackfleisch und Reis, auf die ein guter Schlag *Tejföl* gegeben wurde, unser unverwechselbarer ungarischer Sauerrahm.

Nach dem Essen wurde der Metzger bezahlt und die Helfer gingen nach Hause. Jeder bekam einen Teller voll mit Köstlichkeiten – *Kóstoló* –, die gemeinsam mit der Familie gegessen wurde. Wenn wiederum einer der Nachbarn ein Schwein schlachtete, half ihnen meine Mutter und dann war sie es, die *Kóstoló* nach Hause brachte. Am Tag nach dem Festmahl des toten Schweins wurde das Fleisch zum Metzger Ravasz gebracht, wo es zum Konservieren geräuchert wurde. So konnte es den ganzen Sommer über ohne Bedenken verzehrt werden. Die Würste mussten an einem gut belüfteten Ort aufbewahrt werden. Mein Vater nutzte dafür den großen Kachelofen im Esszimmer, der in den Sommermonaten nicht benutzt wurde. Er stellte die Würste vorsichtig auf die Holzasche und lehnte die Tür des Ofens an, damit sie gut belüftet wurden.

Unter unseren direkten Nachbarn auf der Ond *Utca* befand sich ein älteres kinderloses Ehepaar. Der Ehemann, Árpád *Bácsi*, war Mechaniker und im Sommer ging er mit einer primitiven, dampfbetriebenen Dreschmaschine zu den Bauern von Orosháza, die seine Dienste in Anspruch nahmen. Während der langen Wintertage half ich ihnen, die Maiskörner von den Kolben zu lösen – eine Arbeit, die jedem auf dem Land wohnenden Ungarn vertraut war. Sie hatten ein typisches kleines Bauernhaus, mit einer Küche im Zentrum, einem Wohnzimmer mit Schlafgelegenheit zur Rechten und einer *Szép Szoba* – einer „guten Stube" – zur Linken, die nie benutzt wurde, da sie nicht dreckig werden sollte. In der guten Stube befand sich eine riesige, mit Geranien bemalte Holztruhe, in der die gute Bettwäsche und die Stickereiarbeiten der Frau aufbewahrt wurden.

Die Zimmer hatten nur klitzekleine Fenster und der Fußboden bestand aus nichts weiter als verdichteter Erde. Geheizt wurde alles mit einem *Kemence*, einem riesigen, runden Holzofen aus Lehmziegeln mit einer Sitzbank, auf der man sitzen und sich gegen den warmen Ofen anlehnen konnte. Im tiefsten Winter durften auch Haustiere in die Küche, um sich zu wärmen. Arpad *Bácsi* und seine Frau verdienten nicht genug Geld, deshalb vermieteten sie ein Zimmer in ihrem Haus an eine Prostituierte. Sie war etwa dreißig Jahre alt und hatte lange schwarze Haaren und riesige Brüste. Soweit ich das beurteilen konnte, hatte sie nur einen regelmäßigen Besucher, ein junger, etwa dreißig Jahre alter Mann mit einem ungewöhnlichen Spitzbart, der immer einen weißen Anzug trug. Im Sommer sonnte sie sich regelmäßig oben ohne im Garten und jedes Mal, wenn ich vorbeikam, warf ich einen Blick durch die Löcher im verfallenen Holzzaun.

Uns direkt gegenüber lebte das Ehepaar Toma, das ebenfalls keine Kinder hatte. Sie arbeiteten als Schneider und hatten daher ein gutes Auskommen. Dementsprechend war ihr Haus auch größer und komfortabler als unseres. Toma *Bácsi* schneiderte die Herren-, seine Frau die Damenbekleidung. Als ich später einmal meine Eltern mit meiner zukünftigen Frau besuchte, beauftragte ich sie ein Kleid für meine Frau zu nähen, das sie dann bei unserer Hochzeit trug. Neben den Tomas wohnten die Maronyáks, die Familie des Schornsteinfegers. Wie überall auf der Welt brachte es auch in Orosháza Glück, einen Schornsteinfeger zu tref-

Orosháza

fen, und so waren wir immer froh, einem Familienmitglied der Maronyáks zu begegnen. Ihr Sohn József war fünf oder sechs Jahre älter als ich, aber statt in die Fußstapfen seines Vaters zu treten studierte er Kunst in Szeged. Ich habe ihn nur einmal gesehen. Er war zu Besuch bei seinen Eltern und stand eines Morgens im Schlafanzug vor einer großen Schüssel mit heißem Wasser und wollte sich waschen. Er gab mir ein Stück Papier und einen Bleistift und bat mich, eine Zeichnung von ihm zu machen, während er sich wusch. Ich wusste nicht, wo ich anfangen sollte. Nachdem er sich abgetrocknet hatte, erstellte er mit nur wenigen Bleistiftstrichen eine Zeichnung in weniger als einer Minute. Später sollte er einmal einer der berühmtesten Söhne von Orosháza werden und für seine Leistungen auf dem Gebiet der Kunst eine der höchsten staatlichen Auszeichnungen in Ungarn erhalten.

Die meisten Leute in Orosháza konnten sich jedoch nicht auf derartige außergewöhnliche Talente verlassen. Bazsali *Néni,* eine arme, betagte Witwe, besaß einen Hund, der im Garten an einer langen eisernen Kette lief, die an einem Pfahl befestigt war. Sein einziger Schutz vor den Elementen war ein kleiner hölzerner Zwinger. Er war eine schäbige und vernachlässigte Promenadenmischung und jaulte jedes Mal, wenn Splitter von Hühnerknochen in seiner Kehle stecken blieben. Das weiße Fell war im Lauf der Zeit vom Dreck grau geworden, nur wenn es regnete, konnte es passieren, dass das Fell sauber gewaschen wurde. Der Hund sollte Diebe abschrecken. Dabei spielte es keine Rolle, dass Bazsali *Néni* nichts Wertvolles hatte, was man hätte stehlen können.

Unser Orosháza war im Grunde eine ziemlich unscheinbare Gemeinde mit nur wenigen schönen Seiten und ohne besondere Sehenswürdigkeiten. Die nüchtern wirkende katholische Kirche überragte die Stadt. Es gab auch eine einfache calvinistische Kirche, so dass beide dominierenden christlichen Glaubensrichtungen Ungarns auch in Orosháza vertreten waren. Zwischen beiden Kirchen lag eine gelb verputzte evangelisch-lutherische Kirche, die im spätbarocken Stil erbaut wurde. Sie war sicherlich das schönste Gebäude der Stadt. Unsere Synagoge war nur einen kurzen Spaziergang entfernt und unschwer zu erkennen an den zwei goldenen, zwiebelförmigen Kuppeln mit einem Davidstern.

Die Hauptstraße von Orosháza war nur einen Katzensprung von unserem Haus entfernt. Sie war nach dem Nationalhelden Kossuth Lajos benannt, der während des unglücklichen Aufstandes gegen die Herrschaft der Habsburger im Jahr 1848 in Ungarn mitregierte. An der einen Seite der Kossuth Lajos *Utca* lag die Schule, an der mein Vater Mathematik und Physik unterrichtete. In Orosháza gab es keine Industriebetriebe, allerdings gab es am Ende der Kossuth Lajos *Utca* ganz in der Nähe des Bahnhofs immerhin eine Getreidemühle, die den Weizen der umliegenden Felder mahlte. Und es gab zwei kleine Manufakturen, in denen Essig sowie traditionelle Besen aus Sorghumhirse hergestellt wurden.

Tafler *Bácsi*, der Besitzer der Besenfabrik, war ein wohlhabender und hoch angesehener lokaler Mäzen und der gewählte Vertreter der jüdischen Gemeinde von Orosháza. Die meisten Geschäfte von Orosháza befanden sich auf der einen Seite der Kossuth Lajos *Utca*. Viele von ihnen waren in jüdischem Besitz. Das luxuriöseste Geschäft gehörte der Familie Brünner und hatte zwei große Schaufenster, in denen die Ware schön arrangiert und hell erleuchtet präsentiert wurde. Die Brünners verkauften in ihrem Laden alles, von Unterwäsche bis hin zu Schirmen. Dank des guten Rufs und der ausgezeichneten Qualität kamen ihre Kunden aus dem ganzen Land. Der beste Schuhladen in Orosháza gehörte dem wohlhabenden Ehepaar Schwarz. Sie hatten aus eigenem Antrieb ihr Haus, ein geräumiges Gebäude mit überaus praktischen Panoramafenstern, an ein kleines Museum übereignet. Die Frauen kauften ihre Stoffe in der Regel in der Kossuth Lajos *Utca,* aus denen sie dann von einer der vielen Näherinnen vor Ort Kleider nähen ließen. Für Männer gab es dagegen drei Geschäfte, in denen man fertige Herrenbekleidung kaufen konnte. Einer der drei Läden bot teure und maßgeschneiderte Bekleidung aus feinster englischer Wolle an. Wir bewunderten die Stoffballen für die Nadelstreifenanzüge im Schaufenster, wagten uns aber nie hinein. Der Besitzer, Lefkowics *Bácsi,* war einer der treuesten Kunden für unsere frisch gepflückten Pfirsiche. Der zweite Laden lag hinter dem Marktplatz von Orosháza in einer Seitenstraße und hatte günstige Kleidung für Bauern und Landarbeiter im Sortiment. Der dritte bewegte sich preislich und von der Qualität her irgendwo dazwischen und richtete sich an die Mittelschicht, zu der wir gehörten.

Orosházas Buchladen gehörte Marko *Bácsi,* der nebenbei auch gebrauchte Briefmarken an Sammler verkaufte. Ich war einer seiner Lieferanten. Er war Witwer und musste sich um seinen kleinen Sohn Miki kümmern. Dennoch besaß Marko *Bácsi* Sinn für Humor. Dies sollte sich einmal als nützlich erweisen. Weiter die Straße runter verkaufte ein Eisenwarengeschäft alles von Nägeln bis zu Pfannen. Der Besitzer Klein *Bácsi* war ein kräftiger Mann mittleren Alters.

Damals hätte ich nicht gedacht, dass ich eines Tages vergeblich versuchen würde, sein Leben zu retten. Kövesi *Bácsi* wiederum verkaufte in seinem Geschäft Geschirr, Teller, Tassen und Gläser sowie komplette und schöne Tafelservice. Er sollte mir eines Tages alles über das Geschäftsleben beibringen. An einer Straßenecke lag eine der drei

ALS SELBST DIE DICHTER SCHWIEGEN

Apotheken von Orosházas. Dorthin schickte mich meine Mutter immer, wenn sie Kopfschmerzen hatte. Sobald ich den Laden betrat, schlugen mir seltsame, exotische und stechende Gerüche entgegen. Ich kaufte jedes Mal zehn Beutel mit Migränepulver und wartete, während der Apotheker, ein Mann mittleren Alters mit einem kleinen Schnurrbart und einem schneeweißen Mantel, das Pulver zubereitete. Ganz am Ende der Kossuth Lajos *Utca* befand sich ein Delikatessenladen, der Feigen, Datteln, Schokoladenbonbons und verschiedene andere Delikatessen im Schaufenster anbot. Leider konnten wir es uns nie leisten, dort einzukaufen. Abseits der Hauptstraße lag der Lebensmittelladen, in dem meine Eltern die meisten ihrer Einkäufe tätigten. Daneben war ein kleiner Tante-Emma-Laden, der sogar für die damalige Vorkriegszeit altmodisch aussah und Kaffee, Teeblätter und Kekse anbot. Die Besitzerin war eine große und hagere alte Jungfrau, die ihren Laden so führte wie es ihre Großeltern vor vielen Jahren vorgemacht hatten. Sie weigerte sich hartnäckig zu akzeptieren, dass sich die Geschmäcker verändert hatten. Sie hatte nie ein neues Produkt auf Lager und bewahrte ihre Kekse in großen, offenen Papierdosen auf, damit die Kunden ihre eigene Auswahl treffen konnten. Sie wurden schnell feucht und mussten dann weggeworfen werden. Als der Besitzer unseres Lebensmittelladens seinen Laden erweitern wollte, bot er ihr an, sie auszuzahlen, aber sie lehnte das Angebot ab.

„Was würden meine Kunden von mir halten, wenn ich die Brocken einfach hinschmeißen würde?", fragte sie jeden, der ihren Laden betrat.

Und dann gab es da noch die Daubner *Cukrászda*, eine Konditorei. Dort kaufte ich mir gelegentlich, wenn ich genug Geld hatte, ein kleines Eis. Ich konnte es mir aber nie leisten, auf der Terrasse Platz zu nehmen und ein Eis aus einem Glasschälchen zu essen.

Orosháza

Eines Tages fragte mich allerdings aus heiterem Himmel Dr. Klein, ein jüdischer Anwalt, ob ich mich zu ihm setzen wolle. Er kaufte mir eine große Portion Vanille- und Schokoladeneis mit Schlagsahne. Ich konnte mein Glück kaum fassen. Als ich allerdings meinen Eltern davon erzählte, waren sie wütend: Offenbar hatte Dr. Klein, der eine ziemlich zwielichtige Organisation namens Künstlergilde gegründet hatte, den Ruf ein Kommunist zu sein. Er sollte das erste Opfer der nahenden deutschen Besatzung werden.

Herr Daubner, der Besitzer der Konditorei, beschloss eines Tages, ein neues Kino zu bauen und dem alten Kino am Ende der Kossuth Lajos *Utca* Konkurrenz zu machen. Schwarz *Bácsi*, der Besitzer des alten Kinos, hatte es sehr vernachlässigt und nicht regelmäßig renoviert. Die Wände waren schwarz vom Zigarettenrauch und die hölzernen Stühle klapprig. Er zeigte hauptsächlich amerikanische Filme mit Mickey Rooney, Judy Garland und Shirley Temple. Daubners neues Kino dagegen war hellblau und rot gestrichen und verfügte über eines der neuesten Lautsprechersysteme. Es war viel luxuriöser und hatte bequeme Sitze. Und es sprach mit den modernen ungarischen und deutschen Filmen die Jugendlichen an. Diese kauten gewöhnlich geröstete Kürbiskerne, die sie von einem Straßenhändler mit einem eigenen Stand vor dem Kino kauften.

Die Kossuth Lajos *Utca* mündete in einen Platz, in dessen Mitte eine Bronzestatue von Kossuth Lajos stand. Es schien, als forderte er mit der ausgestreckten rechten Hand die Leute auf, sich dem Kampf gegen die Habsburger anzuschließen. Wie überall in Ungarn sangen auch wir in Orosháza an jedem Jahrestag des Aufstands von 1848 ein populäres patriotisches Lied, das ungefähr so ging:

Kossuth Lajos schickt eine Nachricht, ihm gehen die Männer aus;

ALS SELBST DIE DICHTER SCHWIEGEN

Wenn er die Nachricht erneut schickt, müssen wir uns alle ihm anschließen!

Ich hielt das immer für ein dummes Lied: Warum warteten die Leute auf eine zweite Nachricht, bevor sie sich Kossuth anschlossen? Kein Wunder, dass der Aufstand niedergeschlagen wurde!

Der Platz wurde beherrscht vom massiven Gebäude des einzigen Hotels in Orosháza, das Alföld. Es hatte ein Restaurant, das meine Eltern gelegentlich besuchten, um mit Freunden das viel gerühmte Steak zu essen und der Zigeunerband zuzuhören, die quasi zum Inventar gehörte. Der Bandleader hieß Náci Purchi. Er war ein lebensfroher und charismatischer alter Mann und als er starb, schien die ganze Stadt auf den Beinen zu sein, um ihm die letzte Ehre zu erweisen. Der lange und bedächtig dahinschreitende Trauerzug wurde von seiner weinenden Witwe angeführt. Náci Purchis Sarg lag auf einem kunstvoll geschmückten, von Pferden gezogenen Leichenwagen. Begleitet wurde der Sarg von dem größten Ensemble von Zigeunermusikern, das ich je gesehen habe. Es waren an die fünfzig Musiker, die auf ihren Geigen traurige Melodien spielten.

Ganz in der Nähe befand sich das Postamt von Orosháza und direkt daneben war die imposante Fassade der Bank zu bestaunen, bei der wir die Hypothek auf unser Haus aufgenommen hatten. Die Fassade war immer makellos gepflegt und sah aus, als wäre sie erst kürzlich gestrichen worden. In einer Seitenstraße befand sich der Laden von Ravasz, dem Metzger, der unser Schweinefleisch räucherte. Herr Ravasz war ein starker Mann und arbeitete alleine im hinteren Teil, während seine Frau Ravaszné in ihrer ordentlichen weißen Schürze die Kunden bediente. Es gab verschiedene Sorten Wurst und Fleisch, die auf Tabletts auf dem Tresen lagen,

Orosháza

während die größeren Teile der Schweine- und Rinderkörper im hinteren Teil des Ladens an Haken hingen. Jedes Mal, wenn ich die Bestellung meiner Mutter abholte, gab mir Ravaszné eine kleine Scheibe der pikanten *Kolbász*-Salami mit auf den Weg.

In einer anderen Nebenstraße stellte Bakk *Bácsi* Lederwaren her, die er selbst verkaufte. Es war ein kleiner Laden und die handgefertigten Lederwaren, von Geldbörsen bis hin zu Einkaufstaschen, hingen immer draußen vor dem Eingang. Bakk *Bácsi* war ein korpulenter alter Mann mit einer außerordentlich hässlichen Frau. Beide rochen immer stark nach Leder. Sie hatten aber eine unglaublich hübsche Tochter im Teenageralter, die die schönsten Augen hatte, die ich je gesehen hatte. Sie war das erste Mädchen, dem ich den Hof machte.

Eines Sonntagmorgens ging ich zu ihrem Haus mit einem Liebesroman, den ich sehr mochte. Es handelte sich um das Buch „Ein Goldmensch" des berühmten ungarischen Schriftstellers Mór Jókai. Ich las ihr ein Kapitel des Buches vor und hoffte, dass ihr das Buch auch gefallen würde. Leider interessierte sie sich nicht dafür, sondern ging einfach zum Spiegel und begann, ihre Haare zu kämmen. Ich war so enttäuscht, dass ich sie nicht mehr sehen wollte.

Die Sternbergs fertigten und verkauften Daunendecken aus wunderschönem Brokat und Damast. Sie besaßen eine Maschine, in der die Daunenfüllung in einer drehbaren Trommel in warmer Luft aufgelockert wurden. Wenn die Maschine lief, war alles über und über mit winzigen Federn bedeckt, die aus der Trommel entwichen. Anschließend sah die Werkstatt der Sternbergs aus, als wäre ein Schneesturm vorbeigezogen. Es gab auch einen Fotografen in Orosháza. Hier kaufte ich mein Fotopapier und Chemikalien, um die Bilder zu entwickeln und auszudrucken, die mir ein bescheidenes Einkommen verschafften.

ALS SELBST DIE DICHTER SCHWIEGEN

Meine Eltern rauchten beide und so bestand eine meiner Aufgaben in meiner Kindheit darin, zum örtlichen Tabakladen zu gehen und zehn Zigaretten der Marke Memphis zu kaufen. Die Inhaberin war eine füllige Dame, die immer in Schwarz gekleidet war. Sie hatte ihren Mann im Krieg verloren und als Entschädigung eine Sondergenehmigung für den Verkauf von Tabakwaren erhalten. Ich hasste den Geruch dieser Zigaretten und habe sie nie auch nur ein einziges Mal ausprobiert. Ich konnte nicht einmal aus einem Glas trinken, das meine Mutter benutzt hatte und das nach Memphis-Zigaretten roch.

Als Freizeitvergnügen gab es in Orosháza ein Schwimmbad am Rande der Stadt. Es hatte zwei Außenbecken, wovon eines beheizt war. Im nicht beheizten Becken tummelten sich die Bahnenschwimmer. Drinnen befanden sich zwei weitere Becken, die während der Wintermonate geöffnet waren. Darüber hinaus gab es auch einen Bahnhof für eine Schmalspurbahn, mit der die Leute zum nahegelegenen flachen See von Gyapáros fahren konnten. Der See hatte einen öffentlichen Strand mit Umkleidekabinen und Dusche sowie ein 50-Meter-Becken.

Während der Schulferien verbrachte ich dort viele Tage mit einer Riege von Wettkampfschwimmern und ernährte mich von gesalzenem Butterbrot aus dem Lebensmittelladen.

Daneben gab es weitere einfache Freizeitbeschäftigungen. So nahmen auch wir Juden gerne an der ungarischen Ostertradition des *Locsolás*, oder des „Bewässerns", teil. Es war ursprünglich ein uraltes Fruchtbarkeitsritual, diente aber in erster Linie für die Jugendlichen als Anlass, um Spaß zu haben und zu flirten. Am Ostermontag, dem Tag nach Palmsonntag im christlichen Kalender, besuchten alle Jungen von Orosháza die Mädchen und besprenkelten deren Köpfe mit *Eau de Cologne*. Im Gegenzug erhielten

Orosháza

die Jungen entweder ein bemaltes, hart gekochtes Ei oder ein Schokoladenei. Gelegentlich bekamen wir ein Tier aus Schokolade, meistens einen Osterhasen oder ein Lamm. Die größten Belohnungen gingen natürlich an den ersten Besucher, was eine sorgfältige Planung der Besuchsreihenfolge notwendig machte. Ich für meinen Teil besuchte alle jüdischen Mädchen in der Stadt und anschließend auch einige christliche Mädchen. Wenn ihre Mütter anwesend waren, bedachte ich zur Sicherheit auch sie mit etwas Parfüm.

Abgesehen von diesen seltenen Festtagen passierte in Orosháza jedoch nicht viel. Es gab keine Morde, keine Skandale, und jeder Klatsch und Tratsch war bald kein Geheimnis mehr. Manchmal kam es mir so vor, als ob die ganze Stadt vor sich hin döste und ihre Bewohner schlafwandlerisch ihren täglichen Geschäften nachgingen. Das verschlafene Orosháza war ein vollkommen gewöhnlicher Ort. Mit seinem Bahnhof, seiner Getreidemühle, den Manufakturen und Kinos, seinen Lehrern, Ärzten und Anwälten sowie seinen florierenden Geschäften war es ganz sicher kein hinterwäldlerisches und primitives Nest. Umso unverständlicher ist, was dort geschehen sollte. Ich hatte damals keine Ahnung, dass Politiker in Ungarn und Europa sich daranmachten, unsere jüdische Gemeinde, meine Familie und mich für etwas zu bestrafen, das wir gar nicht getan hatten.

Mir war nicht bewusst, dass sich mein Leben von Grund auf verändern würde. Ich hatte keine Ahnung, dass man uns bald aus dem Schlaf reißen würde.

ALS SELBST DIE DICHTER SCHWIEGEN

2

Verfolgung

DER KRIEGSAUSBRUCH in Europa im Jahr 1939 hatte zunächst keinen großen Einfluss auf das Leben in Orosháza. Ich war noch ein Kind, als Hitlers Panzer über die polnische Grenze rollten – ein dicker Junge, der wegen seiner Plattfüße vom Sportunterricht befreit war und der weder besonders stark noch sportlich war. Allerdings mussten jetzt alle Jungen der *Levente* beitreten, einer paramilitärischen Jugendbewegung. In der *Levente* waren jüdische von den nicht-jüdischen Jugendlichen getrennt. Es war ein kleiner Vorgeschmack auf die kommenden Ereignisse. Da es für uns keine Arbeit gab, machten wir die meiste Zeit Leibesübungen – hauptsächlich Laufen und Liegestütze. Neben der Leibesertüchtigung nahmen die körperlichen Züchtigungen unseres „Führers" einen immer größeren Raum ein. Er war etwa dreißig Jahre alt, groß, gründlich rasiert und trug immer eine Militärmütze. Und er war ein Tyrann. Da ihm ein Schneidezahn fehlte, zischte es, wenn er sprach. Wegen meiner Ungeschicklichkeit hatte er mich bald auf dem Kieker und ich bekam einen Großteil der Schläge ab. Bis dahin hatte ich es genossen zu lernen und war gern zur Schule gegangen. Jetzt aber änderte sich alles und ich fürchtete die Schule, besonders aber die *Levente*. Denn ich hatte zum ersten Mal in meinem Leben einen echten Sadisten getroffen, der es offensichtlich genoss, uns mit seinen Schlägen und Demütigungen zu quälen. Er versuchte nicht einmal zu verbergen, dass es ihm Spaß machte, uns leiden zu sehen. Wir aber waren machtlos und konnten nichts dagegen tun.

Eines Abends nahm mich mein Vater zu einer farbenprächtigen Demonstration auf der Kossuth Lajos *Utca*. Eine Gruppe junger Männer, wahrscheinlich Studenten der Universität von Szeged, zogen mit brennenden Fackeln durch

ALS SELBST DIE DICHTER SCHWIEGEN

die Straße und riefen „*Lengyel Magyar határt!*" Sie forderten lautstark eine gemeinsame Grenze zwischen Polen und Ungarn, was eine unmissverständliche Forderung nach der Rückgabe der ehemals ungarischen Gebiete in der Slowakei beinhaltete, die zwischen Polen und Ungarn lagen. Ich sah an diesem Tag allerdings nur die Spitze des Eisbergs einer nationalistischen Politik.

Das langjährige Staatsoberhaupt des Königreichs Ungarn, Reichsverweser Admiral Miklós Horthy, verfolgte einen schwierigen Kurs: Einerseits setzte er auf die Unterstützung Deutschlands, um die durch den Vertrag von Trianon verloren gegangenen Gebiete zurückzugewinnen. Andererseits war er darauf bedacht, gegenüber Deutschland die Unabhängigkeit zu bewahren. Aber wenn man dem Teufel den kleinen Finger reicht, nimmt er die ganze Hand. Horthys feines Manövrieren war letztlich erfolglos: Ende Juni 1941 war Ungarn ein Verbündeter Deutschlands und Italiens, hatte der Sowjetunion den Krieg erklärt und kämpfte an der Seite der Achsenmächte an der Ostfront. In Orosháza wurde mein Mathematiklehrer Herr Bencsik zum Militärdienst einberufen. Als ich ihn zuletzt sah, ritt er auf einem Pferd an der Spitze einer Gruppe von Infanteristen. Sie marschierten geradewegs in den Tod, sie wussten es nur noch nicht. Während des Krieges erlitt das ungarische Militär schwere Verluste. Zehntausende Ungarn gerieten in sowjetische Gefangenschaft. Ein großer Teil davon waren jüdische Männer, die als Juden von den kämpfenden Truppen ausgeschlossen und zum *Munkaszolgálat* abkommandiert wurden – ein Arbeitsdienst, bei dem Zehntausende Zwangsarbeiter auf Grund der Misshandlungen und der mangelnden Ernährung starben.

Wie in anderen europäischen Ländern gab es damals auch in Ungarn Antisemitismus, allerdings hatten wir uns daran gewöhnt. Als Kind habe ich den Antisemitis-

Verfolgung

mus nie hinterfragt; er gehörte einfach zu meinem Leben dazu. Kurz nachdem Admiral Horthy an die Macht kam, verabschiedete er 1920 das erste einer Reihe von Gesetzen, durch das die Juden vom öffentlichen und kulturellen Leben ausgeschlossen und die meisten von uns aus ihrem Beruf gedrängt wurden. Mit dem Gesetz wurde ein Numerus Clausus eingeführt, der den Anteil der Juden an Hochschulen auf fünf Prozent beschränkte. In den ersten Jahren des Krieges wurden dann weitere Gesetze erlassen, die die Anzahl der Juden in den Berufsfeldern Journalismus, Medizin, Ingenieurwesen, Schauspiel, Jura und auch Handel beschränkten.

Auch wenn die Gesetze zunächst nicht lebensbedrohlich waren, erzeugten sie doch viel Elend und Unsicherheit. Wie im nationalsozialistischen Deutschland wurde legal definiert, wer Jude war: Eine Person mit zwei oder mehr jüdischen Großeltern galt ungeachtet anderer Faktoren als Jude. Dabei war es auch unerheblich, ob die Religion ausgeübt wurde. Natürlich fiel auch meine Familie unter diese Legaldefinition.

Als Antwort auf die wachsende Flut des Antisemitismus wurde im Jahr 1939 in Budapest ein Buch mit dem Titel *Itéljetek!*, „Beurteilt uns!", veröffentlicht. Dabei war mit „uns" das gesamte ungarische Judentum gemeint. Das Buch listete berühmte jüdisch-ungarische Wissenschaftler, Künstler und Sportler auf, die alle einen Beitrag zur ungarischen Kultur geleistet hatten. Es war eine lange Liste der Loyalität und des Patriotismus. Selbst wir Juden waren überrascht, dass diese Leute tatsächlich Juden waren. Alle Ungarn mit jüdischer Abstammung waren stolz darauf, *Itéljetek!* zu lesen und so wurden Kopien unter der Hand weitergereicht. Ich vermute aber, dass es die Gesinnung von Leuten außerhalb unserer Gemeinschaft nicht geändert hat. Die lokale Bevölkerung wurde mit deutschen Propagandafilmen wie

Jud Süß indoktriniert, die das Bild des gierigen und unpatriotischen Juden zeichneten. Die Tatsache, dass die Familie Swarcz ihr schönes Haus der Gemeinde Orosháza für das kleine Museum gespendet hatte, tat nichts zur Sache. Das nichtjüdische Ungarn mochte die Juden nicht; es stellte sich heraus, dass es uns einfach nur erduldete.

Viele Jahre später, als ich in England lebte, stellte mir jemand eine interessante Frage: Hatte ich in den ersten Tagen des Krieges geglaubt, dass die Deutschen gewinnen würden? Ich musste zugeben, dass ich das tatsächlich geglaubt hatte. Propaganda ist eine mächtige Waffe und in Radio, Wochenschauen und Zeitungen wurde uns immer wieder nicht nur von deutschen militärischen Erfolgen auf dem Schlachtfeld berichtet, sondern auch von ihren überlegenen Waffen, Panzern und Kampfflugzeugen. Es war nicht das letzte Mal, dass ich Propaganda und Gehirnwäsche zum Opfer fallen sollte. Die Tatsache, dass so vielen nichtjüdischen Ungarn dasselbe passierte, überrascht mich daher nicht.

Im März 1944, als der Krieg für die Nazis immer aussichtsloser wurde, lud Adolf Hitler Admiral Horthy zu einem Staatsbesuch nach Berlin ein. Während seines Aufenthalts besetzten deutsche Truppen Ungarn. Sie wurden von der ungarischen Armee, von Staatsbediensteten und von vielen besser gestellten Ungarn, die den Kommunismus der Sowjets als den Hauptfeind ansahen, freudig begrüßt. Wie immer war die überwiegende Mehrheit der einfachen Ungarn machtlos und konnte nur zusehen, wie Panzer ihr Land besetzten. In Orosháza hatten wir von der Judenverfolgung in Deutschland gehört, daher wussten wir, dass die Besetzung eine schlechte Nachricht war. Wir hätten uns aber nie vorstellen können, was dies tatsächlich für uns bedeuten würde. Dabei zählten wir noch zu den Glücklichen.

Verfolgung

Im Zuge der Besetzung ernannten die Nazis Döme Sztójay zum neuen Ministerpräsidenten. Sztójay war ein begeisterter Anhänger der Nazis und regierte Ungarn an der Seite von Edmund Veesenmayer, dem deutschen Reichsbevollmächtigten für Ungarn und SS-Brigadeführer. In den viereinhalb Jahren, in denen die deutsche Armee über Europa hergefallen war, waren die jüdischen Gemeinden in Ungarn einigermaßen in Ruhe gelassen worden. Sie standen offenbar unter dem Schutz einer Führung, die sie vor der schlimmsten Form des Nationalsozialismus beschützt hatte. Uns jüdischen Ungarn schien es, als ob wir dem Schicksal der Juden im besetzten Europa entrinnen könnten und dass die antijüdischen Gesetze oder die Einberufung in ein Arbeitskommando des *Munkaszolgálat* das Schlimmste war, was uns passieren konnte. Dieser Irrglaube löste sich rasch in Luft auf und die ungarische Bevölkerung erwies sich als ebenso fähig wie andere Nationen, sich von uns abzuwenden. Bald nach der Besetzung durch die Nazis begann die Massendeportation von Juden in Todeslager. Sie wurde persönlich von Adolf Eichmann beaufsichtigt, der bedauerte, dass sich bislang so viele Juden ihrer „Endlösung" entziehen konnten. Es war so weit. Der Krieg erreichte das verschlafene Orosháza.

Jetzt mussten wir erstmals einen gelben Judenstern tragen, der auf unsere Kleidung genäht wurde. Das alleine störte mich nicht allzu sehr, denn es wusste sowieso jeder in Orosháza, dass ich Jude war. Mein Vater unterrichtete zunächst weiter, trotz Judenstern. Seine Lehrerkollegen und Schüler nahmen die Veränderung wortlos hin. In der Schule gab es ihm gegenüber keine Feindseligkeit. Lediglich einer seiner Kollegen mit deutscher Abstammung behandelte ihn mit demonstrativer Zurückhaltung. Ansonsten wurde mein Vater respektiert, zumindest bei uns im Ort. Die meisten nichtjüdischen Familien von Orosháza, deren Kinder er unterrichtet hatte, waren dankbar für seine Unterstützung. Vielen hatte er geholfen, an die Universität gehen zu können. Denn von Jungen aus Orosháza wurde für gewöhnlich nicht erwartet, dass sie einen akademischen Weg einschlagen. Auch unser Nachbar, der Metzger Ravasz, wollte seinen Sohn Karcsi nach der weiterführenden Schule ursprünglich nicht studieren lassen. Mein Vater überredete den Metzger jedoch und so wurde es dem jungen Karcsi schließlich erlaubt, Tierarzt zu werden.

Orosházas jüdische Gemeinde bedauerte natürlich die neue Wendung, sie erduldete aber ihr Schicksal und sorgte sich lediglich darum, was die nächste Runde der Gesetzgebung bringen würde. Mit dem Judenstern, der auf unsere Kleidung genäht war, unterschieden wir uns jetzt sichtbar von unseren nichtjüdischen Nachbarn. Die meisten von uns blieben so oft wie möglich zu Hause und wagten sich nur raus, wenn es absolut notwendig war. Es kursierten Gerüchte über das, was als nächstes kommen würde. Im Wissen um die jüdische Geschichte erwarteten die Ältesten Pogrome. Doch es kam viel schlimmer. Wer hätte gedacht, dass am Ende der eigene Staat – mein geliebtes Ungarn – unseren Völkermord unterstützen und sich daran beteiligen würde?

Ich war jetzt sechzehn Jahre alt und Schüler am *Gimnázium*. Von zweiunddreißig Schülern in meiner Klasse waren fünf Juden, zwei Mädchen und drei Jungen, mich eingerechnet. Wir saßen an unseren üblichen Plätzen, nur dass wir jetzt einen Stern trugen. Die anderen Studenten behelligten uns nicht besonders – zumindest nicht mehr als gewöhnlich.

Die schlimmste Demütigung erfuhren wir hingegen von unserem Schulleiter, der auch unser Lehrer für Ungarisch war. Er kam vom Bauernhof und litt unter einem schwachen Herzen. Deshalb setzte er sich auf die uns gegenüber-

Verfolgung

liegende Schulbank und hielt uns einen Vortrag darüber, wie wir Juden versucht hätten, seine unschuldige ungarische Bauernkultur zu vergiften. Er schaute uns dabei ständig in die Augen, als hätten wir persönlich etwas damit zu tun. Er hasste auch den Kommunismus und erklärte, dass Marx nur deshalb solche kruden Ansichten haben konnte, weil er Jude war.

Kurz nach dem Beginn der deutschen Besetzung im März 1944 wurde mein Bruder István in eines der *Munkaszolgálat*-Arbeitskommandos der ungarischen Streitkräfte berufen. Bis zu diesem Zeitpunkt war er ein brillanter Wissenschaftler gewesen, der in Szeged Mathematik und Physik studierte und der trotz der Gesetze, die die Zahl der jüdischen Studenten einschränkten, von der Universität akzeptiert worden war. Nachdem er seine letzte Prüfung abgelegt und sein Diplom bekommen hatte, hatte István gerade noch Zeit, mit einem Koffer voller Sachen nach Hause zu kommen. Schon am nächsten Tag musste er gehen. Meine Mutter packte ihm etwas Essen in ein Taschentuch und gab ihm ein Foto von der ganzen Familie mit. Sie schrieb die Adressen einiger Verwandter auf einen Zettel und wir alle begleiteten ihn zum Bahnhof. István hatte uns in der Vergangenheit oft in Richtung Szeged verlassen, aber diese Abreise war anders. Meine Mutter weinte und die Hände meines Vaters zitterten, als er István zum letzten Mal umarmte. Mein Bruder streichelte liebevoll meinen Kopf, dann sagten wir uns alle auf Wiedersehen und er ging. Wir drei blieben auf dem Bahnsteig und winkten so lange, bis der Zug nicht mehr zu sehen war und hinter einer Kurve in einer Dampfwolke verschwand.

Nur wenige Tage später rief uns Ágoston *Néni*, unsere verwitwete Nachbarin, die über alles Bescheid wusste, was in Orosháza passierte, zu: „Die Deutschen verhaften alle jüdischen Männer". Ágoston Néni war eine große, ganz in schwarz gekleidete Frau, die ein schwarz-weiß gepunktetes Kopftuch trug. Ihre Stimme zitterte und ihre Augen waren feucht. Sie war sich ganz offensichtlich der Bedeutung ihrer Worte bewusst. Es bestand Gefahr – höchste Gefahr. Und die Gefahr ging nicht von den Wölfen aus, die mich in meiner Kindheit verfolgt hatten.

Wir wohnten in der Nähe des Stadtzentrums, aber wegen der beiden scharfen Kurven der Ond *Utca* konnten wir die Hauptstraße nicht einsehen. Regungslos spähten wir aus dem Fenster und warteten darauf, dass die Deutschen kamen. Wir waren voller Panik und wussten nicht, was wir tun sollten. Sollten wir das Tor schließen oder es offen lassen? Wenn wir es schlossen und die Deutschen klingelten, sollten wir die Tür öffnen oder warten, bis sie die Tür aufbrechen würden? Wir ließen das Tor offen. Sollten wir die Fensterläden schließen? Es war eine schreckliche Vorstellung in einem dunklen Raum zu warten und von der Welt abgeschnitten zu sein. Wir hielten daher die Fensterläden gerade so weit geöffnet, dass wir gelegentlich hindurchsehen konnten.

Am Vormittag sahen wir sie, zwei Deutsche in Uniform, wie sie rasch auf uns zu marschierten. Sie sahen aus wie Filmstars, makellos gekleidet in dunklen Ledermänteln und glänzenden schwarzen Stiefeln, die sich miteinander unterhielten. Damals wusste ich nichts über die SS, aber ich nehme an, dass sie zum SS-Sonderkommando gehörten, das mit Adolf Eichmann nach Ungarn geschickt wurde, um die Deportation der ungarischen Juden zu beaufsichtigen. Wir waren uns sicher, dass sie wegen meines Vaters da waren und zählten die Schritte, die sie bis zu unserem Haus benötigten. Eins, zwei, drei, ..., fünfzehn, ..., zwanzig, ... Sie müssten längst da sein. Wir verharrten regungslos. Was sollte man sagen? „Auf Wiedersehen Vater, komm

Verfolgung

bald zurück"? Wir drei standen so nahe beieinander, dass keine Briefmarke zwischen uns passte. Wir streckten die Hände aus, um uns zu umarmen und uns gegenseitig zu beschützen. Wie lange standen wir so zusammengedrängt? Ich weiß es nicht. Dann hörten wir, wie die Deutschen am Tor vorbeigingen und unser Haus passierten. Springen sie etwa durchs Fenster?

Nein. Sie überquerten die Straße, gingen an zwei weiteren Häusern vorbei zum Haus des Tierarztes Doktor Balázs und riefen nach ihm. Nach kurzer Zeit tauchten sie wieder auf, allerdings ohne Doktor Balázs. Als er erkannte, dass sie zu ihm kommen würden, hatte er sich Morphium gespritzt. Die Deutschen hatten ihn dort mit Schaum vor dem Mund liegen sehen und, wie ich später erfuhr, vermutet, dass er nicht durchkommen würde. (Er überlebte aber und überstand auch den Krieg, allerdings wurden er und seine ganze Familie beim Rückzug der SS-Truppen am Ende des Krieges getötet.) Die Deutschen gingen zurück, direkt an der Vorderseite unseres Hauses vorbei, aber sie hielten nicht an. Sie wussten genau, wohin sie gehen und wen sie verhaften sollten.

An diesem Abend erzählte uns Ágoston *Néni*, dass die Deutschen rund vierzig Männer verhaftet hatten. Es waren die Familienoberhäupter der prominentesten jüdischen Familien von Orosháza. Unter den Verhafteten war auch Tafler *Bácsi*, der Besitzer der Besenfabrik und das gewählte Oberhaupt unserer Gemeinde. Vermutlich versuchten die Behörden, jeglichen organisierten Widerstand im Keim zu ersticken. Die Männer durften nichts mitnehmen außer den Kleidern, die sie am Leib trugen. Noch wusste niemand, was mit ihnen geschehen würde. Erst später sollten wir es herausfinden.

Der Grund für die Razzia wurde bald klar: Es lagen bereits Befehle vor, dass alle Juden von Orosháza in ein

Ghetto verlegt werden sollten. Das gleiche passierte in jeder Stadt und jedem Dorf in ganz Ungarn. Wir hatten nur sehr wenig Zeit, um uns auf unseren Umzug vorzubereiten. Uns wurde gesagt, dass wir nicht zu viele Dinge mitnehmen sollten, weil es nur wenig Platz geben würde. Wir packten ein, was wir für absolut notwendig hielten – einige Betten, Kleidung (einschließlich warmer Winterkleidung), Essen und ein paar persönliche Erinnerungsstücke. Wir nahmen auch den Koffer meines Bruders István mit, den er gepackt hatte, bevor er zum Arbeitskommando ging und der seither nicht geöffnet worden war. Meine Eltern hatten nicht viel Schmuck, wertvoll war nur die goldene Kette meines Vaters für seine Taschenuhr.

Er legte die Kette in ein kleines Glas und vergrub es unter einem Birnbaum in unserem Garten. Ich musste beim Vergraben zusehen, damit ich die Kette wiederfinden konnte, falls er nicht zurückkehrte. Vom Tor aus gesehen war es der dritte Baum. Es dauerte eine Weile, bis sich mir die ganze Bedeutung dieser Aktion erschloss. Nicht jeder akzeptierte mit solch fatalistischer Resignation die Aussicht auf ein Leben im Ghetto. So kam es zu Gewalt, aber nicht etwa gegen die Behörden oder die Nazis: Stattdessen beging die dreiköpfige Familie von Doktor Sonnefeld Selbstmord. Wir alle kannten die Ghettos früherer Jahrhunderte, bei denen es sich um mehr oder weniger dauerhafte jüdische Wohnviertel handelte. Wir dachten daher, dass unseres ähnlich wäre. Doch mit dieser Annahme lagen wir komplett daneben.

Ein großer holzverarbeitender Betrieb, der einer jüdischen Familie gehörte, sollte als Ghetto für Orosháza dienen. Der Betrieb hatte ein großes Gelände, aber nur ein richtiges Gebäude, das als Geschäft und für Büros genutzt wurde. Das Gebäude wurde den alten und den ganz jungen Leuten zugeteilt, während der Rest von uns auf dem überdachten Holzlagerplatz blieb, der keine Mauern hatte,

Verfolgung

um uns zu schützen. Ich fragte mich, wie um alles in der Welt wir dort den Winter überleben sollten. Ich half im Erdgeschoss des Hauptgebäudes zwei Matratzen für meine Eltern hinzulegen, entschied mich aber, nicht mitzukommen, sondern schloss mich zwei jungen Klempnerlehrlingen an. Sie waren schlank und stark und verdreckt vom Öl und Fett der Arbeit. Jenő hatte keine Eltern mehr, während Jóska nur seinen armen, alten Vater hatte, der Schuster war. Trotz ihres harten Lebens waren sie immer fröhlich und kümmerten sich um mich, als wäre ich ihr Bruder. Ich war sehr beeindruckt von ihrer Kraft und ihrem Mut und ich dachte, dass sie mir die Dinge beibringen könnten, die ich brauchte, um im Ghetto zu überleben.

Und natürlich hatte ich mit Jenő und Jóska auch mehr Spaß als mit meinen Eltern. Wir suchten uns einen kleinen Raum über dem Laden, um abzuhängen und machten es uns mit Hilfe einiger herumliegender Holzplatten gemütlich.

Meine Familie und ich blieben ungefähr einen Monat im Ghetto. In dieser sehr kurzen Zeit wurde ich erwachsen. Ich musste in unserer kleinen Gemeinschaft Verantwortung übernehmen und mit anpacken, indem ich die Alten und Kranken unterstützte. Es gab keine richtige Organisation und niemand sagte mir, was zu tun ist. Es lag daher an mir, Aufgaben zu suchen und anderen zu helfen. Meistens brachte ich Dinge von einem Ort zum anderen, erledigte Einkäufe, machte Besorgungen und dergleichen. Abends hörte ich Jenő und Jóska zu, wie sie über Mädchen, Sex und Prostituierte redeten, alles neue und aufregende Themen für einen Jungen, der sich erst seit kurzem für das andere Geschlecht interessierte. Meine Mutter hatte mir vorher nicht viel Freiheit gewährt und mir verboten, mich mit bestimmten Mädchen zu treffen, weil sie aus „schlechten

Familien" stammten. Die Ausgehverbote hatten mich manchmal zur Verzweiflung gebracht, jetzt aber fühlte ich mich seltsamerweise freier.

Eines Abends, als Jenő und Jóska über ihre Erlebnisse im örtlichen Bordell sprachen, fragte ich sie halb ernsthaft: „Würden sie einen Jungen wie mich reinlassen?"

„Jeder ist willkommen, wenn er Geld hat."

„Wie teuer ist es?"

„Fünf *Pengő*."

„So viel Geld hatte ich noch nie in meinem Leben", sagte ich mit einem Seufzer, aber zu meiner Überraschung gaben mir Jenő und Jóska fünf *Pengő* und den Rat:

„Frag nach Gloria, sie ist die Beste." Das machte ich also.

Ich kannte das Gesetz, das jüdischen Männern sexuellen Kontakt mit nichtjüdischen Frauen verbot. Ich dachte aber, dass dies unmöglich für Sex mit einer Prostituierten gelten könnte. Das Tor zum Ghetto war nicht verschlossen. Wir durften kommen und gehen, solange wir rechtzeitig vor dem Abend zurückkamen.

Ich ging also mit meinem Judenstern auf dem Mantel und den fünf Pengő in der Tasche zum Bordell am Rande der Stadt. Ich wusste, wo es war, da ich es schon oft mit meinem Fahrrad passiert hatte. Bislang hatte ich aber nie gewagt anzuhalten. Es war eine Art Baracke aus Holz, die von einem hohen Zaun umgeben war. Ein Mädchen, das wahrscheinlich auf einer Leiter stand, hielt Ausschau und forderte alle vorbeigehenden Männer auf hereinzukommen. Als ich näherkam, verschwand sie, vielleicht wegen meines Alters oder wegen des Judensterns. Wahrscheinlich hielt sie mich einfach nicht für einen potenziellen Kunden.

Ich nahm meinen ganzen Mut zusammen und ging hinein. Als ich eintrat, führte mich dasselbe Mädchen in einen großen Raum, in dem noch weitere saßen und miteinander redeten. Die Luft war voller Zigarettenqualm, der mich

Verfolgung

beinahe erstickt hätte. Es war eine lustige Stimmung, alle lachten über etwas, das ich nicht verstanden hatte. Vielleicht war es ein Witz über mich. Natürlich war ich verlegen und wusste nicht, was ich tun oder wie ich mich verhalten sollte. Endlich sagte ich den Namen „Gloria" und ein Mädchen stand auf. Sie war wirklich ein hübsches Mädchen mit dunklen Haaren, dunklen Augen, schönen Gesichtszügen und einer perfekten Figur und sie roch nach Rosen. Vielleicht hatte sie Zigeunerblut in sich. Sie trug nur einen Morgenmantel mit großen roten und gelben Blumen und sie nahm ohne sich nach meinem Alter zu erkundigen meine Hand, als sie zu einem Zimmer ging, das nur mit einem einzigen Bett ausgestattet war. Ein Mädchen brachte Gloria eine Schüssel mit heißem Wasser, um sich zu waschen. Sie nahm mir meine fünf *Pengő* und meine Jungfräulichkeit. Ich hatte ein wahres Feuerwerk erwartet, aber es war etwas enttäuschend. Und so kehrte ich in mein behelfsmäßiges Zuhause im Ghetto zurück. Damals war mir nicht klar, wie viel Glück ich hatte, dass ich mir keine Geschlechtskrankheit eingefangen hatte.

Kurze Zeit später traf ich auf dem Hof eine Gruppe Kinder, die aufgeregt zu einem scheinbar leeren Dachboden heraufschauten. In der Decke gab es eine Falltür, die zu einem kleinen Raum führte.

„Wonach sucht ihr?", fragte ich.

„Wir glauben, dass Géza mit Kati da oben ist", antworteten sie und ihre Blicke und ihr Verhalten sprachen Bände. "Wir trauen uns nicht, hochzuklettern und nachzusehen", fügten sie hinzu.

Ich war der Älteste von ihnen und dachte, es sei meine Pflicht, das Geheimnis zu lüften, also kletterte ich hinauf. Géza und Kati waren beide Teenager und taten, was sie nicht hätten tun sollen. Ich kletterte hinunter und erklärte als Gentleman: „Da ist niemand, der Raum ist leer."

ALS SELBST DIE DICHTER SCHWIEGEN

Die Kinder glaubten mir und gingen weg. Ich hatte gemischte Gefühle: Einerseits hatte ich mich ritterlich verhalten, andererseits hatte ich gelogen. Wie und wann es Géza und Kati gelang, unbemerkt hinunterzuklettern, weiß ich nicht. Ich traf beide am nächsten Tag und sie warfen mir einen dankbaren Blick zu. Wir sprachen nie wieder über die Sache. Glücklicherweise wurde Kati nicht schwanger und beide überlebten den Krieg, auch wenn sich ihre Wege trennten.

Es klingt absurd, aber ich lebte gerne im Ghetto. Ich war das erste Mal befreit von der elterlichen Aufsicht und das gab mir das Gefühl, im Alter von sechzehn Jahren erwachsen zu sein. Ich verdrängte unsere schreckliche Situation und meine einzige Sorge galt meiner Ausbildung. Ich war in die sechste Klasse des *Gimnáziums* gegangen. Könnte ich nicht vom Ghetto aus weiter zur Schule gehen? Oder könnte mich mein Vater unterrichten? Aber seine Fächer waren Mathematik und Physik, daher konnte er mir in den sprachlichen Fächern wie Latein und Englisch keinen Unterricht geben. Wie sollte ich so meine Abschlussprüfungen bestehen? Fragen über Fragen, auf die es keine Antwort gab. Allerdings wurde schnell deutlich, dass das Ghetto nur ein vorübergehender Aufenthaltsort für uns war.

Ich musste mich daher wohl oder übel an die Idee gewöhnen, dass meine schulische Ausbildung zunächst beendet war und dass mein Leben von jetzt an gänzlich anders verlaufen würde.

Das jüdische Ghetto von Orosháza wurde von der *Csendőrség* bewacht, die dem ungarischen Innenministerium unterstellt war und unter der Leitung eines Offiziers namens János Prókai stand (er wurde nach dem Krieg verhaftet und strafrechtlich verfolgt und wegen der unter seinem Kommando begangenen Gräueltaten zu einer lebenslangen

Verfolgung

Freiheitsstrafe verurteilt). Die Aufgabe der *Csendőrség* bestand darin, außerhalb der Städte „den Frieden zu wahren". Sie wandten sich besonders gegen die widerspenstigen sozialen Elemente, die Kleinbauern, Zigeuner und Landarbeiter, und waren bekannt dafür, grausamer als die reguläre Polizei zu sein. Nun erwiesen sie sich als willige Erfüllungsgehilfen der Nazis bei deren Plänen für die Juden. Nicht umsonst kann *Csendőrség* auch mit „Wächter des Schweigens" übersetzt werden. Sie hatten seit langem Übung darin, den Unmut aus den Reihen der Kleinbauern und Tagelöhner, der sich gegen die Obrigkeit richtete, im Keim zu ersticken. Bis zu diesem Zeitpunkt hatte die *Csendőrség* für uns Juden der Mittelschicht keine Bedrohung dargestellt. Meine Eltern hatten nie etwas mit ihnen zu tun gehabt.

Im Ghetto gab es jeden Tag neue Verlautbarungen der *Csendőrség,* die allesamt unerfreulich waren. Eines Tages kamen zwei Männer in Zivil ins Ghetto. Uns wurde gesagt, dass sie Detektive seien. Einer von ihnen war klein und kräftig, der andere groß und dünn. Sie sahen ein bisschen aus wie Dick und Doof, deren Filme ich im Kino gesehen hatte, aber ihr Verhalten war alles andere als lustig. Sie sammelten bis auf die Eheringe all unseren Schmuck ein und erkundigten sich nach den Wertgegenständen, die womöglich noch in den Häusern versteckt waren und die die *Csendőrség* noch nicht gefunden hatten. Es war offensichtlich, dass die *Csendőrség* bereits damit angefangen hatte, die Häuser der Reichen zu plündern. Jedes Mal, wenn die Detektive vorbeikamen, wurde mein Vater nervös, aber er wurde nicht zum Verhör gebeten. Offenbar erwartete niemand im Haus der Platscheks wertvolle Dinge.

Dann begannen die Folterungen. Nach dem Verhör mussten einige der Männer auf einer Bahre weggetragen werden. Gerüchten zufolge bestand die schlimmste Folter darin, dass ein Glasröhrchen in die Harnröhre eingeführt und mit einem Schlag zertrümmert wurde. Nur die Drohung genügte, um ein Geständnis zu erzwingen. Auch Frauen wurden nicht verschont und wenn sie reich waren, wurden sie genauso wie die Männer mit einem Schlagstock traktiert. Zwei Frauen versuchten Selbstmord zu begehen. Eine überlebte, aber die andere, Tafler *Néni*, die Ehefrau des Gemeindeoberhaupts Tafler *Bácsi*, überlebte den Selbstmordversuch nicht. Immerhin war ihr so eine würdevolle letzte Ruhestätte auf dem jüdischen Friedhof von Orosháza vergönnt.

Eines Tages hörten wir die Nachricht, dass das ganze Ghetto aus Orosháza umziehen sollte. Allerdings konnte uns niemand sagen, wohin es ging. Wusste die *Csendőrség*, dass die Nazis planten, uns in ein Todeslager zu schicken? Aber egal, ob sie es wussten oder nicht. Ich bin davon überzeugt, dass es ihnen egal war. Hauptsache sie befolgten ihre Befehle und wir waren weg.

Wir konnten nur das mitnehmen, was wir tragen konnten, also packten wir eifrig einen provisorischen Rucksack für jedes Familienmitglied, indem wir leere Getreidesäcke zurechtschnitten und eine Lasche und eine Schnur daran befestigten. Unsere Kleidung war weder neu noch robust; insbesondere unsere Schuhe waren in keinem guten Zustand. Einige der wohlhabenderen Familien und besonders die Familien, deren Ehemänner von der Gestapo verhaftet worden waren, gaben uns einige ihrer überschüssigen Schuhe. Ich bekam ein Paar schöne, lange Jagdstiefel aus weichem, braunem Leder, die mir perfekt passten. Ich hatte noch nie so schöne Stiefel besessen und stolzierte tagelang mit ihnen herum. Schließlich warnte mich jemand: „Ist dir nicht klar, wie gefährlich es ist, so teure Sachen zu tragen? Die Nazis mögen die Stiefel vielleicht auch und könnten dich zwingen sie herzugeben. Willst du in Socken laufen? Wenn du dich wehrst, könnten sie dich töten." Er hatte recht. So schön die Stiefel auch waren, sie waren es nicht

Verfolgung

wert, dafür zu sterben. Schweren Herzens trennte ich mich von ihnen und zog wieder meine alten, abgenutzten Schuhe an.

Immerhin hatten wir unsere hausgemachten Würste mitgenommen, die bis zum nächsten Fest des toten Schweins reichen sollten. Aber wer konnte jetzt schon ein Jahr im Voraus planen? Meine Eltern gaben den ärmeren Familien einige Salami-Würstchen. Auch Jenő und Jóska, die beiden jungen Klempner, bekamen welche. „Ich wusste gar nicht, dass dein Vater Sozialist ist", sagte einer von ihnen. Das war mir auch neu.

Kurz vor der Deportation forderte die *Csendőrség* uns auf, alle Schreibutensilien abzugeben, die wir besaßen. Und so wurden all unsere Füllfederhalter und Stifte eingesammelt. Der Sinn und Zweck wurde uns nicht erläutert. Rückblickend sollte damit wohl verhindert werden, dass wir eine Botschaft an die Außenwelt schicken konnten, um von unserer Behandlung zu berichten. Ich liebte das Schreiben. Der Befehl, meinen Bleistift abzugeben, war daher ein echter Schock für mich. Es handelte sich um einen versilberten Stift mit einem Drehmechanismus, den ich sehr mochte. Ich entschied mich daher, ihn im einzigen Gebäude des Ghettos auf einem Holzbalken zu verstecken. Es waren diese kleinen Dinge, die für uns die Welt bedeuteten und die uns jedes Mal ein wenig mehr entmenschlichten, wenn sie uns ohne Grund weggenommen wurden.

Am nächsten Tag mussten wir uns alle mit den übrig gebliebenen persönlichen Sachen bei der *Csendőrség* zur Inspektion melden. Jede Familie wurde einzeln von Wachtmeister Posta aufgerufen. Schließlich standen meine Mutter, mein Vater und ich vor seinem Schreibtisch. Wenn da nicht seine Uniform und der an der Kappe angebrachte charakteristische Federschmuck aus schwarzen Hahnenfedern gewesen wären, hätte er wie ein unbedeutender kleiner Mann ausgesehen. Jetzt aber hatte er absolute Macht über uns und er sorgte dafür, dass es allen bewusst wurde. Er blickte auf und bedeutete uns mit einer kleinen Handbewegung zurückzugehen. Wir drei trippelten in kleinen Schritten zurück bis zum Ende des Raumes – wie Eunuchen vor einem chinesischen Kaiser.

„Nicht so weit!", bellte Wachtmeister Posta, der seine Macht sichtlich genoss und wir kehrten in die Mitte des Raumes zurück. Von dem folgenden Verhör ist mir nur ein winziger Aspekt in Erinnerung geblieben: Bei der Frage nach Schreibutensilien erwähnte mein Vater den ungeöffneten Koffer meines Bruders. Was würde passieren, wenn jemand ihn öffnen und etwas Ungesetzliches wie einen Bleistift darin finden würde? Wachtmeister Posta zeigte sich nicht sonderlich besorgt: „Dafür beträgt die Strafe fünfundzwanzig Schläge auf die Fußsohle", erklärte er nüchtern, als wollte er andeuten, dass es eine ganze Reihe von Strafen für verschiedene andere Verbrechen gab. Er machte sich nicht einmal die Mühe unsere Sachen zu kontrollieren und wir wurden aus dem Zimmer geführt. Ich war zu einem gesetzestreuen Bürger erzogen worden und hielt Ungarn für ein zivilisiertes Land. Wie konnten sie Prügelstrafen verhängen? Um Himmels Willen, und das alles wegen eines Bleistifts?

„Können die das einfach so machen?", fragte ich meinen Vater, als wir draußen waren.

„Sie können alles mit uns machen, was sie wollen", antwortete er und ich sah, dass er noch immer zitterte.

Nach der Vernehmung durch Wachtmeister Posta durfte niemand mehr zu seinem Quartier zurückkehren, stattdessen mussten alle auf dem Holzlagerplatz unter freiem Himmel schlafen. Glücklicherweise regnete es in der Nacht nicht. Am nächsten Morgen wurde uns gesagt, dass

Verfolgung

wir weiterziehen würden und wir uns bereithalten sollten. Drei Hebammen durchsuchten alle Frauen, um sicherzustellen, dass sie nichts am Körper versteckten. Dann marschierten wir, begleitet von bewaffneten Aufpassern, wie Kriminelle zum Bahnhof. Diejenigen, die krank oder zu alt zum Laufen waren, wurden auf Karren mitgenommen. Alle Juden aus den Ghettos, die zuvor in umliegenden Dörfern errichtet worden waren, machten die gleiche Reise und kamen nun in Orosháza zusammen. Es war sorgfältig geplant worden. Die Route führte uns quer durch die Stadt. Auf unserem Weg kamen die Leute unaufgefordert auf uns zu, schüttelten uns die Hände und flüsterten uns ermutigende Worte zu, wünschten uns alles Gute und eine sichere Rückkehr. Es war herzerwärmend...

Schade nur, dass das nicht passierte. Tatsächlich starrte uns Orosháza vom Bürgersteig aus an. Einige der umherstehenden Schaulustigen müssen uns oder andere in unserer Gruppe gekannt haben. Aber niemand, nicht eine einzige Person, kam und schüttelte uns die Hand oder verabschiedete sich oder richtete ein paar ermutigende Worte an uns. Hatten sie Angst vor der *Csendőrség*, die uns begleitete? War ihnen unser Schicksal egal? Oder waren sie sogar froh, uns endlich los zu sein? Ich habe in den Jahrzehnten danach oft darüber nachgedacht, aber ich habe bis heute immer noch keine Antwort auf diese Fragen. Heute weiß ich, dass es damals auch in Ungarn einige gute Menschen gab, die Juden retteten und sogar ihr eigenes Leben riskierten. Ich hatte damals leider nicht das Glück, einen dieser Menschen zu begegnen.

Am Bahnhof waren inzwischen etwa fünfhundert Personen angekommen und wir bereiteten uns darauf vor, in die Waggons zu steigen, die für uns bereitgestellt waren. Jeder Waggon war komplett leer und wurde ansonsten für den Transport von Gelegenheitsarbeitern oder Tieren genutzt. An den Türen gab es einen Aufdruck: 40 Personen oder 8 Pferde. In unserem Waggon waren wir knapp einhundert Personen. Irgendjemand hatte vor jedem Waggon eine Reihe verzinkter Eimer hingestellt. Einige waren mit Wasser gefüllt, andere waren noch leer – unsere Toiletten. János Prókai, der für das Ghetto und jetzt für die Deportation verantwortliche Offizier, trat einige Eimer mit seinen glänzenden Stiefeln um.

„Das sind zu viele", erklärte er. „Die Hälfte reicht." Uns blieben zwei Eimer mit Wasser und zwei leere Eimer.

Körperlich war ich einer der stärksten Mitglieder der Gruppe und so half ich den alten und jungen Männern, alle Rucksäcke in den Waggon zu laden und an die Seitenwände zu legen. Dann bildeten wir eine Insel in der Mitte des Waggons. Der Plan war, dass sich die Schwächsten gegen die Seitenwände lehnen konnten, während die Jüngsten und Kräftigsten in der weniger komfortablen Mitte des Waggons sitzen sollten.

Wir mussten allen helfen, in den Waggon zu kommen, insbesondere den Frauen mit Babys, den Alten und den Kranken. Dann schoben die Mitglieder der *Csendőrség* die Türen zu und verriegelten sie.

Unser Wagen hatte nur zwei kleine Fenster mit Eisenstangen. Die Verriegelung hätte es ermöglicht, die Türen einen Spalt offen zu lassen, um für eine Belüftung zu sorgen. Kein Mensch hätte sich durch diese winzige Öffnung quetschen können, aber die *Csendőrség* erlaubte uns nicht einmal diesen Luxus. Kurz darauf ertönte die Pfeife der Dampflokomotive und der Zug setzte sich in Bewegung. Einige Frauen weinten leise, als wir die Stadt ihrer Geburt verließen, in der sie ihr ganzes Leben verbracht hatten. Sie beweinten ihre verlassenen Häuser, ihre zurückgelassenen Verwandten und sie weinten, weil sie nicht wussten, was am Ende der Reise auf sie wartete. Ich habe damals nicht

Verfolgung

geweint. Ich hatte keine Angst vor dem Unbekannten. Ich betrachtete die ganze Sache als ein Abenteuer. Ich war mir sicher, dass wir in ein größeres Ghetto gebracht würden, um dort zu arbeiten. Es kam mir nicht in den Sinn, dass wir dem Tod ins Gesicht sehen könnten. Rückblickend war ich ein naiver Teenager, der nur mit sich selbst beschäftigt war.

Zum Glück dauerte diese erste Fahrt nicht so lang. Nach einiger Zeit erreichten wir Békéscsaba und wurden in das örtliche Ghetto verlegt. Die Stadt war größer als Orosháza und es lebten viel mehr Juden dort. Obwohl Békéscsaba nur weniger als 40 Kilometer von Orosháza entfernt war und mein Bruder hier die weiterführende Schule besucht hatte, war ich noch nie dort gewesen. Das Ghetto bestand aus einem einzelnen, großen Gebäude mit mehreren großen Räumen. Als wir ankamen, war es bereits vollkommen überfüllt. Die Leute schliefen auf dem Boden wie Sardinen in der Büchse. Auch hier blieb ich nicht bei meinen Eltern, sondern suchte die Gesellschaft von Gleichaltrigen. Ein Junge, der nicht viel älter war als ich, hatte offensichtlich die Aufgabe, für Ordnung zu sorgen. Er war Angehöriger der deutschsprachigen schwäbischen Minderheit in Ungarn und stolzierte mit einem Stock in der blaugrauen Uniform eines deutschen Soldaten, die allerdings keine Abzeichen hatte, durch die Räume. Er ging sichtlich in seiner Rolle auf.

„Du Junge", sagte er auf Deutsch. Dabei zeigte er mit seinem Stock auf mich und beschimpfte mich mit einer Mischung aus Deutsch und Ungarisch, weil ich nicht aufgestanden war und strammgestanden hatte, als er vorbeiging. Anscheinend taten das alle anderen, auch die Frauen und die Alten. Ich erhob mich, während ich mich fragte, wie es so weit kommen konnte. Hatte dieser Emporkömmling die Ehrerbietung direkt bei seiner ersten Patrouille eingefordert? Das war unwahrscheinlich. Wahrscheinlicher war, dass die Juden im Békéscsaba-Ghetto so verängstigt und erniedrigt waren, dass sie es für angebracht hielten, jeder Autorität zu gehorchen, egal wie lächerlich sie war. Jedenfalls genoss der junge Kerl seine Autorität.

Wir blieben nur drei Tage in Békéscsaba. Dann erreichte uns ein Befehl, dass sich die Juden aus Orosháza wieder versammeln müssten. Wir sollten weiterziehen. Wieder war unser Ziel unklar. Keiner war registriert worden und so herrschte ein beträchtliches Chaos. Wir hatten uns komplett unter die Einheimischen gemischt und keiner der Bewacher wusste mehr, wer die Juden aus Orosháza waren. Viele entschieden sich deshalb dafür, sich nicht zu melden und in Békésceba zu bleiben, um Zeit zu gewinnen und vielleicht ihr Leben zu retten. Eine fatale Fehlentscheidung, wie sich später herausstellen sollte.

Als alle Juden, die mit dem Zug aus Orosháza gekommen waren, zum Zug zurückbeordert wurden, beschlossen wir zu gehorchen: Mein Vater war in den Augen der staatlichen Stellen vielleicht nur ein Jude. Er war aber immer noch ein gesetzestreuer Staatsbediensteter. Wir gingen also zurück zu den Waggons und wurden unter den gleichen Bedingungen weitertransportiert. Nach einem Tag erreichten wir Debrecen, die zweitgrößte Stadt in Ungarn und etwa 100 Kilometer weiter nördlich gelegen. Wir marschierten zu einer Ziegelfabrik und warteten dort unter freiem Himmel auf den nächsten Befehl. Wir trafen hier vierzig Männer wieder, die vor einem Monat von den Deutschen aus ihren Häusern in Orosháza geholt worden waren. Die Freude war unbeschreiblich, als sie ihre Familien wieder in die Arme schlossen. Traurig war es dagegen für diejenigen, deren Familien sich entschieden hatten, in Békéscsaba zu bleiben.

Am nächsten Tag wurden wir erneut in die Waggons getrieben. Dabei passierten wir einen Polizisten in Zivil, der eine Schuhschachtel in der Hand hielt und uns aufforderte,

Verfolgung

das restliche Geld und den restlichen Schmuck abzugeben. Dabei appellierte er an unseren Patriotismus, indem er sagte: „Wollt ihr die Wertsachen nicht lieber einem Ungarn als einem Deutschen geben?" Ich fand es widerlich. Diesmal wurden auch die Eheringe nicht verschont und der Mann drohte mit Strafen für die Personen, die Wertgegenstände verbargen. Niemand wurde allerdings durchsucht, so dass wir alles hätten mitnehmen können, was wir noch besaßen. Boskovich *Bácsi* schaffte es, ein wenig Geld in seinen Schuhen durchzuschmuggeln – wir aber hatten zu großen Respekt vor der Autorität und waren starr vor Angst. Keiner wagte es, Widerstand zu leisten. Rückblickend war das Ganze wohl nur eine ausgeklügelte Vorstellung eines Polizisten, der in die eigene Tasche wirtschaftete.

Diesmal dauerte die Fahrt deutlich länger. Wir verbrachten drei Tage und drei Nächte im Waggon. Wenn wir durch das Fenster schauten, konnten wir die Namen der Bahnhöfe lesen, die wir passierten. Wir fuhren nach Norden, Richtung Polen, wussten aber nicht, warum. Sie würden uns doch nicht zur Front nach Russland bringen, um Schützengräben auszuheben? Wir hatten noch nichts von den Todeslagern gehört. Und selbst wenn wir davon gewusst hätten, weiß ich nicht, wie wir reagiert hätten. Bei einem Ausbruchsversuch hätten wir nichts zu verlieren gehabt, selbst wenn wir gestorben wären. Aber wie hätten wir fliehen können? Letztendlich versuchte es niemand. Wollten wir einfach einen weiteren Tag überleben und taten deshalb, was uns gesagt wurde? Oder lag es an unserem unterwürfigen Charakter?

Wir aßen das wenige Essen, das wir mitgenommen hatten. Die Eimer mit dem Trinkwasser waren bald leer. Da wir die Toiletteneimer nirgends leeren konnten, wurden auch die leeren Trinkeimer für die Notdurft genutzt. Irgendwann mussten auch die Leute, die zunächst versucht hatten, ihr menschliches Bedürfnis zu verdrängen, nach einem Eimer fragen.

Ehemänner versuchten, ihre Frauen während des Toilettengangs abzuschirmen. Die Männer waren dagegen weniger zimperlich. Der Waggon war so überfüllt, dass für die Eimer kein Platz war. Sie mussten dort bleiben, wo sie zuletzt benutzt wurden. Weil niemand ein Kleidungsstück übrig hatte, um sie zu bedecken, breitete sich während der Reise ein unbeschreiblicher Gestank aus. Es gab viele Waggons wie unseren in Ungarn und viele waren durch dauerhafte Benutzung und unzureichende Instandhaltung ziemlich marode. Leider war unserer in einem sehr guten Zustand. Ein oder zwei Löcher im Boden und wir wären das stinkende Zeug vielleicht losgeworden und hätten die dringend benötigte Belüftung gehabt. Der Waggon war tatsächlich so überfüllt, dass niemand auch nur irgendeinen Schritt in eine Richtung machen konnte. Das einzige, was man tun konnte, war aufzustehen und für eine Weile auf der Stelle zu verharren.

In der Ecke zu meiner Rechten saß die Familie Berger, es waren junge Eltern mit einem Baby. Die Mutter hatte keine andere Wahl als vor aller Augen zu stillen. Berger *Bácsi* war einer der Leute, die von den Deutschen verhaftet worden war. Er hatte nur die Kleidung, die er am Leib trug. In normalen Zeiten hätten sie die Windeln des Babys gewechselt, gewaschen und getrocknet, bevor sie wiederverwendet wurden. Es waren aber keine normalen Zeiten. Nach kurzer Zeit hatten sie keine Windeln mehr und versuchten, die schmutzige Windel anzulassen. Das führte natürlich dazu, dass das Baby noch mehr weinte. Vor mir neben meinen Eltern saß Hazai *Néni*, die Witwe unseres Hausarztes, der das Glück hatte vor einigen Monaten gestorben zu sein. Hazai *Néni* war eine gebrechliche alte Frau, die wegen ihres gestorbenen Mannes noch immer sehr niedergeschlagen war.

Verfolgung

Sie sagte kaum etwas und sah mich mit ihren traurigen Augen an: „Wohin fahren wir?", fragte sie immer und immer wieder. „Wie lange brauchen wir noch bis dahin? Du bist ein schlauer Junge, Gyuri, du solltest es wissen." Ich versuchte, sie mit Lügen zu trösten und hoffte, dass sie sich am Morgen nicht daran erinnern würde, was ich gesagt habe. Die einzige ehrliche Antwort, die ich ihr hätte geben können, hätte gelautet: „Ich weiß es auch nicht, aber überall wird es besser sein als hier."

In der Nacht stießen wir unabsichtlich gegeneinander. Ich saß in der Mitte des Waggons und konnte mich gegen Lefkovics *Bácsi* lehnen, der direkt hinter mir saß. Allerdings nur so lange, wie er sich zurücklehnte. In dem Moment, wo sein Kopf für einen Moment nach vorne fiel, war meine Lehne weg. Éva Klein, meine Nachbarin zur Rechten, lehnte sich lieber gegen mich als gegen ihren eigenen Vater. Sie war ein hübsches Mädchen, aber ich stieß sie immer weg von mir, da es unbequem war. Einige Leute schnarchten. Andere, besonders die Alten und die sehr Jungen, weinten ab und zu. Weisz *Néni*, eine ältere Frau, deren erwachsene Kinder sich in letzter Minute entschieden hatten im Ghetto in Békéscsaba zu bleiben, wachte ungefähr alle fünf Minuten auf und schrie: „Mutter, hilf mir!" Ihre Mutter war allerdings vor rund zwanzig Jahren gestorben und wenn Weisz *Néni* aufwachte, erinnerte sie sich an nichts mehr.

Jeden Morgen begannen einige Leute zu beten, besonders die älteren Männer. Weil niemand hebräisch konnte, beteten sie auf ungarisch. Es war ein sonderbares Gemurmel. Sie schienen sich ihre Gebete auszudenken. Dabei beteten sie nicht für ein Wunder oder für Glück, sondern darum wieder frei zu sein und in Frieden zu leben. Mein Vater betete für seine Familie, für meine Mutter, den abwesenden István und für mich.

ALS SELBST DIE DICHTER SCHWIEGEN

„Weiß Gott um unsere Not?", fragte ich ihn. „Warum lässt er zu, dass dies passiert?" Ich war nicht besonders religiös, aber damals glaubte ich an Gott und war verwirrt und durcheinander. Mein Vater dachte lange nach, bevor er antwortete.

„Gott sieht alles, wir verstehen aber nicht immer den Grund für sein Handeln. Vielleicht ist er einfach zu beschäftigt, um sich um uns zu kümmern oder er hat einen besonderen Grund. Als unser Volk Ägypten verließ, war dessen Reise auch nicht leichter."

„Hatte sich das Volk damals nicht aus der Sklaverei befreit, um in Freiheit zu leben?", überlegte ich, beließ es aber dabei.

Die Tage wurden lang. Und so wanderten unsere Gedanken zu den Leuten, die in den anderen Waggons unseres Zuges unterwegs waren: Waren sie noch bei uns oder hatte man sie abgekoppelt und auf eine andere Route umgeleitet? Mein Vater schob einen kleinen Spiegel durch die Eisengitter unseres Fensters. Soweit er es erkennen konnte, waren sie immer noch bei uns. Allerdings konnten wir uns nicht mit ihnen verständigen. Worüber hätten wir uns auch austauschen sollen? Ich versuchte, die Zeit zu füllen, indem ich Raterunden des bei den ungarischen Juden beliebten Gesellschaftsspiels Bar Kochba organisierte, das dem Spiel „Ich sehe was, was du nicht siehst" ähnelt. Allerdings hatten wir bald alle Menschen und Objekte im Waggon durch und uns gingen die Themen aus. Wir versuchten, Gedichte aufzusagen, die wir in der Schule gelernt hatten, aber auch hier hatten wir bald alle gelernten Werke der berühmten ungarischen Dichter Petöfi, Arany, Ady und dergleichen durch und es machte keinen Spaß, sie zu wiederholen.

Die Entfernung, die wir zurücklegten, war nicht wirklich groß. In Friedenszeiten hätte die Fahrt womöglich nur

Verfolgung

einen Tag gedauert. Aber es war Krieg und deshalb wurden wir regelmäßig auf Abstellgleise umgeleitet, wo wir lange Zeit stehen blieben. Es gab anscheinend Verkehr, der wichtiger war als ein paar hundert Juden. Aber ehrlich gesagt machte es für uns keinen Unterschied, ob wir uns bewegten oder nicht.

Ich kann nicht mit Sicherheit sagen, worüber die Anderen nachdachten. Ich selbst begann mich aber zu fragen, warum gerade mir das passierte. Was hatte ich getan, um derartig bestraft zu werden? Ich suchte verzweifelt nach dem Grund und versuchte, mich an alle meine Sünden zu erinnern, an die Lügen gegenüber meinen Eltern oder Momente der Völlerei. Es ergab überhaupt keinen Sinn. Die ganze Reise war ein böser Traum, nur dass ich nicht aufwachen konnte. Unsere Gedanken konzentrierten sich nur auf eine Sache – das Überleben. Am Ende waren die einzigen Themen, über die wir sprachen, Gott und *Golem*. Der *Golem* war eine mythische Figur, die der Legende nach von einem Prager Oberrabbiner aus dem Sediment der Moldau geschaffen worden war, um die Juden der Stadt vor Verfolgung zu bewahren. Jetzt sehnten wir uns einen *Golem* wie diesen herbei, der uns von unserem Leiden befreien sollte. Für mich war es kein spannendes Abenteuer mehr. Mir reichte es.

Irgendwann bemerkten wir, dass die Sonne in Fahrtrichtung unterging und nicht mehr links von uns. Wir fuhren also nach Westen. Dieser plötzliche Richtungswechsel war uns schleierhaft. Lag es an der Bombardierung der Gleise durch die Alliierten, dass wir einen Umweg nehmen mussten? Wurden im Deutschen Reich Zwangsarbeiter für die kriegswichtige Wirtschaft benötigt? Wir überlegten, dass wir irgendwohin gebracht würden, um Zwangsarbeit zu verrichten. Denn wenn sie uns hätten töten wollen, hätten sie es genauso gut machen können, bevor sie uns auf die

Reise schickten. Wir wussten damals nichts von den Bemühungen ausländischer Diplomaten wie Raoul Wallenberg oder Leuten wie Oskar Schindler. Und wir wussten auch nichts von Abmachungen, die getroffen wurden, um jüdische Leben zu retten. Nach den Namen der Bahnhöfe zu urteilen, war unser Zug zunächst unerbittlich Richtung Auschwitz gefahren, ein Ort, von dem wir nie zuvor gehört hatten. Jetzt fuhren wir Richtung Wien. Wir wussten damals nicht, welches Glück im Unglück wir hatten.

Kurz nach der Grenze hielten wir an, vermutlich damit unsere Lokomotiven und unsere Bewachung ausgetauscht werden konnten. Kurze Zeit später öffneten deutsche Wehrmachtssoldaten die Schiebetüren unseres Waggons. Zu unserer Überraschung blieben die Türen von da an eine Hand breit geöffnet, so dass etwas frische Luft hereinkam.

Die Sommer in Ungarn sind heiß und 1944 begann die Hitzeperiode früh. Tagsüber war die Hitze im Waggon fast unerträglich, besonders wenn der Zug anhielt. Leider stand der Zug die meiste Zeit. Wenn der Zug sich in Bewegung setzte, war es zumindest für die Leute in der Nähe der Öffnungen erträglicher. Wir waren verzweifelt und brauchten jetzt dringend Wasser. In dieser Situation sahen wir plötzlich zwei österreichische Frauen, die mit großen Wasserkanistern den Bahndamm entlang auf unseren Zug zuliefen.

Sie schütteten das Wasser durch die kleinen Öffnungen in den Türen und durch die Fenster in Tassen oder Behälter, die wir hinhielten. Mein Vater holte etwas Wasser mit seinem Kochgeschirr, dankte der Frau und gab es mir zu trinken. Woher wussten die Frauen, dass wir hier waren? Wer hatte sie benachrichtigt? Wir vergaßen sie zu fragen und sollten es nie erfahren. Ein derartiger Akt der Humanität war für uns in dieser Situation fast unvorstellbar. In Ungarn wäre das sicher nicht passiert:

Verfolgung

Die fanatischen antisemitischen Männer der *Csendőrség* hätten sie verjagt.

Und es wartete noch eine weitere Überraschung auf uns. Auf dem Gleis neben uns befand sich ein Zug mit Panzern und anderen schweren Waffen. Ein deutscher Soldat saß auf einem der großen Geschütze, und als er aus seiner Tasche eine Zigarette nahm, warf er den Rest der Packung in einen der Waggons. Diese drei Akte der Mitmenschlichkeit, um die wir nicht gebeten und die wir nicht erwartet hatten, gaben uns etwas Hoffnung.

Kurz danach stiegen wir mit unseren Sachen auf einem Rangierbahnhof aus. Wir befanden uns in einem Dorf namens Strasshof, das am östlichen Stadtrand von Wien lag. Die Leichen derjenigen, die die Fahrt bis hierher nicht überlebt hatten, wurden weggetragen.

Frauen und Männer wurden getrennt in die großen Baracken des Konzentrationslagers Strasshof abgeführt. Wir mussten uns ausziehen, unsere Kleidung auf einen Haufen legen und heiß duschen. Nach unserer langen und beschwerlichen Fahrt, bei der wir von Schmutz und Leichen umgeben waren, waren wir erleichtert, in diese Duschräume getrieben zu werden. Es mag ein tröstlicher Gedanke sein, dass die Menschen, die an Orten wie Auschwitz unter falschem Vorwand in die Duschen gelockt wurden, zumindest in ihren letzten Momenten so etwas wie Hoffnung verspürten. Das Sterben der Hoffnung ist vielleicht noch schlimmer als der Tod selbst.

Nach der Dusche mussten wir unsere Kleidung finden, die desinfiziert worden war und auf dem Boden des großen Vorraums lag. Die Leute mussten ihre Kleider aus dem riesigen Haufen wühlen. Einige ältere Männer konnten mit dem Rest nicht mithalten und saßen einfach nackt auf einer Bank. Einer von ihnen war der Rektor meiner Grundschule, Hajdú *Bácsi*. Vor gerade einmal sechs Jahren war er ein starker, rechtschaffener Mann mit Autorität, der uns lehrte, gute ungarische Bürger zu werden. Wie verwirrt und verbittert er sich fühlen musste! Jetzt konnte er nicht einmal mehr seine Kleidung finden, denn er war zu schwach und hatte keinen Antrieb mehr. Trotz der Schläge, die ich einmal von ihm erhalten hatte, war ich dankbar für seinen engagierten Unterricht. So war es das Mindeste, was ich tun konnte, ihm zu helfen. Er beschrieb mir wie seine Kleidung aussah und ich durchsuchte den großen Haufen, bis ich seine Sachen fand. Er hatte seinen besten Anzug mitgenommen, den er sonst nur zu besonderen Anlässen trug. Es handelte sich um einen dunkelblauen Anzug mit weißen Nadelstreifen, dazu trug er ein weißes Hemd und schwarze Lackschuhe. Vielleicht hatte er sie nicht zurücklassen wollen oder sie waren integraler Bestandteil seiner Würde. Ich werde niemals sein dankbares Lächeln vergessen. Es war als ob er erkannte, dass sein Unterricht nicht umsonst gewesen war. Leider sahen wir uns hier zum letzten Mal. Er sollte nie wieder nach Orosháza zurückkehren.

Die Frauen durchliefen die gleiche Prozedur, allerdings mussten sie es zusätzlich ertragen, dass die Mitarbeiter, die die Duschen beaufsichtigten, polnische oder ukrainische Männer waren. Sie trugen zivile Kleidung und jeder hatte einen großen Stock, der ihnen Autorität verlieh. Nachdem die Männer und Frauen wieder vereint waren, wurden wir registriert und erhielten jeweils ein Stück Papier mit einer Nummer. Danach kehrten wir zu unserem Zug zurück, allerdings waren wir jetzt nicht mehr als sechzig Personen pro Waggon. Es war immer noch voll, wenn auch nicht so voll wie vorher. Selbst die Türen blieben offen. Hatten die Deutschen mitten im grauenhaften Krieg mehr Waggons übrig als die Ungarn? Oder waren die Deutschen weniger grausam als die Ungarn? Die Fragen blieben unbeantwortet.

Verfolgung

Die nächste Etappe dauerte nicht mehr lange, aber das letzte Stück bis zum Durchgangslager in Wien mussten wir zu Fuß weiter.

Es war schon spät und ich war vollkommen erschöpft. Ich erinnere mich kaum noch an diesen letzten Abschnitt, den wir marschieren mussten, außer dass ich gegen Ende buchstäblich beim Gehen einschlief. Wahrscheinlich half mir mein Vater auf dem Weg zu bleiben. Ich erinnere mich nur noch an einen deutschen Soldaten, der einen halbnackten jungen Mann auspeitschte. Dieser ließ die

Aufforderung zur Teilnahme an einer Röntgenuntersuchung

Bestrafung über sich ergehen, ohne einen Laut von sich zu geben. Wer war der Mann und warum wurde er geschlagen? Ich weiß es nicht. Vielleicht hatte ich es auch nur geträumt.

Erst Jahre später erfuhr ich, warum unser Zug umgeleitet wurde. Im Rahmen eines Abkommens zwischen den Nazis und dem Komitee für Hilfe und Rettung, einer jüdisch-ungarischen Organisation, wurden der SS fünf Millionen Schweizer Franken gezahlt. Die SS transportierte dafür als Gegenleistung Juden aus ungarischen Ghettos, darunter

Debrecen, über Strasshof nach Österreich, um dort in Lagern Zwangsarbeit zu verrichten. Indem wir demütig das taten, was immer man uns befahl, waren meine Familie und ich den Gaskammern entkommen. Hunderttausende, die ebenfalls das taten, was man ihnen sagte, wurden dagegen ermordet.

Am Tag nach unserer Ankunft in Wien wurden wir in mehrere Gruppen aufgeteilt. Lange Zeit wussten wir nicht, was mit den anderen aus Orosháza passiert war. Später erfuhren wir, dass sie in andere, größere Lager der Stadt gebracht worden waren. Nach einem weiteren kurzen Marsch erreichten wir endlich das Arbeitslager, das für die letzten zehn Kriegsmonate unser Zuhause sein sollte. Die Hafenzufahrtsstraße Nr. 4 befand sich im östlichen Randbezirk der Stadt, direkt am südlichen Donauufer nahe der Stadlauer Eisenbahnbrücke. Man konnte das berühmte Riesenrad des Wiener Prater sehen. Wir arbeiteten für die Bauunternehmung Fioravante Spiller und Sohn. Es war eine inhabergeführte Firma, die Eisenbahnstrecken baute. Wir haben weder Herrn Spiller noch seinen Sohn jemals getroffen: Das Arbeitslager wurde von zivilen Managern und Vorarbeitern geleitet.

Es gab keinerlei Soldaten, die uns bewachten. Uns wurde aber eindrücklich gesagt, dass das Verlassen des Lagers streng verboten war.

Das Lager bestand aus zwei Teilen. In einem befanden sich vier Baracken, in denen junge Ukrainer untergebracht waren. Offiziell waren sie alle Freiwillige und konnten das Lager nach der Arbeit verlassen. Weil sie laut und unordentlich waren, machten sie auf uns den Eindruck von Wilden. Das waren sie allerdings keineswegs. Offizieller Aufpasser war ein einfältiger Ukrainer, der den Spitznamen Stalin hatte. Er war ein Wichtigtuer und nahm seine

Verfolgung

Aufgabe sehr ernst, die anderen aber lachten ihn nur aus. Abends bildeten die Jungen und Mädchen oft einen Chor und sangen wunderschöne Melodien, die uns zwar fremd waren, wir spürten aber ihre Trauer und Sehnsucht nach ihrer Heimat in der Ferne.

Unser Teil des Lagers lag direkt daneben. Ein Stacheldrahtzaun trennte die beiden Teile und es war verboten, das andere Lager zu betreten. Allerdings gab es eine Möglichkeit, auf die andere Seite zu kommen. Hierzu musste man zunächst aus unserem Eingangstor hinausgehen, kehrtmachen und durch das Eingangstor des anderen Lagerteils wieder hineingehen. Ich probierte es also aus, auch wenn meine Eltern Angst hatten vor den wilden Ukrainern und mich vor ihnen warnten. „Vielleicht hassen sie die Juden genauso wie die Deutschen", sagten sie. Aber es war weder das erste noch das letzte Mal, dass ich die Warnungen meiner Eltern in den Wind schlug.

Ich ging also zu den ukrainischen Baracken ohne zu wissen, was mich erwartete. Ich grüßte sie auf Deutsch und sie antworteten etwas, das ich nicht verstand. Wir verständigten uns also mit Händen und Füßen. Ihr Lächeln beruhigte mich. Sie waren, anders als wir Ungarn, nicht besonders groß und trugen alle die gleichen blau-grauen Hemden und Hosen. Sie waren freundlich zu mir, aber da keiner von ihnen eine andere Sprache als Ukrainisch sprechen konnte, war die Kommunikation sehr schwierig. Ich war aber beeindruckt von ihrem Wissen über Mathematik und Trigonometrie.

Es war das einzige Thema, über das wir uns mit Hilfe von Papier und Bleistift und über die Sprachbarriere hinweg austauschen konnten. Nach ungefähr einer Stunde ging ich den gleichen Weg zurück in unser Lager. Niemand hielt mich auf.

ALS SELBST DIE DICHTER SCHWIEGEN

Wir selbst waren in einer langgezogenen Baracke untergebracht, die in vier Räume untergliedert war und rund fünfundachtzig Menschen beherbergen konnten. Die Latrine war außerhalb des Gebäudes. Wir hatten doppelstöckige Schlaflager und belegten sie so, dass Familien möglichst zusammen blieben. Männer, Frauen und Kinder waren alle im selben Raum. Die Frau von Klein *Bácsi*, dem Besitzer von Orosházas Eisenwarenhandlung, hatte nach der Geburt ihrer Tochter einen Hirnschaden erlitten. Sie murmelte während des Tages und manchmal auch die Nacht hindurch ununterbrochen vor sich hin. Es schien, als würde sie alles, was vor sich ging, kommentieren. Sie schlief mit ihrem Mann auf einer unteren Pritsche, während sich ihre zwanzigjährige Tochter Éva mit der Geliebten des Mannes eine Pritsche teilte, der über ihnen schlief. Ich schlief allein über meinen Eltern. Neben meiner Pritsche schliefen der Witwer Marko *Bácsi*, der Besitzer von Orosházas Buchhandlung, und sein siebenjähriger Sohn Miki. Der Vater beklagte sich regelmäßig, dass Miki in der Mitte schlafen wollte und ihm nur die beiden Seiten übrig blieben. Marko *Bácsi* hatte eine sehr schöne Stimme und begann oft zu singen. Allerdings beschränkte sich sein Repertoire auf *La Paloma* und *O Sole Mio*. Leider wurde dieses begrenzte Repertoire nachts lediglich durch lautes Schnarchen erweitert. Marko *Bácsi* war aber auch ein begnadeter Witzeerzähler. Heute kann ich mich nicht mehr daran erinnern, wie sie endeten, denn anders als bei den meisten Witzen war es bei ihm der Anfang, auf den es ankam. Sie fingen alle ungefähr so an:

„Hitler war tot und versuchte in den Himmel zu kommen..."

„Göring flog mit seinem Flugzeug und stürzte ab..."

„Hitler und Mussolini stritten sich..."

„Goebbels verlor seine Stimme..."

Verfolgung

Niemand interessierte sich für die Pointe am Ende: Bereits das Ausmalen der Ausgangssituation bereitete uns langanhaltende Freude.

Boskovics *Bácsi* schlief neben den Markós auf der unteren Pritsche und beschwerte sich ständig über seine schmerzenden Gelenke. Über ihm schlief der junge Fekete *Bácsi*, ein zurückhaltender Junggeselle und Bauarbeiter mit einer beachtlichen Statur. Fekete *Bácsi* verbandelte sich nach kurzer Zeit mit einer jungen Frau namens Pollákné. Sie war eine atemberaubende Schönheit, deren Ehemann in ein Arbeitskommando eingezogen worden war. Zwischen den beiden entwickelte sich zwar keine große Liebe, teils wegen der fehlenden Privatsphäre und teils wegen unseres verwahrlosten Zustands. Pollákné konnte sich aber immer auf die Hilfe und den Schutz von Fekete *Bácsi* verlassen. Ihre Beziehung sollte allerdings tragisch enden.

Die weiteren Pritschen wurden von Kövesi *Bácsi*, dem Besitzer von Orosházas Geschirrladen, und seiner Frau belegt. Dahinter schlief Vermes *Bácsi*, ein Bankangestellter, mit seiner Frau und seiner dreißigjährigen ledigen Tochter. Die Schlaflager daneben wählten der Anwalt Doktor Goldman und seine Frau. Sie waren gute Freunde meiner Eltern, die in besseren Tagen oft zu unseren Dinnerpartys eingeladen worden waren. Dann gab es noch Wallenstein *Néni* und ihr sechzehnjähriger Sohn Gyuri. Er war der einzige Junge in meinem Alter. Schließlich war da noch Lefkovics *Bácsi*, der Besitzer des Kleidergeschäfts für die Reichen von Oroszháza, mit seiner Frau und ihrer gutaussehenden zwanzigjährigen Tochter. Sie hatten noch zwei Söhne, die aber beide in *Munkaszolgálat*-Arbeitskommandos eingezogen worden waren. Sie waren die religiöseste Familie unter uns und Lefkovics *Bácsi* betete jeden Morgen für seine Söhne. Beide überlebten den Krieg.

ALS SELBST DIE DICHTER SCHWIEGEN

Wir alle wählten einen Anführer, Tafler *Bácsi*, der seinerzeit bereits zum Oberhaupt unserer jüdischen Gemeinde in Orosháza gewählt worden war und aus einer der angesehensten Familien stammte. Seine Frau hatte im Ghetto von Orosháza Selbstmord begangen, nachdem sie von den *Csendőrség* geschlagen worden war, so dass Tafler *Bácsi* nun auf sich allein gestellt war. Er musste mit den Österreichern Kontakt aufnehmen und entscheiden, wer von seinen Arbeitspflichten entbunden werden konnte.

Er war auch verantwortlich für Recht und Ordnung und wurde gelegentlich gerufen, um bei Streitigkeiten zu vermitteln. Eines Tages, als meine Mutter und Pollákné Seite an Seite gingen, rief meine Mutter plötzlich: „Sieh mal, da liegt eine Kartoffel auf dem Boden!" Aber Pollákné war schneller, hob sie auf und wollte sie behalten. Tafler *Bácsi* wurde gerufen und musste entscheiden, wer der rechtmäßige Besitzer war. Nach dem berühmten Präzedenzfall aus der jüdischen Geschichte schlug er vor, die Kartoffel in zwei Hälften zu schneiden. So wurde die Kartoffel feierlich gekocht und dann geteilt. Ich hatte Glück und erhielt die eine Hälfte.

Zum Glück ging es nicht so weit, dass wir anfingen, uns gegenseitig zu bestehlen. Boskovich *Bácsi*, der es geschafft hatte, ein paar Banknoten an dem Polizisten vorbeizuschmuggeln, hatte einem ungarischen Seemann einen kleinen Topf Schmalz abgekauft. Er bewahrte ihn unter seinem Kopfkissen auf. Obwohl jeder davon wusste, rührte niemand den Topf an. Gab es ernsthafte Auseinandersetzungen? So zusammengedrängt wie wir lebten, hätte man es erwarten müssen. Doch so sehr ich auch nachdenke, ich kann mich an nichts erinnern. Wenn es Konflikte gab, haben sie offensichtlich keinen bleibenden Eindruck auf mich gemacht. Dies lag meines Erachtens daran, dass wir alle Menschen blieben und uns nicht in Tiere verwandelten. Tafler

Verfolgung

Bácsi gab sein Bestes, auch wenn die Verantwortung schwer auf ihm lastete, und alle befolgten seine Entscheidungen.

Das Leben im Lager in der Hafenzufahrtsstraße war um die Arbeit herum organisiert. Alle mussten sechs Tage die Woche arbeiten, ausgenommen waren nur Kinder, Greise und Kranke. Auch Frauen mussten Zwangsarbeit verrichten, immerhin wurden sie aber nicht misshandelt. Abgesehen von der schweren körperlichen Arbeit gab es, anders als in Ungarn, keine Misshandlungen. Es gab keine körperliche Züchtigung; tatsächlich gab es überhaupt keine Bestrafung und in unserer Freizeit konnten wir sogar tun, was wir wollten. Und wir durften wieder Papier und Bleistift besitzen, welch ein Luxus.

Tatsache war allerdings auch, dass der ganze Barackenblock erbärmlich stank wegen unserer vergeblichen Bemühungen, unsere Kleider über unseren Pritschen zu trocknen. Die größeren Probleme waren allerdings die anhaltenden Luftangriffe der Alliierten, die Kälte des Winters und die mangelhafte Ernährung.

Wir bekamen Frühstück und Abendessen im Lager und aßen zu Mittag bei der Arbeit. Nach dem Frühstück holte uns einer der Vorarbeiter ab. Meistens fuhren wir mit öffentlichen Verkehrsmitteln zur Arbeit, gelegentlich nahmen sie uns auf einem Lastwagen mit. Der Rückweg war oft beschwerlich, denn bei Luftangriffen fuhren die Straßenbahnen nicht und wir mussten bis zum Abend wieder zurück sein. Wir liefen dann meilenweit durch eine Stadt, die wir kaum kannten. Wir mussten weiter unsere Judensterne tragen, allerdings wurden wir von den Einheimischen nicht misshandelt. Vielleicht hatten sie sich an uns gewöhnt, vielleicht hatten sie aber auch Mitleid mit uns.

Unsere Aufgabe war es, Eisenbahngleise zu reparieren, die durch Bombenangriffe der Alliierten beschädigt worden waren. Bei den Arbeitstrupps ging es zu wie beim Turmbau zu Babel: Es gab deutschsprachige Manager und Vorarbeiter, einen griechischen und einen französischen Bauingenieur für die technischen Aufgaben und jugoslawische Kriegsgefangene. Diese mussten die Schwerstarbeit verrichten und die Schienen wieder in Position bringen. Die Jugoslawen wurden von deutschen Soldaten bewacht, genossen aber eine Vorzugsbehandlung – nicht zuletzt, weil sie regelmäßig Rot-Kreuz-Pakete mit Zigaretten erhielten, die sie als Bestechungsgeld benutzten. Bei den Wachen handelte es sich um Männer, die nicht für die Front geeignet waren. Dann gab es noch die Ukrainer und schließlich uns ungarisch sprechende Juden. Die Lingua Franca des Lagers war jedoch Deutsch. Ich konnte schon etwas Deutsch, da ich es in der Schule gelernt hatte, und so war ich in der Lage, mich mit den anderen Nationalitäten zu unterhalten. Da ich mich immer schon für naturwissenschaftliche Fächer interessiert hatte, freundete ich mich mit dem griechischen Ingenieur an und lernte einige griechische Ausdrücke von ihm. Dabei kam mir zugute, dass ich das griechische Alphabet aus dem Mathematikunterricht kannte.

Ich lernte sogar ein wenig Serbokroatisch von den Jugoslawen, die sich sichtlich über meine Bemühungen freuten, das serbische kyrillische Alphabet zu erlernen. Nach Kriegsende sollte sich dieses Wissen noch als sehr nützlich erweisen, als ich wissenschaftliche Bücher auf Russisch lesen musste.

Einige Male arbeiteten wir in einem Gebiet, in dem es westliche Kriegsgefangene gab, die nach dem D-Day gefangen worden sein mussten oder die Flugzeugabstürze überlebt hatten. So sah ich zum ersten Mal einen Schwarzen. Ich hatte sie schon mal im Kino gesehen, wenn Männer wie Paul Robeson *Old Man River* sangen, noch nie aber

Verfolgung

im wirklichen Leben. Bei dem Schwarzen handelte es sich um einen großen und kräftigen Mann und als ich ihn wie hypnotisiert anstarrte, starrte er zurück. Dann lächelte er mich an und sagte einfach „Hi". Es war das erste Wort, das

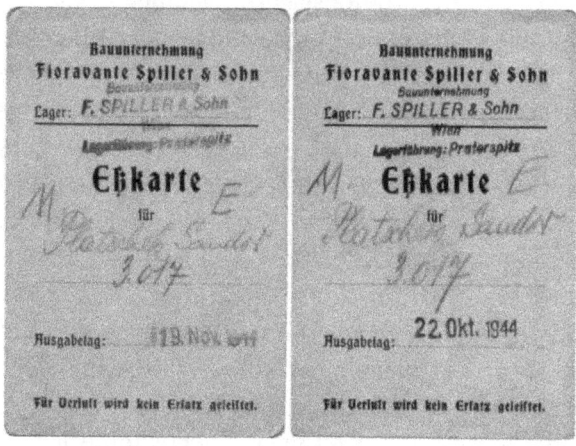

Essenskarten der Firma Fioravante Spiller & Sohn

ich von einem englischen Muttersprachler hörte. Wer weiß, vielleicht war es für ihn das erste Mal, dass er jemanden mit einem gelben Stern gesehen hatte, und vielleicht war ihm in diesem Moment der Gedanke an Sklaverei in den Sinn gekommen.

Die meiste Zeit arbeiteten wir mit Schaufeln: graben, Schotter herankarren, Waggons entladen, Schotter unter die Gleise schieben und so weiter. Die Arbeit war manchmal schwer, allerdings nicht übermäßig. Die Leute beklagten sich viel weniger über ihre Gesundheit als in guten Zeiten. Meine Mutter hatte zu Hause in Orosháza regelmäßig unter Migräne gelitten und sich in ein dunkles Zimmer zurückgezogen. Hier im Lager erwähnte sie nicht einmal das Wort Migräne.

ALS SELBST DIE DICHTER SCHWIEGEN

Einen Tag in der Woche hatten wir für uns. Dann heizten wir Wasser auf den Öfen und Frauen und Männer wuschen sich mit so viel Privatsphäre wie möglich. Dank dieser Maßnahme hatten wir kein Problem mit Läusen und wir verzeichneten auch nie einen Ausbruch von Typhus wie in anderen Konzentrationslagern. Männer begannen mit Hobbys wie Holzschnitzerei, aber die meiste Freizeit verbrachten wir damit, über die guten alten Zeiten zu reden. Meistens ging es um die guten Dinge, die wir früher gegessen haben und über andere einfache Freuden. Wir hatten keinen Zugang zu Nachrichten, da es kein Radio und keine Zeitungen gab, nicht einmal eines der nationalsozialistischen Blätter. Auch Gerüchte drangen nur sehr selten zu uns vor.

Irgendwann hörten wir von ungarischen Seeleuten vom D-Day und der zweiten Front im Westen. Wir schöpften neuen Mut. Wir dachten jetzt oft über unsere Häuser nach, die wir aufgeben mussten. Wer wohnte jetzt dort? Wer schlief in unseren Betten? Hielten sie unsere Häuser instand, so dass wir nach unserer Rückkehr wieder einziehen konnten? In den Gesprächen ging es immer auch um Verwandte, die vermisst wurden. Jeder hoffte, dass es ihnen gut ging und dass man sich eines Tages wieder in die Arme schließen könnte. Über allem schwebte aber die Frage: Würden wir jemals wieder zurückkehren?

Ich verbrachte oft viele Stunden damit, mit Kövesi *Bácsi*, dem Besitzer von Orosházas Geschirrladen, über wirtschaftliche Fragen zu sprechen. Er sprach wie ein Lehrer, der mich in das Geheimnis seines Erfolges einweihte. „Das Geheimnis ist nicht, teuer zu verkaufen, sondern billig zu kaufen. Ich kaufte einmal ein 24-teiliges Porzellan-Service, aber weil ein Teil kaputt war, bekam ich einen erheblichen Nachlass. Ich habe daraus ein perfektes 12-teiliges Service gemacht, das ich zu einem höheren Preis verkauft

Verfolgung

habe, als ich für unvollständige 24-teilige Service bezahlt hatte. Aus dem Rest konnte ich noch ein 6-teiliges und ein 4-teiliges Service machen und so einen schönen Gewinn erzielen."

„Die andere Voraussetzung für den Erfolg", fuhr er fort, „ist Vertrauen. Du musst deinem Lieferanten vertrauen und die Kunden müssen dir vertrauen. Ohne Vertrauen kann kein Geschäft überleben." Ich fand dies alles sehr interessant. Für mich war es ein Fenster in eine mir unbekannte Welt. Zu diesem Zeitpunkt wusste ich nicht, dass mir dieses Wissen tatsächlich zehn Jahre später in einer Situation nützlich sein würde, als das Zwangsarbeiterlager in Wien für mich bereits Geschichte war.

Die meiste Zeit nahm uns aber die Arbeit in Beschlag. Eines Tages, als ich gerade an einem von Bomben zerstörten Bahngleis arbeitete, bemerkte ich eine andere Gruppe von Juden. Sie räumten die Trümmer in einem benachbarten Haus auf, das von einer Bombe getroffen worden war. Als ich mich hinüberschlich, entdeckte ich zu meiner Überraschung Klári Herz in der Gruppe, die ich aus Orosháza kannte. Kláris Lager lag zwar auf der anderen Seite von Wien, aber ich hatte auch vorher schon öffentliche Verkehrsmittel benutzt, ohne dass mich jemand aufgehalten hätte. Und so besuchte ich sie manchmal an Sonntagen.

Klári war drei Jahre älter als ich, schlank, mit braunen Haaren und großen, grünen Augen. Sie war ein schüchternes, zurückhaltendes Mädchen. Wir hatten eine platonische Beziehung, die aber zumindest für mich mehr war als eine einfache Freundschaft. Ich schrieb ihr Briefe, in denen ich meine Woche und meine Gedanken und Gefühle beschrieb und übergab sie ihr persönlich. Ich sah mir ihr Gesicht an, während sie sie las. Beim Abschied ging sie mit mir zum Eingang ihres Lagers, wo wir uns einen Kuss gaben. Wahrscheinlich war für mich das Wichtigste, dass ich den Rest der Woche an Klári denken und mich so von der Realität ablenken konnte. Ich habe keine Ahnung, was sie wirklich für mich empfand und ich werde es wohl nie erfahren, denn sie wurde getötet, als der Krieg zu Ende ging.

Im Lager gab es einen fortdauernden Nahrungsmangel, besonders fehlte kalorienreiches Essen. Das Frühstück bestand aus einer warmen, schwarzen Flüssigkeit, die „Kaffee" genannt wurde. Ich wagte nicht daran zu denken, woraus er gemacht war. In diesen Kriegszeiten waren es höchstwahrscheinlich geröstete Gerste, Eicheln oder Löwenzahnwurzeln. Einmal am Tag bekamen wir ein Stück extrem hartes Ersatzbrot, das nach saurem Sägemehl schmeckte, mit dem es wahrscheinlich gestreckt wurde. Wenn wir draußen arbeiteten, bekamen wir mittags eine heiße Mahlzeit, die in einer Zentralküche zubereitet und in einem großen Bottich zu uns gebracht wurde. Das Essen hatte eine eigenartige gallertartige Konsistenz, die es uns aber immerhin ermöglichte, das Geschirr mit kaltem Wasser abzuwaschen. Wir kamen zu dem Schluss, dass mit einer Art Gelatine gekocht wurde, die möglicherweise aus den Knochen toter Juden hergestellt wurde, genau wie unsere Seifenstücke. (Im Lager gingen Gerüchte um, nach denen die eingeprägten Initialen „RIF" für *Rein Jüdisches Fett* standen.) Auch abends bekamen wir eine warme Mahlzeit, die aus etwas Stärkehaltigem wie Kartoffeln oder Gerste und fettigen Fleischresten bestand. Das Abendessen wurde vor Ort in der Lagerküche zubereitet. Die Köchin war eine dicke, fröhliche Frau, die das Essen auch persönlich austeilte.

Sie lächelte immer und machte einen warmherzigen Eindruck. Tatsächlich hatte sie aber ein Herz aus Stein. Niemals gab sie uns einen Nachschlag und eifersüchtig wachte sie über ihren Vorrat. Es gab auch kein frisches

Verfolgung

Obst oder Gemüse. Allerdings waren wir in dieser Hinsicht kaum schlechter gestellt als die Wiener. Wegen des Vitaminmangels entwickelte ich mehrere Furunkel an meinen Armen und badete sie regelmäßig in heißem Wasser, um den Eiter loszuwerden. In Kriegszeiten ist Essen wertvoller als Gold. Auch heute – Jahrzehnte nach den Erfahrungen der Mangelernährung im Lager – esse ich meinen Teller vollständig auf und werfe niemals Essensreste weg.

Wir haben auch dank der Hilfe anderer Menschen überlebt. Das beste Essen, das ich bekam, kam von den jugoslawischen Kriegsgefangenen. Ihre Essensrationen waren viel besser und größer als unsere. Außerdem erhielten sie regelmäßig Pakete vom Roten Kreuz mit Fleischkonserven und amerikanischen Zigaretten. Für acht deutsche oder sechs amerikanische Zigaretten konnte man ein ganzes Ersatzbrot bekommen. Tatsächlich erging es den Jugoslawen besser als ihren deutschen Bewachern, die von ihnen sogar einige Zigaretten erhielten. Kein Wunder, dass die jugoslawischen Kriegsgefangenen so gut behandelt wurden. An dem Tag, an dem sie die Rot-Kreuz-Pakete bekamen, sahen sie ihre offizielle Essensration nicht einmal an. Und so konnten wir uns bedienen. Ich werde nie den Geschmack ihrer Kohlrouladen vergessen, die mich so sehr an unsere ungarische *Töltöttkáposzta* erinnerten.

Meine Eltern waren beide Raucher, allerdings erhielten sie nie Zigaretten von den Jugoslawen. Meiner Mutter machte es nichts aus, mit dem Rauchen aufzuhören, mein Vater vermisste es dagegen sehr. Jedes Mal, wenn wir nach einem Luftangriff zurück ins Lager gehen mussten, sammelten wir drei daher die Zigarettenkippen von den Straßen. Im Winter waren sie am Boden festgefroren und wir mussten sie so gut wie möglich abkratzen. Im Durchschnitt brauchten wir sieben Kippen und ein Stück Altpapier, um eine neue Zigarette herzustellen. Das Gesicht meines Vaters erhellte sich jedes Mal, wenn er den ersten Zug machte. Was hätten die ehemaligen Schüler meines Vaters wohl gedacht, wenn sie uns drei in unseren zerlumpten Kleidern gesehen hätten, wie wir mit gesenktem Kopf nach Zigarettenkippen suchten? Ob sie ihm wohl eine Zigarette angeboten hätten als Dank für den Unterricht in den guten alten Zeiten? Mein Vater trug immer eine zerrissene Umhängetasche, wenn wir zur Arbeit gingen. Er versprach hoch und heilig, dass er sie – falls wir je nach Hause zurückkehren sollten – an die Wohnzimmerwand nageln würde als Erinnerung an das Geschehene, das er nie für möglich gehalten hätte.

Ich habe mich oft gewundert, warum das Rote Kreuz Essenspakete und Zigaretten an die jugoslawischen Kriegsgefangenen schicken durfte, während wir zivilen jüdischen Zwangsarbeiter nichts bekamen. Behielten die Deutschen die für uns gedachten Pakete für sich oder gab es einfach keine Pakete für uns? Eines Tages kam immerhin eine Dame zu Besuch. Sie kam im Auftrag des Roten Kreuzes und sagte, dass sie uns auf die ein oder andere Art und Weise helfen könne. Das Wichtigste für uns war etwas über unsere Familienmitglieder zu erfahren, beispielsweise über meinen Bruder, von dem wir nichts mehr gehört hatten. Aber ich hatte auch einen praktischen Wunsch. Ich bat um Werkzeug, um Schuhe zu reparieren. Und tatsächlich, ein paar Wochen später erhielt ich einen eisernen Leisten, einen Hammer, ein Messer und einige sehr nützliche Nägel. Ich schlachtete alte Schuhe aus, um an Material zu kommen. Von nun an arbeitete ich die meisten Sonntage hart, um die Füße unserer Gemeinschaft trocken zu halten. Meine Belohnung war ein dankbares Lächeln und ein Dankeschön.

Das Rote Kreuz war aber nicht in der Lage, uns zusätzliches Essen zur Verfügung zu stellen. Daher besserten wir unsere Rationen, wo wir nur konnten, mit Essbarem auf.

Verfolgung

Herr Woijcik, unser österreichischer Vorarbeiter, lebte auf einem kleinen Bauernhof und hatte daher immer genug zu essen. Immer wenn er eine gebratene Hähnchenkeule aß, starrte ich ihn an, bis er mir den Knochen gab. Ich saugte und nagte dann endlos daran herum, bis nichts mehr übrig war. Wir erhielten auch kleine Geschenke von den Einheimischen, hauptsächlich während der Fahrt mit der Straßenbahn zur und von der Arbeit. Die Leute sagten kein Wort, während sie ein bisschen Geld oder etwas Essen – zum Beispiel eine Tomate – in meine Hosentasche gleiten ließen.

Da mir klar war, dass sie wegen der Hilfe in ernsthafte Schwierigkeiten geraten konnten, konnte ich nicht einmal Danke sagen. Ich konnte sie nur ansehen und hoffen, dass meine Augen verrieten, wie dankbar ich war. Einmal arbeiteten wir in der Nähe einer Wohnsiedlung in einem Armenviertel von Wien. Da kam meine Mutter während unserer Mittagspause plötzlich zu mir und flüsterte mir ins Ohr: „Geh zu Hausnummer 32 und klopf an die Küchentür." Ich schaffte es, mich davonzustehlen und traf im Haus ein altes Ehepaar. Ich konnte meinen Augen kaum glauben, denn es gab einen ganzen Teller mit meinem Lieblingsgericht: Auf mich warteten *Mákos Nudli*, fingerdicke Nudeln, die mit gemahlenem Mohn und Zucker bestreut waren. Ich versuchte, die einzelnen Zutaten herauszuschmecken. Die Nudeln waren aus Weizenmehl hergestellt, das in Kriegszeiten ein großer Luxus war. Aber es war der Zucker, der mir am meisten gefiel, da ich keinen mehr gegessen hatte, seitdem wir unser Haus verlassen mussten. Ich hätte mir gerne Zeit genommen und es langsam gegessen, eine Nudel nach der anderen. Aber ich hatte Angst, dass man meine Abwesenheit bemerken würde. Als mein Teller leer war, dankte ich den beiden, indem ich ihre Hände küsste und ging schnell zur Arbeit zurück. Mir war klar, wie sehr sich das nette alte Paar mit ihrer Großzügigkeit in Gefahr gebracht hatte.

Aber nicht jeder war so nett zu uns. Eines Tages mussten wir zu Fuß zurücklaufen, weil die Straßenbahngleise bombardiert worden waren. Ein Mann mit einer Pferdekutsche erlaubte uns mitzufahren. Auf halbem Weg forderte ein Fremder mit einer Hakenkreuz-Armbinde den Fahrer auf, diese verdammten Juden vom Wagen zu werfen. Der Fahrer musste gehorchen und so liefen wir den Rest des Weges zu Fuß. Solch ein Verhalten war jedoch selten und hat sich mir deshalb eingeprägt. Man fragt sich womöglich, warum wir nicht versucht haben zu fliehen. Tatsächlich ist uns der Gedanke nie in den Sinn gekommen. Vielleicht lag es daran, dass unser Leben noch halbwegs erträglich war. Es lag aber wohl auch daran, dass wir keinen Zufluchtsort hatten. Wären wir nach Ungarn zurückgegangen, wären wir vom Regen in die Traufe gekommen.

Im Herbst 1944 wurde es wieder kälter und so mussten wir mit neuen Problemen kämpfen. Wir hatten das Ghetto im Frühling verlassen und einiges an warmer Kleidung mitgenommen, aber es reichte bei weitem nicht. Wir vermissten jetzt vor allem warme Handschuhe, da wir mit bloßen Händen schaufeln mussten. Da wir uns keine neue Kleidung kaufen konnten, flickten wir unsere alten Klamotten so gut wir konnten. Glücklicherweise hatten wir mit Löwi *Bácsi* einen Schneider unter uns. Er hatte im Laufe seines Arbeitslebens einen Buckel entwickelt, da er sich bei seiner Arbeit immer nach vorn beugen musste. Tagsüber arbeitete er zusammen mit uns in der Arbeitskolonne. Abends half er, wenn jemand Schwierigkeiten beim Nähen hatte. Dabei beklagte er sich ständig, dass er lieber neue Anzüge schneidern würde. Er betonte auch immer wieder, wie sehr er seine alte Nähmaschine vermisste.

Verfolgung

Alte Decken wurden vollständig wiederverwertet, sie waren aber ein knappes Gut. Eines Tages fand ich eine Decke auf einem leeren Stuhl. Ich dachte mir, dass sie keinem gehört und nahm sie mit in die Baracke. Am nächsten Tag tobte der deutsche Vorarbeiter, ein großer, hässlicher Mann, dass jemand seine Decke gestohlen hätte und dass er alle diebischen Juden am Galgen erhängen werde. Ich gab meine Schuld zu und erklärte, dass ich gedacht hatte, die Decke würde nicht mehr gebraucht. Ich versprach sie am nächsten Morgen zurückzubringen. Trotzdem wollte er mich hängen lassen und meine Mutter musste jede Menge Tränen vergießen, um meinen Kopf zu retten. Ich bin mir sicher, dass er seine Drohung wahr gemacht hätte. Zum Glück hatten wir seine Decke nicht schon in Stücke geschnitten.

Die wütenden Ausbrüche unserer Peiniger waren allerdings nichts im Vergleich zu den rund hundertfünfzig Luftangriffen, die ich durchlebte. Sie zählen zu den schrecklichsten Erfahrungen meines Lebens. Die schweren Bomber der britischen und amerikanischen Luftwaffe erschienen zu Tausenden. Sie wählten Gebiete mit strategischer Bedeutung aus, die sie einem Flächenbombardement unterzogen. Oft war das Ziel eine Erdölraffinerie, aber natürlich wurden regelmäßig auch Bahngleise ins Visier genommen. Immer, wenn wir eine Strecke repariert hatten, dauerte es nur ein oder zwei Tage, bis die Gleise wieder bombardiert wurden.

Die Leute sagen oft, dass man sich an fast alles gewöhnen kann. An die Bomben aber konnte ich mich nie gewöhnen. Sie fielen mit einem markerschütternden Heulen vom Himmel, das einem das Blut in Adern gefrieren ließ. Die älteren Männer im Lager hatten bereits den ersten Weltkrieg als Soldaten miterlebt. Sie sagten, dass die Bombe schon woanders heruntergekommen war, wenn man das Heulen hörte, und dass man daher für den Moment in Sicherheit war. Ich wusste zwar vom Physikunterricht, dass sich der

Schall mit einiger Zeitverzögerung ausbreitete. Wenn die Bombe aber nur wenige hundert Meter von einem entfernt einschlug, war die Zeitspanne allerdings tatsächlich nur sehr kurz.

Normalerweise wurde rechtzeitig vor Luftangriffen gewarnt und sobald wir die Sirenen hörten, rannten wir zu den Schutzräumen. Manchmal wartete ein Zug auf uns, der uns die kurze Strecke bis zu den Hügeln nördlich der Stadt transportierte. Dort, in den Weinbergen von Nussdorf, waren wir in den Weinkellern einigermaßen in Sicherheit. Es war eine wunderschöne Gegend mit grünen Hügeln und alten Häusern. Die Gegend war friedlich und ruhig und erinnerte an das Land Kanaan. Wir warteten zunächst außerhalb des Kellers in der Hoffnung, dass die Bomber nicht in unsere Richtung kommen würden. Zuerst hörten wir ihr immer lauter werdendes eintöniges Dröhnen, dann sahen wir sie: wie ein wunderschöner Vogelschwarm in wohlgeordneter Formation. Von den Flakstellungen wurde das Feuer eröffnet und man sah die weißen Explosionen der Granaten neben den Flugzeugen. Es war eine merkwürdige Situation: Diese Flugzeuge hätten für uns wirklich den Tod bedeuten können und doch waren sie Vorboten der einzigen Macht, die uns befreien konnte.

Manchmal gab es keine Zeit oder keinen Zug, um vor den Angriffen fliehen zu können. Dann begaben wir uns zu den Erdbunkern vor Ort, die in Wiens sandigen Boden gegraben worden waren. Sie waren oft nichts anderes als ein langer, mit Wellblech und Sand bedeckter Graben, der an beiden Enden offen blieb. Zum Glück erlitten wir nie einen direkten Treffer. Es gab aber einige Treffer in unmittelbarer Umgebung, deren enorme Druckwellen durch die Öffnungen rasten.

Als Folge eines dieser Beinahetreffer erlitt ich einen Gehörschaden, unter dem heute noch immer leide. In solchen

Verfolgung

Augenblicken gab es keine Unterschiede mehr. Es war offensichtlich, dass die meisten Menschen, egal ob Männer oder Frauen, Ausländer oder Österreicher, Vorarbeiter oder Arbeiter, Juden oder Nichtjuden, gleichermaßen Angst hatten. Der griechische Ingenieur drängelte sich immer in die Mitte des Tunnels, während der Franzose sich so klein wie möglich hinhockte. Unser deutscher Vorarbeiter scherzte immer und ging draußen spazieren und spielte den Helden, bis wir die Bomben hören konnten. Dann aber kam auch er rein, nahm seine Mütze ab und begann zu beten. Wenigstens in den Schutzräumen wurden wir respektiert. Die Österreicher haben uns nie den Zutritt verweigert und verhielten sich uns gegenüber freundlicher als sonst. Vielleicht fühlten sie, dass sich das Blatt wendete. Die Bomben unterschieden jedenfalls nicht zwischen uns.

Einer der schlimmsten Aspekte der Luftangriffe war, dass wir rennen mussten, um den Zug zu erreichen. Jeder hatte Angst davor, draußen ohne jeglichen Schutz zurückzubleiben. Mein Vater forderte mich oft auf, schon vorzulaufen und nicht auf ihn und meine Mutter zu warten. Das machte ich aber nie und am Ende erreichten wir immer rechtzeitig den Zug. Eines Tages aber, als die Sirenen ertönten und wir einen Bahndamm hinaufliefen, stürzte Klein *Bácsi*. Seine Tochter Éva war bei ihm und schrie um Hilfe. Klein *Bácsi* zeigte keine Lebenszeichen. Ich versuchte ihn noch künstlich zu beatmen, indem ich seine Arme auf und ab bewegte, aber es war zu spät. Er hatte anscheinend einen massiven Herzinfarkt erlitten und war bereits tot. Ich schaffte es im letzten Moment auf den Zug zu springen, bevor er losfuhr. Éva blieb zurück, doch sie überlebte den Luftangriff und sorgte zumindest für eine Weile für ihre verwitwete Mutter.

Aber es sollte noch schlimmer werden. An einem Tag Ende Dezember 1944, ungefähr einen Monat vor meinem 17. Geburtstag, stellten wir bei der Rückkehr von der Ar-

ALS SELBST DIE DICHTER SCHWIEGEN

beit fest, dass unser Lager getroffen worden war. Wie es das Schicksal wollte, war an diesem Tag eine größere Anzahl als üblich nicht zur Arbeit gegangen und im Lager zurückgeblieben. Als sie die Sirenen hörten, rannten sie zum Luftschutzraum, der anschließend einen direkten Treffer erlitt, so dass mehrere Frauen und Kinder starben. Einige Leute hatten auf einer Bank gesessen, als die Betondecke einstürzte und ihre Köpfe zertrümmerte. Andere, die sich auf der anderen Seite des Raumes aufgehalten hatten, blieben dagegen unversehrt.

Bandi Szirt, ein siebenjähriger Junge, litt unter Klaustrophobie und blieb immer in der Baracke zurück. Anfangs musste es eine qualvolle Erfahrung gewesen sein allein zurückzubleiben, mit der Zeit gewöhnte er sich aber daran. Jetzt aber stürzte der glühend heiße Ofen durch die Explosion auf sein Bein. Er wurde vor Schmerzen ohnmächtig und wurde, nachdem er aus den Trümmern geborgen worden war, in ein örtliches Krankenhaus gebracht. Als wir von der Arbeit zurückkamen, musste ich dabei helfen, die Leichen aus dem zerstörten Luftschutzraum zu schaffen. Es war ein kalter Wintertag und ihre Gehirne waren an der Betondecke festgefroren, die auf sie gestürzt war. Zuerst mussten wir die Trümmer beseitigen, dann zogen wir sie heraus und legten sie sachte nebeneinander auf dem Boden ab. Die Arbeit war schwierig, da die Toten uns allen sehr vertraut waren. Neben Goldman *Néni* legten wir die Mutter von Éva Klein, die gerade ihren Vater wegen des Herzinfarkts verloren hatte. Dann zogen wir die Leiche von Weisz *Néni* heraus, die im Zug von Békéscsaba immer nach ihrer verstorbenen Mutter gerufen hatte und die auf die Kinder der Eltern aufpasste, die arbeiten mussten. Dann kamen Boskovich *Néni* und zwei Kinder im Alter von sechs und acht. Das Jüngere umklammerte immer noch seinen Teddybären. Anschließend war die atemberaubend

Verfolgung

schöne Pollákné an der Reihe. Ihre Schultern waren immer noch von ihrem Tuch mit hellroten und orangenen Blumen bedeckt. Ich wollte sie als die strahlende junge Frau in Erinnerung behalten, die sie gewesen war, nicht so wie sie jetzt neben den Anderen lag. Wer würde ihrem Mann Bescheid sagen, was mit seiner Frau passiert war, falls er jemals aus dem Arbeitskommando zurückkommen würde? Schließlich mussten wir noch unseren Anführer herausziehen, Tafler *Bácsi*.

Er war ein großer Mann und es dauerte lange, bis wir ihn vom Schutt befreien konnten. Er hatte immer gewünscht, neben seiner Frau in Orosháza beerdigt zu werden. Dieser Wunsch sollte sich nicht erfüllen.

Ich musste mich während der Arbeit mehrere Male übergeben. Wir versuchten die Verwandten davon abzuhalten, sich die Leichen anzusehen, aber alle gingen noch einmal zu ihren Lieben, um sich zu verabschieden. Niemand sprach, aber ihr Wehklagen war herzzerreißend. Als die Leichen abtransportiert wurden, begann es zu schneien. Außergewöhnlich große Schneeflocken fielen herab und bedeckten die Stelle, wo sie gelegen hatten. Es sah bald wieder ziemlich friedlich aus. Später versammelten sich die jüdischen Männer und sprachen das *Kádis*, das typische Trauergebet. Alle Männer nahmen teil, mit Ausnahme von Fekete *Bácsi*. Er war wegen des Verlusts von Pollákné außer sich vor Wut und Verzweiflung und war nicht in der Lage teilzunehmen. Ich verstand die hebräischen Wörter des *Kádis* nicht, aber die feierliche und ernste Stimmung sprach für sich. Tagelang konnte keiner von uns schlafen, da die Leute ihre Lieben nachts lautstark betrauerten.

ALS SELBST DIE DICHTER SCHWIEGEN

Warum? Das fragten wir uns immer wieder. Warum musste das passieren? Wer war dafür verantwortlich? Der amerikanische Bomberpilot, der die Bombe auslöste? Konnte er etwa nicht erkennen, dass es sich um ein Lager für Zwangsarbeiter handelte? Natürlich nicht. Sein Ziel an diesem Tag war vermutlich die Erdölraffinerie von Vösendorf, die nur wenige Kilometer vom Lager entfernt lag. Vermutlich löste er die Bombe aus großer Höhe aus, so dass die Entfernung zum eigentlichen Ziel zu gering war, um von dem Fehlschlag verschont zu bleiben. War es ein einfacher, bedauerlicher Fehler, eine unbewusste Bewegung des Fingers am empfindlichen Abzug? Die Wahrscheinlichkeit ist groß, dass der Bomberpilot niemals erfahren hat, welches Blutbad er anrichtete. Er freute sich vermutlich sogar, dass er einen weiteren Einsatz überlebt hatte, während wir uns von unseren Toten verabschiedeten. Goldman *Bácsi*, der seine Frau verloren hatte, hörte nicht auf zu weinen. Er verkraftete den Verlust nie und wurde später in eine Psychiatrie eingeliefert, als er nach Hause zurückkehrte.

Den Ehepartner oder die Eltern in den Trümmern zu verlieren war schlimm genug. Unerträglich war es aber für die Eltern, die ihre Kinder verloren hatten.

Nach dem Angriff waren nur noch drei Räume bewohnbar, also rückten wir noch enger zusammen. Ein neuer Anführer musste gewählt werden, um Tafler *Bácsi* zu ersetzen. Ich weiß allerdings nicht mehr, wer gewählt wurde. Zu diesem Zeitpunkt hatten wir uns an das Leben im Lager gewöhnt und die Rolle des Oberhaupts war nicht mehr so wichtig. Während der folgenden Luftangriffe suchte keiner mehr den Luftschutzraum auf. Aus einem einfachen Grund: Es gab keinen mehr.

3
Befreiung

WÄHREND UNSERES gesamten Aufenthalts in Österreich erfuhren wir nichts über die berüchtigten Vernichtungslager der Nazis. Aber ich erinnere mich noch gut an einen kalten Wintertag Ende Januar 1945. Während wir eine Eisenbahnstrecke reparierten, sahen wir einen Zug, der sich langsam bewegte. Die offenen Waggons waren voller Menschen. Alle trugen gestreifte Uniformen, wie Gefangene. Sie hüllten sich in Decken und es war so eng, dass sie stehen mussten. Sie schrien alle ein Wort, das wir bis dahin nicht kannten, das wir aber nie vergessen sollten: „Auschwitz".

Als sich der Krieg in Europa seinem unausweichlichen Ende näherte, passierten viele ungewöhnliche Dinge. Einige Male trafen wir uns mit ungarischen Binnenschiffern (die Grenze lag nur 90 km flussabwärts von Wien), die über das Vorrücken der Russen in Ungarn berichteten. Von ihnen hörten wir, dass die Rote Armee zügig zur österreichischen Grenze vorrückte. Als die Befreiung nur noch eine Frage von Tagen war, wurden wir immer mutiger und nahmen schließlich sogar unsere Judensterne ab, wenn wir aus dem Lager herausgingen. Eines Tages hörten wir, dass ganz in der Nähe ein Lastkahn mit jüdischen Männern aus Ungarn vor Anker angelegt hatte. Ich dachte, dass mein Bruder István auf dem Schiff sein könnte und beschloss gemeinsam mit Vermes *Bácsi*, dessen Sohn ebenfalls zu einem Arbeitskommando eingezogen worden war, nach ihm zu suchen. Wir befestigten unsere Judensterne an der Innenseite unserer Mäntel und gingen vorsichtig zum Schiff. Es handelte sich um einen jener großen Lastkähne, die auf der Donau verkehrten. Aber statt Kohle oder Kies war er voller Menschen. Wir riefen auf ungarisch zu ihnen herüber: „Ist da irgendjemand aus Orosháza?" Sie wussten es nicht.

ALS SELBST DIE DICHTER SCHWIEGEN

Plötzlich erkannte einer der Wachleute auf dem Schiff, was vor sich ging und kam die Laufplanke herunter. Wir wollten gerade weglaufen, als er seine Waffe zog und uns befahl, stehen zu bleiben.

Es war für ihn nicht schwer zu erkennen, wer wir waren. Er öffnete unsere Mäntel und entdeckte unsere Judensterne. „Ihr seid also Juden und tragt nicht den Stern", resümierte er. „Ihr müsst vom Schiff geflohen sein." Ohne auf eine Antwort zu warten, stieß er uns über die Landungsplanke auf den Lastkahn.

Langsam dämmerte uns, in welchen Schwierigkeiten wir steckten. Von den anderen erfuhren wir, dass sie zuvor in Arbeitslagern in Ungarn interniert und wegen der herannahenden Roten Armee nach Österreich evakuiert worden waren. Sie sagten, dass die Wachen Sadisten und ständig betrunken seien und wahllos in die Menge schießen würden. Sie hatten bereits ein Fünftel der Gefangenen einfach aus Spaß getötet und ihre Leichen in die Donau geworfen. Sollte ich etwa ein Jahr Gefangenschaft und Zwangsarbeit überlebt haben, nur um jetzt kurz vor der Befreiung zu sterben? Ich überlegte, in den Fluss zu springen und wegzuschwimmen. Ich dachte mir aber, dass ich nachts eine bessere Chance hätte – wenn ich bis dahin noch am Leben wäre.

Wir hockten uns hin ohne zu sprechen und begruben unsere Köpfe in unseren Händen. Wir wollten die Horrorgeschichten der Männer an Deck nicht mehr hören. Da sah Vermes *Bácsi*, wie sich seine Tochter mit einem österreichischen Polizisten unserem Liegeplatz näherte. Voller Verzweiflung hatte sie eine Polizeiwache in der Nähe unseres Lagers aufgesucht, als wir nicht zurückkehrten. Es gab ein kurzes und heftiges Wortgefecht zwischen der Wache und dem Polizisten, der geltend machte, dass wir das „Ei-

Befreiung

gentum" der Firma Fioravante Spiller und Sohn seien und kriegswichtige Arbeit verrichteten.

„Kommt sofort runter!", befahl uns der Polizist. Wir warteten nicht auf eine zweite Einladung. Erst als wir an Land waren, wurde mir richtig bewusst, in welcher Gefahr ich mich befunden hatte und ich begann am ganzen Körper zu zittern. Ich glaube, der Polizist hat mir mein Leben gerettet. Später, als ich in Ruhe über die Situation nachdachte, fragte ich mich, wer wohl im Recht gewesen war, der Polizist oder die Wache? Heute wissen wir, dass der Polizist im Recht war, denn Spiller und Sohn musste für uns Zwangsarbeiter Zahlungen an die deutsche Regierung leisten. Es tat aber nichts mehr zur Sache: Es waren die letzten Kriegstage und es gab keine Regeln mehr.

Als wir Gerüchte hörten, dass die Nazis Juden weiter ins Landesinnere transportierten, beschlossen wir nicht mehr im Lager zu bleiben, wo man uns leicht aufspüren konnte. Wir hörten bereits ununterbrochen das Donnern der schweren Geschütze. Da die Vorarbeiter inzwischen geflohen waren, gab es keinen Appell mehr zur Arbeit zu gehen. Auch die Beschäftigten der Küche waren verschwunden. Die Speisekammer war leer und es gab kein Essen mehr. Während die meisten dennoch im Lager blieben, beschlossen einige von uns, ein paar hundert Meter entfernt in einem Luftschutzbunker ein Lager aufzuschlagen und dort auf die Russen zu warten. Es zeigte sich, dass der Bunker verlassen war. Wir verbrachten den ganzen Tag dort, aber gegen Abend wurde es bitterkalt und wir überlegten, was wir als Nächstes tun sollten. Jemand schlug vor, den Keller eines nahegelegenen Wohnblocks auszuprobieren. Andere meinten es sei zu gefährlich, wahrscheinlich wären dort deutsche Soldaten.

ALS SELBST DIE DICHTER SCHWIEGEN

Eine Gruppe von rund zehn Personen beschloss kurzerhand ihr Glück zu versuchen und wir gingen mutig herüber. Wir hofften, dass die Soldaten, wenn es denn welche gab, nicht zur SS gehörten. Tatsächlich trafen wir einige Wehrmachtssoldaten. Allerdings hatten sie keine Waffen mehr bei sich und versuchten hektisch, auch ihre Uniformen loszuwerden. Die meisten österreichischen Bewohner der Wohnungen, es waren vorwiegend Frauen und Kinder, lebten bereits im Keller. Zu unserer Überraschung schienen sie froh zu sein uns aufzunehmen. Sie gaben uns sogar etwas zu essen. War das ein Zeichen von Nächstenliebe? Oder rechneten sie damit, dass wir sie als Gegenleistung vor den anrückenden russischen Soldaten beschützen würden? Schließlich wusste niemand, wie sich die Russen bei ihrer Ankunft verhalten würden.

Wir verbrachten noch zwei oder drei weitere Tage im Keller des Wohnblocks, während die Kämpfe um uns herum weitergingen, bis schließlich jemand kam und sagte, dass die Russen da seien.

Es stellte sich heraus, dass die Deutschen, die die Stadt verteidigten, sich am Vortag endlich ergeben hatten. Kurz darauf kam ein russischer Soldat mit gezogener Pistole in den Keller und fragte, ob sich deutsche Soldaten hier versteckten. Wir wussten nur zu gut, dass einige im Keller Zuflucht gesucht hatten, aber wir wollten sie nicht verraten. Zufrieden griff der russische Soldat nach einem Baby und überschüttete es mit Zuneigung. *„Nyemyetski Propaganda"*, sagte er immer und immer wieder, so als wollte er betonen, dass die Russen doch anständige Menschen waren und nicht so, wie es die Propaganda der Deutschen glauben machen wollte. Dann kam ein anderer herein und sagte, der Kommandant habe seine Uhr verloren und brauche dringend einen Ersatz. Mein Vater wollte ihm seine Taschenuhr geben, aber der Kommandant brauchte eine Armbanduhr.

Befreiung

Ich gab ihm daher meine Uhr. Bald hatte er alle Uhren eingesammelt, die er bekommen konnte. Erst später erfuhren wir, dass dies eine Art Trophäenjagd war. Es hieß, dass einige Russen Armbanduhren hätten, die an beiden Armen bis zu den Ellbogen reichten.

Wir hatten bereits unsere Judensterne abgelegt, aber erst jetzt, nachdem die Rote Armee angekommen war, gewöhnten wir uns endlich an die Vorstellung, dass der Krieg für uns wirklich vorbei war. Wir hatten überlebt und waren wieder frei. Damals war uns nicht bewusst, wie viel Glück wir gehabt hatten: Nicht nur, dass wir nach Strasshof geschickt worden waren. Unser Aufenthalt in Wien hatte uns auch davor bewahrt, während der kurzen, aber grausamen Herrschaft der faschistischen Pfeilkreuzlerpartei in Ungarn zu sein, die im Oktober 1944 an die Macht gekommen war. Die Pfeilkreuzler hatten tausende ungarische Juden aufgespürt und ermordet. Weitere Zehntausend wurden in die NS-Vernichtungslager deportiert. Am wichtigsten war, dass das nationalsozialistische Deutschland besiegt war. Wenn das Dritte Reich den Krieg gewonnen hätte, hätten sie uns nicht mehr benötigt und wir wären auch in einer Gaskammer gelandet. Winston Churchills berühmte Rede am Ende der Luftschlacht um England – „Niemals in der Geschichte menschlicher Konflikte hatten so viele so wenigen so viel zu verdanken" – traf auch auf uns Überlebende zu.

Ich bin einer der Vielen. Und noch heute, Jahrzehnte später, empfinde ich eine tiefe Dankbarkeit gegenüber den Soldaten der alliierten Streitkräfte, egal ob britische, amerikanische oder russische. Jahre später, als ich gerade auf einer Kreuzfahrt nach Hawaii unterwegs war, sah ich, wie eine Gruppe US-Kriegsveteranen, die Pearl Harbor besuchen wollten, auf einem Podium stand. Ich konnte nicht aufhören zu weinen und es fiel mir schwer, nicht auf das

Podium zu steigen und ihnen dafür zu danken, dass sie mein Leben gerettet hatten.

Nachdem die Nazis in Wien kapituliert hatten, gab es keinen Grund mehr weiter zu warten. Den Russen zufolge war es „absolut sicher" zu gehen: Die Nazis waren weg und würden niemals wiederkommen. Was aber für den Iwan „absolut sicher" war, erschien uns allerdings überhaupt nicht sicher. Wir konnten immer noch Schüsse hören, wir sahen im offensichtlichen Chaos umherirrende Soldaten und auch der Frontverlauf war vollkommen unklar. Sowjetische Flugzeuge flogen über uns hinweg und schossen ausgiebig mit ihren Maschinengewehren auf Ziele. Die Kugeln trafen auch den Boden um uns herum. Offensichtlich zielten sie auch auf uns.

Wir waren eine kleine Gruppe, die den Keller zu Fuß verließ. Neben meinen Eltern und mir bestand die Gruppe aus Goldman *Bácsi*, dessen Frau im Luftschutzraum gestorben war, der Familie Lefkovics und Gyuri Wallenstein mit seiner Mutter. Später erfuhren wir, dass eine SS-Patrouille die Menschen ermordete, die dageblieben waren. Es ist paradox, wie unberechenbar das Leben ist. Einen Tag lang liefen wir in Richtung ungarische Grenze, die siebzig Kilometer entfernt lag. Wann immer es nötig war, suchten wir Schutz. Am Ende des Tages fühlten wir uns einigermaßen sicher. Wir machten Halt in einem verlassenen Haus auf dem Land, wo ein paar Hühner in einem großen Garten herumliefen. Bald gesellte sich ein junger russischer Offizier zu uns, der makellos gekleidet war. Seine Stiefel waren blitzblank geputzt, obwohl er sich durch halb Osteuropa gekämpft hatte. Er war gutaussehend, groß und schmal und unter seiner Mütze ragten blonde Haare hervor.

Er kam mit einem freundlichen Lächeln auf uns zu und wir waren beruhigt. Er sprach ein wenig deutsch, ansonsten verständigten wir uns mit Händen und Füßen. Da er in

Befreiung

der Umgebung die einzige Autorität war, baten wir um Erlaubnis, ein paar Hühner für das Abendessen schlachten zu dürfen. Er tat uns den Gefallen und tötete drei oder vier mit seiner Maschinenpistole direkt selbst. Später im Haus sah er einen großen Spiegel an der Wand. Er nahm seine Waffe und zerschmetterte ihn mit dem Kolben. „Sie brauchen den Spiegel nicht mehr", erklärte er. Wir sagten nichts. Als die Hühner fertig gekocht waren, luden wir ihn zum Essen ein, doch er schlug die Einladung aus.

In Orosháza hätten wir die Hühner auf verschiedene Arten zubereiten können. Am leckersten wäre ein Sonntagsmahl gewesen. Dazu hätten wir sie in Stücke geschnitten, mit Mehl, Eiern und Semmelbrösel paniert und sie anschließend frittiert. Das zweitbeste Rezept wäre *Paprikás Csirke* gewesen, dazu werden Hähnchenkeulen mit gebratenen Zwiebeln und einer großzügigen Portion Paprikapulver gekocht. In unserem provisorischen Zuhause fehlten allerdings die erforderlichen Zutaten. Uns blieb daher nichts anderes übrig, als das Fleisch in Wasser zu kochen und so zu tun, als hätten wir eine Suppe. Trotz der fehlenden Zutaten war es eine der denkwürdigsten Mahlzeiten unseres Lebens.

Zum ersten Mal seit Monaten hatten wir eine anständige Mahlzeit gegessen und zum ersten Mal seit Tagen hatten wir heißes Wasser. Wir waren gerade dabei uns zu waschen, als der russische Offizier wieder auftauchte, um nach uns zu sehen. Es gab ein Waschbecken im Badezimmer, das wir nacheinander benutzten. Gerade war Éva Lefkovics an der Reihe, eine hübsche junge Frau in den Zwanzigern. Ihr Vater bewachte die Tür, die kein Schloss hatte. Dies machte den russischen Offizier neugierig und er machte Anstalten ins Bad zu gehen, doch Évas Vater stellte sich ihm in den Weg. Für einen Moment entstand eine höchst angespannte Situation. Es war offensichtlich, dass der Offizier nicht daran gewöhnt war, dass man sich ihm widersetzte und er war alles andere als begeistert. Lefkovics *Bácsi* wurde unterstützt von seiner Frau, die verzweifelt versuchte, den Grund für den hartnäckigen Widerstand zu erklären. Leider verstand der Russe die Sprache nicht. Schließlich setzten sich die Lefkovics jedoch durch und der Russe erwies sich als Gentleman und trat zurück. Erst später erfuhren wir von den unzähligen Vergewaltigungen der Soldaten der Roten Armee.

Als wir uns am nächsten Tag immer weiter der ungarischen Grenze näherten, begegneten wir einem weiteren russischen Soldaten. Er kam aus entgegengesetzter Richtung und fuhr auf einem Fahrrad. Er hielt Gyuri an und übergab ihm das Fahrrad mit einem großen, freundlichen Lächeln. Der Lenker war locker und das Vorderrad hatte eine gehörige Acht, aber Gyuri war fassungslos vor Glück und fuhr vor und zurück, bis wir ein paar Kilometer weiter das nächste Dorf erreichten. Dort wartete ein anderer russischer Soldat, der das Fahrrad sofort wieder beschlagnahmte. Der erste hatte es wahrscheinlich von seinem Freund geliehen und es auf diese Weise dem rechtmäßigen Eigentümer zurückgegeben.

An der Grenze wartete kein Begrüßungskomitee auf uns. Bis auf eine verlassene Kaserne und ein unbemanntes Tor deutete nichts darauf hin, dass wir wieder in Ungarn waren. Wir verließen Österreich mit gemischten Gefühlen. Einerseits waren wir froh, das Erlebte hinter uns zu lassen, andererseits wussten wir nicht, was uns erwartete. Würden sie uns willkommen heißen? Würden sie vielleicht sogar um Verzeihung bitten für das uns zugefügte Leid? Oder würden sie uns gleich wieder ins Ghetto bringen? Und wie würde das Leben unter sowjetischer Besatzung aussehen? Niemand kannte die Antworten, aber wir hatten keine Wahl: Wir gingen einfach

Befreiung

nach Hause. Mein Vater machte sich Sorgen, dass sich Ungarn unter russischer Herrschaft zu einem kommunistischen Staat entwickeln würde. Doch dann sahen wir in einem der Dörfer, durch die wir kamen, ein Plakat an einer Wand. Darauf stand etwas über ein „Demokratisches Ungarn". Mein Vater war erleichtert. *Demokrácia*, so erklärte er, sei deutlich besser als *Fasizmus* oder *Kommunizmus*. Leider wurde aus der einfachen *Demokrácia* bald die *Népi Demokrácia*, die so genannte „Volksdemokratie" – ein kleiner, aber entscheidender Unterschied.

Ich betrat also wieder ungarischen Boden und war froh, dass meine Eltern und ich die schwerste Zeit unseres Lebens überlebt hatten. Das Gefühl der Freiheit machte sich allerdings nur langsam breit. Ich freute mich darauf, mein Zuhause wiederzusehen und hatte das Gefühl, dass meine Zukunft wohl oder übel in diesem Land lag. Schließlich war Ungarisch meine Muttersprache und ich hatte seit meiner Geburt die ungarische Kultur aufgesogen. Früher hatte ich mich hier sicher gefühlt. Dies war nun nicht mehr der Fall. Ich konnte weder das Leiden noch die Gleichgültigkeit und Feindseligkeit der gewöhnlichen Ungarn vergessen, als wir ins Ghetto geschickt und deportiert wurden. Die Grausamkeit der Obrigkeit, insbesondere der *Csendőrség,* hatte sich tief in mein Gedächtnis eingebrannt. Dennoch hatte ich keine Rachegedanken. Ich wusste, dass ich die Menschen, die mir das Leid angetan hatten, nicht verfolgen wollte und konnte. Deshalb waren meine Gefühle hauptsächlich eine Mischung aus Hoffnung und Traurigkeit, wenn das vergangene Jahr wie ein Horrorfilm noch einmal vor meinem geistigen Auge vorbeizog.

Wir gingen immer weiter und ruhten uns nachts in verlassenen Häusern aus, bis wir nach Győr kamen, einer großen Industriestadt. Hier stellten wir fest, dass noch Züge verkehrten und dass einer nach Budapest fuhr. Unsere kleine Gruppe trennte sich nun auf. Wir wollten über Budapest weiter nach Orosháza gelangen. Also verabschiedeten wir uns fürs Erste voneinander. Könnten wir uns wieder an unser altes Leben gewöhnen? Dazu müssten wir wieder Verantwortung für uns übernehmen, anstatt unser Leben von anderen bestimmen zu lassen. Würde die Zeit in Orosháza unsere Wunden heilen und uns unsere Demütigungen vergessen lassen? Es war ein aufwühlender Abschied, bei dem die Frauen viele Tränen vergossen. Im letzten Jahr hatten wir den Schmerz und die gelegentlichen freudigen Momente geteilt. Wir waren zu einer großen Familie zusammengewachsen.

Meine Eltern und ich stiegen in einen der Waggons und fanden drei freie Plätze. Dann aber drängten sich immer mehr Leute in das Abteil. Es war schließlich so voll, dass es kaum noch Luft zum Atmen gab. Trotzdem, alles war besser als der Viehwaggon. Die meisten Passagiere kamen aus Budapest und hatten sich offensichtlich auf dem Land mit Nahrungsmitteln eingedeckt. Sie trugen große Weidenkörbe mit Brot, fettem *Szalonna*-Schinkenspeck, Eiern, Käse und einigen lebenden Hühnern. Die restlichen Leute kehrten aus dem Krieg in ihre Heimat zurück, darunter Kriegsflüchtlinge wie wir sowie ehemalige Kämpfer und Soldaten in ausrangierten Uniformen. Es gab keinerlei Unterhaltung, alle waren zu sehr mit ihren eigenen Gedanken beschäftigt. Die Fahrt mit der Bahn war kaum schneller als zu Fuß, dafür war sie aber weniger anstrengend. Nach einer endlos langen Reise, während der der Zug die meiste Zeit auf den Gleisen stand, kamen wir endlich in Budapest an.

Für mich war es das erste Mal, dass ich unsere Hauptstadt sah. Auch meine Eltern waren nur ein paar Mal dort gewesen. Wir machten uns auf den Weg durch die Stadt zum Haus der Tante meiner Mutter und ihrer Familie. Unterwegs sahen wir die Zerstörung. Es war schockierend.

Befreiung

Die „Festung Budapest" war von der Waffen-SS und ihren ungarischen Verbündeten mit hohem Einsatz gegen die sowjetischen und rumänischen Armeen verteidigt worden, die vor der Konferenz von Jalta ihre Macht demonstrieren wollten. Rund achtzig Prozent der Gebäude der Stadt waren beschädigt oder zerstört. Rund 38.000 Zivilisten waren ums Leben gekommen.

Das Haus unserer Verwandten war jedoch verschont geblieben. Sie lebten in einer großen Wohnung in der Dohány *Utca* am östlichen Ufer der Donau, am Rande des jüdischen Ghettos von Budapest. Die Männer der Familie waren in Arbeitskommandos der *Munkaszolgálat* einberufen worden und die drei Frauen wollten bei nichtjüdischen Freunden Zuflucht suchen. Auf dem Weg dahin waren sie von Anhängern der Pfeilkreuzlerpartei aufgegriffen und in ein Internierungslager gebracht worden, in dem schreckliche Bedingungen herrschten. Viele Häftlinge waren gestorben oder verrückt geworden. Die drei Frauen hatten aber überlebt, sowohl meine Großtante Rezsi *Néni* als auch ihre beiden Töchter. Allerdings blieben zunächst alle drei Ehemänner vermisst. Nur einer von ihnen, Pista, tauchte nach einigen Jahren wieder auf. Er war mit Magda, der Cousine meiner Mutter, verheiratet.

Gegen Kriegsende war es Pista gelungen, seinem brutalen Arbeitskommando zu entkommen und zu den Russen überzulaufen, die ihn sofort gefangen nahmen. Aber das russische Kriegsgefangenenlager erwies sich als mindestens genauso schrecklich. Pista konnte nur überleben, indem er für seine Bewacher Porträts zeichnete, die diese zu ihren Frauen und Liebsten nach Hause schickten. Im Gegenzug versorgten sie ihn mit zusätzlichen Nahrungsmittelrationen, die ihm das Überleben sicherten. Nach dem Krieg sagte man ihm, dass es in Ungarn keine Juden mehr gäbe. Daraufhin entschied er sich, sowjetischer Staatsbürger zu werden und trat der Kommunistischen Partei bei. Erst drei Jahre später, nachdem er erfahren hatte, dass seine Frau Magda den Holocaust überlebt hatte, erhielt Pista endlich die Erlaubnis, seine sowjetische Staatsbürgerschaft wieder aufzugeben und nach Hause zurückzukehren.

Wir standen noch im Eingang zur Wohnung von Rezsi *Néni*, als uns die Frauen ihr Beileid für den Tod meines Bruders István bekundeten. So erfuhren wir von seinem Tod. Ich habe noch immer meinen Vater vor Augen, wie er langsam zu Boden gleitet und zu weinen beginnt. Es war das erste Mal, dass ich ihn weinen sah. Es stellte sich heraus, dass István den Krieg als Zwangsarbeiter in einem Arbeitskommando überlebt hatte und in Zivilkleidung nach Orosháza zurückkehren wollte, als er vom sowjetischen Militär gefangengenommen und als Zwangsarbeiter in die Sowjetunion geschickt wurde. Die Russen versorgten sich großzügig mit Zwangsarbeitern und bedienten sich dabei sowohl in der Zivilbevölkerung als auch unter den Soldaten. Wenn einer floh, wurden weitere Leute gefangen genommen. Vermutlich nahmen sie die Leute unter dem Vorwand mit, dass sie für eine dringende Aufgabe benötigt würden. Dabei akzeptierten sie keine Entschuldigungen. Sie zerrissen sämtliche Papiere und Dokumente und ließen die Leute nicht wieder frei. Dabei zeigten sie keine Präferenzen hinsichtlich Nationalität, Rasse, Religion oder Bildung. Auf diese Weise wurden hunderttausende Ungarn, egal ob Juden und Nichtjuden, in die Sowjetunion geschickt. Nach Berichten von Augenzeugen war mein Bruder zusammen mit unzähligen anderen verhungert. Es war ein unfassbarer Verlust eines sehr talentierten Wissenschaftlers. Soweit wir es beurteilen konnten, hatten sie mit ihm einen neuen Einstein getötet.

Wir haben nie die Identität des Augenzeugen ermitteln können, der offenbar über einen Dritten die Nachricht von Istváns Tod an meine Verwandten weitergegeben hatte. Für

Befreiung

meine Eltern war es eine Achterbahnfahrt der Gefühle. Sie schwankten zwischen Hoffnung und Verzweiflung, bis die Hoffnung schließlich schwand. Sie sollten den Verlust ihres geliebten Sohnes nie richtig verwinden.

Unsere Verwandten sagten uns, dass Orosháza von Kriegsschäden verschont geblieben war und dass unser Haus noch stand, auch wenn einige Einrichtungsgegenstände geplündert worden waren. Sie waren bereits dort gewesen und hatten Kleidung und andere Wertgegenstände gegen Lebensmittel eingetauscht. Für die Fahrt zurück nach Hause schmierten sie uns Butterbrote, die viele angenehme Erinnerungen an die Zeit vor dem Krieg weckten. Wir wollten keine Zeit mehr verlieren und erhielten Bescheinigungen in ungarischer und russischer Sprache, dass wir deportierte Juden waren. Die örtliche jüdische Gemeinde versorgte uns mit Nothilfegeld für die Bahnfahrkarten nach Hause und so machten wir uns wieder auf die Reise. Wir wechselten die Züge in Békéscsaba, wo wir uns ein Jahr zuvor kurz im Ghetto aufgehalten hatten. Als wir dort aus dem Zug ausstiegen, wurden wir von einer bewaffneten Patrouille auf dem Bahnsteig angehalten. Sie trugen keine richtigen Uniformen, auf ihren roten Armbinden stand lediglich das Wort *Őrség* – Wache. Uns war nicht klar, wer sie beauftragt hatte oder was sie bewachen sollten. Mein Vater präsentierte ihrem Anführer unsere Papiere. Er war ein junger, unrasierter Mann und seine Kleidung bestand aus ausgedienten russischen und ungarischen Militäruniformen. Dazu trug er schmutzige Stiefel, die deutlich zu groß für seine Füße waren. Er trug ein riesiges Gewehr aus dem Ersten Weltkrieg als Zeichen seiner Autorität. Er wurde sofort misstrauisch und schien enttäuscht zu sein, dass die Juden nun zurückkamen. Er war womöglich davon ausgegangen, dass Ungarn sie für immer losgeworden war. Er zeigte die Papiere seinen Kollegen, die abwechselnd uns und die Papiere betrachteten. Schließlich verständigten sie sich darauf, uns zu verhaften. In kürzester Zeit hatten sie ein Dutzend weiterer verdächtig aussehende Personen verhaftet, hauptsächlich junge Leute, die ohne Gepäck unterwegs waren.

Dann zwangen sie uns mit vorgehaltener Waffe zum Rathaus zu marschieren. Das war nicht der Empfang, den wir erwartet oder erhofft hatten. Ich hatte Angst, dass wir zurück ins Ghetto von Békéscsaba geschickt würden. Würde der schwäbische Junge mit seinem Stock immer noch da sein und fragen: „Du Junge, wo warst du?"

Im Rathaus wurden wir zu einem anderen Amtsträger in Zivil gebracht, der hinter einem Schreibtisch saß. Ich stellte mir die ganze Zeit vor, dass er der Wachtmeister Posta von den *Csendőrség* in Orosháza war, der sich verkleidet hatte, diesmal aber ohne den Hut mit schwarzen Hahnenfedern. Er setzte seine Brille auf, nachdem er sie sorgfältig mit einem schmutzigen Taschentuch gesäubert hatte, betrachtete unsere Papiere und erlaubte uns, zum Bahnhof zurückzukehren.

„Ihr könnt gehen."

Das ist alles, was er sagte. Es gab kein Wort der Entschuldigung. An eine Willkommensgeste war nicht zu denken. Wir gingen zum Bahnhof zurück und warteten eine Ewigkeit auf unseren Zug. Dann endlich, nach einer einstündigen Fahrt durch die hügellosen Ebenen, erreichten wir Orosháza. Der Schaffner verkündete wie immer laut und deutlich und vollkommen emotionslos den Namen des Bahnhofs. Als wir langsam zum Stehen kamen, erkannten wir das Bahnhofsgebäude und dahinter das Gebäude der Mühle mit den roten Ziegelsteinen. Der Schornstein rauchte, als wäre nichts geschehen.

„Siehst du nicht, dass sich die Dinge geändert haben?", sagte ich fast schreiend zur Mühle. „Alles hat sich geändert.

Befreiung

Wir sind zurück, freie Menschen mit gleichen Rechten. Der Faschismus ist vorbei und besiegt!" Aber es gab keine Antwort. Weder die Mühle noch der Rest von Orosháza schienen interessiert.

Es stellte sich heraus, dass unser Haus von einem Fremden bewohnt wurde. Es handelte sich um einen alleinstehenden Mann, der aller Wahrscheinlichkeit nach aufs Land gezogen war, um der Einberufung durch die Armee zu entgehen. Er war eine ziemlich zwielichtige Figur. Als alleinstehende Person musste er Verbindungen gehabt oder Bestechungsgelder gezahlt haben, um an unser Haus gekommen zu sein. Er war vornehm gekleidet, sehr höflich, hatte ein charmantes Lächeln und zeigte viel Verständnis für unsere Notlage, aber wir trauten ihm irgendwie nicht. Noch am selben Tag, als wir ankamen, verließ er das Haus mit einem kleinen Koffer. Dabei trug er ein paar schöne Schuhe, die unseren Verwandten in Budapest gehört hatten und die wir bei uns aufbewahren sollten. Wir haben nie wieder etwas von ihm gehört. Von wenigen Ausnahmen abgesehen war unser Hab und Gut unberührt geblieben. Ich ging zurück zum ehemaligen Ghetto. Der Holzlagerplatz war jetzt verlassen. Mein Bleistift mit Drehmechanismus befand sich noch auf dem Holzbalken, wo ich ihn versteckt hatte. Auch mein Vater fand die unter dem Birnbaum versteckte Goldkette wieder. Allerdings hat er seine Umhängetasche nie an die Wohnzimmerwand genagelt. Menschen haben ein kurzes Gedächtnis und das gilt besonders für die unangenehmen Dinge. Meine schöne Geige, die meine Eltern von Strausz *Bácsi* gekauft hatten, habe ich nie mehr wiedergefunden. Mein wertvollster Besitz, das Akkordeon, das ich mit meinen Angorakaninchen erarbeitet hatte, war ebenfalls verschwunden. Wir erfuhren schnell, dass das große Haus neben uns von Orosházas neuem Polizeichef für den eigenen Bedarf beschlagnahmt worden war. Vor dem Krieg hatte er als Maurer gearbeitet, dann war er der Kommunistischen Partei beigetreten und erhielt den wichtigen Posten des Polizeichefs. Ich beschwere mich bei ihm wegen meines Akkordeons und ein paar Tage später (allerdings erst, nachdem ich der Polizei einen Eigentumsnachweis vorgelegt hatte) wurde es mir ohne weitere Erläuterung zurückgegeben.

„Wo war es?", war meine erste Frage.

„Sei froh, dass du es zurück hast", sagte der Polizist, „und frag nicht weiter."

„Und was ist mit meiner Geige?", beharrte ich. Hier wurde er ziemlich wütend.

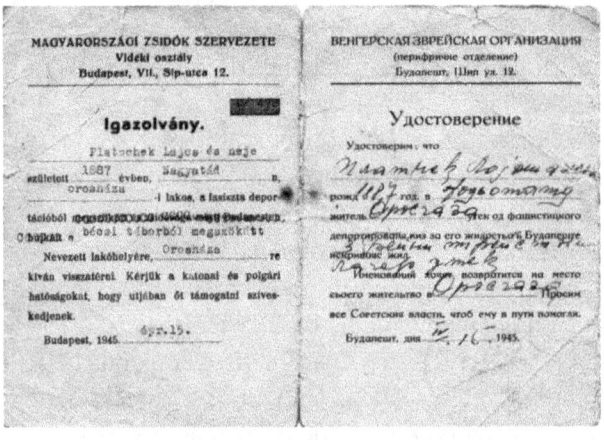

Personalausweis bei der Rückkehr nach Kriegsende

„Kannst du nicht mit dem zufrieden sein, was du hast? Ich habe dir doch gesagt, keine weiteren Fragen." Dies alles gab mir das ungute Gefühl, dass wahrscheinlich unser neuer Nachbar, der Polizeichef selbst, die Instrumente aus unserem Haus entwendet hatte.

Sobald sie von unserer Rückkehr erfuhren, kamen unsere Nachbarn einer nach dem anderen, um uns zu begrüßen. Sie brachten uns Essen – Brot, Eier und Würste, wie

Befreiung

wir sie seit einem Jahr nicht mehr gesehen hatten – und beweinten mit meinen Eltern den Tod von István. Die Nachricht unserer Rückkehr verbreitete sich in Windeseile und uns wurde schnell klar, wie beliebt mein Vater wirklich war. Es gab einen fast endlosen Strom von ehemaligen Schülern, die ankamen und mehr Essen brachten. Wo waren diese guten Leute, als wir aus dem Ghetto zu den Viehwaggons gebracht wurden? Das fragte ich mich immer wieder.

An diesem ersten Abend konnten wir unser gutes Bettzeug nicht finden, die Bettlaken und die Daunenbettdecken. Stattdessen schliefen wir unter den Decken, die wir aus dem Lager mitgebracht hatten. Es dauerte volle zwei Tage, bis uns Ágoston *Néni*, unsere Nachbarin, unsere „verschwundene" Bettwäsche brachte.

„Ich habe nur darauf aufgepasst", erklärte sie etwas verlegen. Ich war mir aber sicher, dass sie sie behalten wollte. Die Bettwäsche war gewaschen und gebügelt und sah unbenutzt aus. Diplomatisch bedankte sich meine Mutter dafür, dass sie sich um die Wäsche gekümmert hatte.

Ich hatte eine schöne rote Decke mit einem Schottenkaro aus Wien mitgebracht. Sie hatte Goldman *Bácsi* gehört, dem alten Freund der Familie, der seine Frau während des Luftangriffs verloren hatte. Als wir nach der Befreiung Wiens den Keller des Wohnhauses verlassen hatten, hatte er sie in seinen Händen gehalten. Nach etwa zwanzig Minuten hatte er entschieden, dass sie zu schwer für ihn war, und hatte sie über einen Zaun geworfen. Ich dachte mir, dass es eine schöne Decke sei, viel besser als meine, also lief ich zurück und tauschte sie aus. Einige Wochen nach unserer Rückkehr kam Goldman *Bácsi* zu uns nach Hause und forderte seine Decke zurück. Meine Eltern aber weigerten sich, sie ihm zu geben. Seine Freundschaft mit meinen Eltern hielt nicht mehr lange. Der Grund war allerdings nicht die Decke, sondern sein sich verschlechternder Gemütszustand. Schließlich lernte er eine Frau kennen, die sich als Überlebende des Holocausts ebenfalls in einer psychiatrischen Behandlung befand, und heiratete sie nach kurzer Zeit. Sie war alt und keine Schönheit.

Das größte Problem aber war, dass sie noch mehr unter dem litt, was sie hatte durchmachen müssen.

Das Leben in Orosháza war nicht mehr dasselbe. Es gab zwar keinen Mangel an Essen und auf dem Markt herrschte geschäftiges Treiben wie eh und je, aber es herrschte insgesamt eine gedrückte Atmosphäre. Einige der zurückgekehrten jüdischen Ladenbesitzer eröffneten wieder ihre Geschäfte, aber die Qualität der Waren und das Sortiment waren nicht mehr so gut wie vorher. Schwarz *Bácsi*, der Besitzer des Schuhladens, kam zurück, ebenso der Geschirrhändler Kövesi *Bácsi* und der Lederwarenhändler Bakk *Bácsi*. Auch Marko *Bácsi* kehrte in seine Buchhandlung zurück. Die Sternbergs produzierten allerdings keine Daunendecken mehr in Orosháza. Sie wanderten stattdessen nach Israel aus. Viele Geschäfte der Stadt schlossen oder wechselten den Besitzer. Das Alföld Hotel tischte seine berühmten Steaks nicht mehr auf und – anders als noch vor dem Krieg – war die Kossuth Lajos *Utca* am Sonntagmorgen menschenleer. Wir stellten kein neues Zimmermädchen mehr an und es fanden keine Dinnerpartys oder Kartenspiele mehr statt. Es hätte sich nicht richtig angefühlt.

Es war eine Zeit, in der man sich sammelte, nach Verwandten suchte und sich gegenseitig erzählte, wie es einem ergangen war. Es war eine Zeit der Läuterung. Noch Jahre später stellten sich ungarische Juden, die sich nach dem Krieg zum ersten Mal wiedersahen, zunächst die Frage: „Wo bist du gewesen?" Wir hörten von den Vernichtungslagern und allmählich wurde uns bewusst, wie viel Glück

Befreiung

wir gehabt hatten, dass wir stattdessen in einem Arbeitslager gelandet waren. Wir alle waren auf der Suche nach Freunden und Bekannten. Wir freuten uns, wenn wir jemanden trafen, der zurückkehrte. Und wir warteten ungeduldig auf die Vermissten, bis uns ein Augenzeuge die traurige Nachricht überbrachte. Kálmán, der ältere Bruder meines Vaters, war ebenso gestorben wie der Mann seiner Schwester Emma und deren beiden Söhne. Ich fragte immer wieder nach Klári, meiner Freundin in Wien. Aber die Leute, die jetzt in ihrem Haus lebten, wussten nichts von ihr und ihren Eltern. „Wir haben immer noch nichts gehört", sagten sie immer wieder.

Wahrscheinlich hofften sie auch insgeheim, dass sie in ihrem bescheidenen Einfamilienhaus bleiben konnten. Kláris Lager in Wien war viel größer als unseres gewesen und es stand unter militärischer Leitung. Schließlich hörte ich von den wenigen, die es geschafft hatten zurückzukehren, dass das gesamte Arbeitslager in den letzten Kriegstagen in das Konzentrationslager Mauthausen-Gusen evakuiert worden war. Viele jüdische Familien von Orosháza waren dort ums Leben gekommen, darunter auch unsere Nachbarn, die Familie des Tierarztes Doktor Balázs. Auch János, der Ehemann der hübschen Pollákné, die während des Luftangriffs gestorben war, schaffte es nicht zurück. Damit ersparte er uns den Schmerz, ihm erzählen zu müssen, was seiner Frau passiert war. Fekete *Bácsi*, Polláknés Verehrer in der Zeit vor ihrem Tod, kehrte dagegen zurück. Er zog sich aber immer mehr zurück. Nur einer der Klempnerlehrlinge, mit denen ich im Ghetto von Orosháza die Zeit verbracht hatte, hatte überlebt. Er emigrierte sofort nach Israel. Insgesamt kehrten nur etwas mehr als die Hälfte der Juden aus Orosháza zurück. In ganz Ungarn wurden in nur einem Jahr mehr als eine halbe Million Juden ermordet.

ALS SELBST DIE DICHTER SCHWIEGEN

Schließlich kamen vier der fünf jüdischen Schüler des *Gimnáziums* zum Unterricht zurück. Géza Hevesi, dessen Eltern beschlossen hatten, in Békéscsaba zu bleiben, starb mit ihnen in Auschwitz. Ági Szekulesz verlor dort beide Eltern, sie selbst aber überlebte und kehrte in die Schule zurück und wurde von Verwandten versorgt. Ein anderer Junge in meinem Alter, Jóska Stern, war in einem großen Lager gewesen. Gegen Kriegsende war er von seinen Eltern getrennt und nach Mauthausen-Gusen geschickt worden. Seine Eltern waren nach Orosháza nach Hause gekommen ohne zu wissen, was mit ihm passiert war. Ich habe immer versucht, sie zu trösten: „Keine Sorge, er ist ein starker, kluger Junge und wird sicher überleben. Es kann lange dauern, bis man nach Hause kommt, also gebt die Hoffnung nicht auf." Und weil Mauthausen-Gusen kurz nach seiner Ankunft von den Amerikanern befreit wurde, kehrte er tatsächlich irgendwann zurück. Zsuzsa, die letzte aus meiner Klasse, überlebte ein Arbeitslager in Wien. Sie wurde jedoch auf dem Weg nach Hause von einem russischen Soldaten vergewaltigt, bekam eine Geschlechtskrankheit, wurde schwanger und ließ eine Abtreibung vornehmen.

Der östliche Teil Ungarns, darunter auch Orosháza, wurde im Oktober 1944 durch die Rote Armee von den Nazis befreit. Der Unterricht am *Gimnázium* wurde nur einen Monat später als geplant wieder aufgenommen. Ich hatte noch drei Monate, um gegenüber den nichtjüdischen Schülern, von denen natürlich keiner gezwungen worden war, Orosháza zu verlassen, fachlich aufzuholen und das Schuljahr zu beenden. Am Ende schaffte ich es, es bedeutete aber einen schweren Dämpfer für mein Selbstvertrauen. Es war seltsam, wieder im Klassenraum zu sitzen, nach allem, was ich durchgemacht hatte. Noch seltsamer war es, dem gleichen Schulleiter gegenüberzutreten, der eine derartige Abneigung gegen Juden gezeigt hatte und uns immer noch

Befreiung

Ungarisch beibrachte. Immerhin machte er die Juden nun nicht mehr für das Leiden der ungarischen Landbevölkerung verantwortlich. Ich fühlte mich nicht mehr als Kind und die Schule hatte ihren Glanz und das Geheimnisvolle verloren. Vorher hatte ich akzeptiert, dass ich sowohl von meinem Vater als auch von meinem Lehrer die Erlaubnis brauchte, wenn ich zum Beispiel ins Kino gehen wollte. Jetzt fand ich dieses Verfahren für Jungen in meinem Alter kindisch. Ich bat meinen Vater, mir einen Stapel leerer Erlaubnisformulare zu unterschreiben. Er tat dies wortlos und ich war stolz auf ihn. Uns beiden war klar, was sich verändert hatte.

Eine wichtige Veränderung in meinem Leben war, dass ich mich neuerdings, wie so viele andere Juden, für die politischen Ziele des Zionismus interessierte. Ich schloss mich einer zionistischen Jugendorganisation an, die linksextreme *Sómér*-Bewegung, die für einen Staat in Palästina eintrat, in dem sowohl Juden als auch Araber nebeneinander existieren könnten. Nachdem ich den Holocaust erlebt hatte, hielt ich keine andere Lösung für akzeptabel. Ich stritt deswegen so manches Mal auch in öffentlichen Sitzungen mit unserem Rabbi, der sich weiter rechts positionierte. Vor dem Krieg verstanden wir uns als säkulare Ungarn. Jetzt interessierten wir uns neu für unsere jüdische Identität und die Traditionen.

Die jüdischen Jugendlichen von Orosháza trafen sich jedes Wochenende im Hof der Synagoge, um zionistische Lieder zu singen und den Kreistanz *Hora* zu tanzen. Wir sangen auf Hebräisch, ohne die Worte zu verstehen. Es gab uns aber ein Gefühl der Freiheit und der Zusammengehörigkeit. Der Geist der Ghettos, in denen man den Kopf beugte und Misshandlungen ohne Fragen oder Beschwerden akzeptierte, musste vertrieben werden. Wir hörten vom Aufstand im Warschauer Ghetto und waren fest entschlossen zu verhindern, dass sich der Holocaust jemals wiederholen würde.

Wir waren jung und hatten alle auf unterschiedliche Weise überlebt. Wir fühlten uns lebendiger als jemals zuvor. Ich musste mich nicht auf die Suche nach einer Freundin machen, denn ein Mädchen hatte mich gefunden. Sie war wunderschön, schlank und hatte ein lebhaftes Temperament. Wir verbrachten unsere Freizeit zusammen, tauschten Liebesbriefe aus und küssten uns einige Male. Ich verließ sie aber für ein älteres Mädchen und sie war untröstlich. Kurz danach wanderte sie, wie viele andere auch, nach Israel aus und wir verloren den Kontakt. Erst rund sechzig Jahre später rief sie mich aus heiterem Himmel an und berichtete, dass sie inzwischen Großmutter geworden war. Sie hatte alle meine Briefe aufbewahrt und schickte einen der Briefe an mich zurück.

Als leidenschaftlicher Zionist wollte ich nach Israel, um in einem *Kibuc* zu arbeiten. Meine Mutter drohte aber sich umzubringen, wenn ich gehen würde. Sie habe bereits einen Sohn verloren. Mein Vater meinte, ich solle erst später gehen, wenn ich ein Studium absolviert hätte. Ich wäre dann für Israel von größerem Nutzen. Ich stimmte schließlich einem Kompromiss zu. Zuerst würde ich zur Universität gehen. Danach konnte ich mit meinem gewonnenen Wissen und dem Abschluss nach Israel emigrieren. Natürlich kommt es nicht immer so, wie sich das ein siebzehnjähriger Junge vorstellt.

Ich interessierte mich mehr für die praktischen Ziele der zionistischen *Sómér*-Bewegung als für die politischen Theorien von Karl Marx. Allerdings hatte der Marxismus nach meiner Rückkehr nach Orosháza eine größere Auswirkung auf mein Leben als der Zionismus. Der politische Einfluss

Befreiung

der Sowjetunion, deren Armee die Nazis unter großen Opfern aus Ungarn vertrieben hatte, sollte sehr, sehr lange nach dem Frühling 1945 bestehen bleiben. Das Königreich Ungarn (wenn auch ohne König), in das ich hineingeboren wurde, wurde im Februar 1946 durch die Zweite Ungarische Republik unter Ministerpräsident Tildy von der Partei der Unabhängigen Kleinbauern abgelöst. Die Partei hatte bei den nationalen Wahlen im November 1945 die Mehrheit der Stimmen gewonnen. Dagegen hatte die von der Sowjetunion unterstützte ungarische Kommunistische Partei unter der Führung des Stalinisten Rákosi nur siebzehn Prozent der Stimmen erhalten. Dennoch begann sie die neue Republik mit dem Ziel zu unterwandern, die Macht zu ergreifen. Rákosis Plan, den er passend als *Szalámitaktika* – Salamitaktik – bezeichnete, beinhaltete die Platzierung von Kommunisten in politischen Machtpositionen, beispielsweise an der Spitze des Innenministeriums. Gleichzeitig wurden die politischen Gegner in kleinen, aber letztendlich fatalen Schritten auseinanderdividiert und aus dem Weg geräumt. Stück für Stück schnitt Rákosi dünne Scheiben von der Salami ab. Ehe es seine Gegner realisieren konnten, war alles verloren. Es sollte zwar noch einige Jahre dauern, bis die Volksrepublik Ungarn ausgerufen wurde. Dennoch entwickelten sich die ungarische Kommunistische Partei und ihre Unterstützer in Moskau zu einem bestimmenden Faktor im täglichen Leben. In Orosháza startete die Ortsgruppe der Kommunistischen Partei nach Moskauer Vorbild eine Rekrutierungskampagne für junge Menschen. Ich wurde zu einer „Diskussion" mit einem Parteifunktionär eingeladen, der auch Mitglied der neu gebildeten Geheimpolizei war. Sein langer, brauner Ledermantel und seine Stiefel ließen daran keinen Zweifel.

„Willst du, dass der Faschismus nach Ungarn zurückkehrt?", war seine erste Frage.

ALS SELBST DIE DICHTER SCHWIEGEN

„Natürlich nicht!" Ich war aufrichtig geschockt, als seine Worte die schrecklichen Ereignisse schlagartig in Erinnerung riefen.

„Und welche Partei ist deiner Meinung nach die beste Versicherung dafür, dass das nicht wieder passiert?"

Die Wahl war begrenzt. Ich hatte keinen Bezug zur Partei der Unabhängigen Kleinbauern und musste zugeben, dass die ungarische Kommunistische Partei die beste Ausgangsposition hatte.

Ich sagte ihm, dass ich Mitglied der zionistischen *Sómér*-Bewegung sei, aber das wusste er bereits und es schien ihn nicht zu stören. Er gab mir einen Mitgliedsantrag, den ich unterschrieb. Ich wusste sehr wenig von der Theorie und noch weniger von der Praxis des Kommunismus, als ich im Alter von 17 Jahren ein zahlendes Mitglied der Kommunistischen Partei wurde.

Da es in Orosháza keine nennenswerte Industrie gab, waren die meisten Parteimitglieder entweder Bauern oder Intellektuelle. Das galt auch für die Jugendorganisation, der ich angehörte. Parteimitglieder der Mittelklasse wie ich waren häufig keine richtigen Kommunisten, sondern Opportunisten und viele von uns wurden später aus der Partei ausgeschlossen. Die Treffen der Jugendorganisation fanden hauptsächlich abends statt und es ging kaum um politische Fragen. Tatsächlich war es eine gute Möglichkeit, um Vertreter des anderen Geschlechts treffen zu können, was mir mit meinen siebzehn Jahren sehr gelegen kam. Ich kam schnell mit einem netten Mädchen zusammen, das einige Jahre älter war als ich. Sie arbeitete in einer Fabrik, die Hühner für Lebensmittelgeschäfte in den Städten verarbeitete. Sie war ein einfaches und hübsches Bauernmädchen und liebte mich hingebungsvoll. In der kurzen Zeit, in der wir zusammen waren, schlenderten wir abends nach dem

Befreiung

Parteitreffen durch die Stadt und umarmten und küssten uns an jeder Ecke. Ich liebte die Parteitreffen!

Obwohl wir 1945 erst kurz vor dem Ende des Schuljahres wieder in den Unterricht einsteigen konnten, schafften alle vier jüdischen Rückkehrer die Versetzung in die letzte Klasse des *Gimnáziums*. Dort bereiteten wir uns in unserem letzten Schuljahr auf die Aufnahmeprüfung für die Universität vor und lernten Ungarisch, Geschichte, Latein, Deutsch, Mathematik und Physik. In meinem Physik-Examen musste ich die Funktionsweise des Fernsehens erklären. Damals hätte ich mir nie vorstellen können, dass ich jemals einen Fernseher besitzen würde. Ich bestand meine Prüfungen mit Bravour und wurde an der Universität angenommen, um Chemie zu studieren. Mit einer *Bocskai*-Jacke der ungarischen Adligen, die mit der traditionellen geflochtenen Borte ausgestattet war, zogen wir jubelnd durch die Straßen der Stadt.

Wir sangen *Gaudeamus Igitur*, das Abschiedslied der Schulabgänger. Ich verabschiedete mich von Orosháza und war froh die Stadt zu verlassen. Ich freute mich auf ein eigenständiges Leben ohne die Aufsicht meiner Eltern. Ich war aktives Mitglied einer großen zionistischen Gemeinschaft und meine Zukunft zeichnete sich in hellen Farben vor meinem geistigen Auge ab. Angesteckt von der Aufbruchsstimmung der jungen und lebendigen *Sómér*-Bewegung wollte ich studieren und dann nach Israel gehen.

ALS SELBST DIE DICHTER SCHWIEGEN

4
Universität

NICHT GANZ ZWEI Jahre nach dem Krieg hatte sich die Lage in Budapest noch lange nicht normalisiert. Viele der beschädigten Häuser waren noch nicht wieder aufgebaut worden und die Menschen nutzten jede Ecke für Unterkünfte. Auch Gebäude, die vollkommen verfallen waren, wurden genutzt. Es fehlte an Heizmaterial und in vielen Häusern waren Ausstattungen wie Zentralheizung oder Aufzug nur blasse Erinnerungen an einen Luxus, der in weite Ferne gerückt war.

Nach dem wirtschaftlichen Schock des Krieges litt Ungarn unter der schlimmsten Hyperinflation seiner Geschichte. Die Regierung versuchte vergeblich, die Inflation zu stoppen, indem sie den *Adópengő* einführte. Das Vertrauen in die Währung wurde durch die Garantie gestärkt, dass die Banknoten für die Zahlung von Steuern akzeptiert würden. Aber auch der *Adópengő* verlor an Wert. Auf dem Höhepunkt der Hyperinflation im Frühjahr und Sommer 1946, also kurz vor meiner Ankunft in Budapest, wurde fast täglich eine weitere Null zum *Pengő* hinzuaddiert, der entsprechend wertlos wurde. Am Ende wurden Banknoten mit einem Nennwert von 100.000.000.000.000.000.000 *Pengő* ausgegeben. Die Leute hatten da aber bereits angefangen, sich mehr an der Farbe der Banknoten zu orientieren als an ihrem Nennwert. Die meisten Leute, darunter auch mein Vater, erhielten täglich ihren Lohn. Wenn er zu Hause ankam, ging meine Mutter sofort zum Markt und gab sein gesamtes Gehalt für alles aus, was sie bekommen konnte. Ein positiver Nebeneffekt dieser Hyperinflation war allerdings, dass mein Vater seine Hypothek mit Kleingeld abbezahlen konnte.

In Orosháza wurde das Hühnerei zur Naturalwährung für die Alltagsgeschäfte. Jeder hatte Vertrauen in den Wert, auch wenn das Ei verdorben war. Schließlich wollte es niemand essen. Als ich ins Kino oder ins Schwimmbad ging, musste ich ein Ei mitnehmen und in einen Korb an der Abendkasse legen.

Trotzdem konnten Eier immer noch auf dem Markt gegen Geld gekauft werden. Weiß der Himmel, warum die Bauern sie gegen nutzloses Papiergeld eintauschten. Vielleicht waren sie beeindruckt von der großen Anzahl von Nullen oder sie verstanden es nicht. Oder es kümmerte sie nicht. Vielleicht konnten sie auch einfach die in vielen Generationen gelernten Gewohnheiten nicht aufgeben. Die Hyperinflation endete am 1. August 1946 mit der Einführung des ungarischen *Forint* mit einem Wechselkurs von 400.000.000.000.000.000.000.000.000.000 *Pengő* für einen *Forint*. Die Hyperinflation wurde durch die Einführung des Forint zwar gestoppt. Die neuen Banknoten wurden aber bald so knapp, dass keine andere Rationierung erforderlich war. Niemand konnte es sich leisten, mehr als das Nötigste zu kaufen. Häufig reichte es nicht einmal dafür.

Ich wurde an der Péter-Pázmány-Universität in Budapest angenommen, eine der angesehensten Hochschulen Ungarns. Sie war nach einem bedeutenden ungarischen Theologen der Gegenreformation benannt. Es war immer klar, dass ich ein naturwissenschaftliches Fach studieren würde: Mein Vater war Lehrer für Mathematik und Physik und mein Bruder István hatte genau die gleichen Fächer studiert. Ich experimentierte gern und konnte logisch denken. Das waren alles in allem gute Voraussetzungen, um Wissenschaftler zu werden. Im Vergleich zu Physik fand ich Chemie allerdings attraktiver. Es war moderner, behandelte praktische Fragen und eröffnete viele Möglichkeiten. Was sollte ich mit einem Physikstudium in Ungarn anfangen,

Universität

außer Lehrer zu werden? Chemie würde mir dagegen Arbeitsmöglichkeiten in der Industrie eröffnen. Ich war stolz darauf, endlich ein Student zu sein und ich hoffte auch, dass es für meine Eltern, die ihren ältesten Sohn verloren hatten, eine Art Wiedergutmachung sein würde.

In der Péter-Pázmány-Universität der späten 1940er Jahre bestand der Lehrplan für Chemie aus organischer, anorganischer, analytischer, kolloidaler und physikalischer Chemie. Ich mochte die physikalische Chemie am meisten und die analytische am wenigsten. Das letztgenannte Teilgebiet war in etwa so, als würde man ein Telefonbuch auswendig lernen. Außerdem gab es keine modernen Analyseinstrumente, so dass wir die meisten Untersuchungen mit den altmodischen Instrumenten manuell durchführen mussten.

Der Autor anlässlich des Abiturs in seiner Bocskai-Jacke

Die Péter-Pázmány-Universität befand sich im Zentrum von Budapest, am linken Ufer der Donau. Sie war nur einen kurzen Spaziergang von der Wohnung meiner Großtante entfernt, wo ich zwei Jahre zuvor von Istváns Tod erfahren hatte. Sie bestand aus mehreren großen Gebäuden, die allerdings alt und dringend renovierungsbedürftig waren. Was den Rest der Hauptstadt angeht, so hatten die erbittert geführten Häuserkämpfe eine der schönsten Städte Europas in weiten Teilen in Schutt und Asche gelegt. Die Häuser, die die Kämpfe überstanden hatten, waren von Einschusslöchern übersät. Budapests berühmtes Panorama war ruiniert. Das königliche Schloss auf dem Hügel lag in Trümmern und die sieben schönen Brücken über die Donau waren gesprengt worden. Hässliche behelfsmäßige Pontonbrücken bildeten stattdessen die Kulisse für die neugotische Pracht des Parlamentsgebäudes, das von Granateinschlägen gezeichnet war. Trotzdem war die Stadt sehr lebendig. Es fuhren Straßenbahnen und Busse, die Leute gingen ihren Geschäften nach und sogar die Oper war geöffnet. Die Stadt war erfüllt vom Geist des Wiederaufbaus und der Hoffnung.

Jedes Fakultätsgebäude an der Péter-Pázmány-Universität hatte ein eigenes Labor, einen Hörsaal und Räume für die Beschäftigten. Allerdings gab es nicht einmal getrennte Toiletten für Männer und Frauen und obendrein waren sie in einem schockierenden und unhygienischen Zustand. Die Universität nahm jedes Jahr 120 Erstsemester zum Chemiestudium an. Es war ein vierjähriges Studium, aber im Schnitt beendete nur etwa die Hälfte das Studium und erhielt einen Abschluss. Einer der Gründe für diese hohe Abbrecherquote war, dass es einfach zu wenig Laborarbeitsplätze für die Studenten in den späteren Semestern gab. Es gab auch nur sehr wenige Lehrbücher in ungarischer Sprache und keiner von uns beherrschte eine Fremdsprache. Aus diesem Grund mussten wir die Vorlesungen besuchen und Mitschriften anfertigen. Da wir dazu noch mindestens dreißig Stunden pro Woche im Labor verbrachten, um Experimente durch-

Universität

zuführen, Stoffe zu mischen und zu analysieren sowie deren Eigenschaften zu bestimmen und so weiter, blieb ziemlich wenig Zeit für Aktivitäten neben dem Studium.

Was die unzureichenden Studienbedingungen und die hohe Arbeitsbelastung aufwog, war die Tatsache, dass unsere Ausbildung vom Staat kostenlos bereitgestellt wurde. Mein Vater hätte mit seinem niedrigen Beamtengehalt nicht für meine Universitätsausbildung aufkommen können. Das galt erst recht für eine eigene Unterkunft in der großen Stadt. Glücklicherweise ergatterte ich einen mietfreien Platz in einem Studentenwohnheim, das von einer Wohltätigkeitsorganisation, dem American Jewish Joint Distribution Committee, betrieben wurde. Ich konnte mich daher glücklich schätzen, ein Dach über dem Kopf zu haben. Dies galt umso mehr, da der Winter 1946, als ich mein Studium begann, in Ungarn außergewöhnlich streng war.

Das Studentenwohnheim befand sich in einem schönen Teil der Stadt, nahe der malerischen Donau und in der Nähe der Universität. Die Unterkunft beinhaltete kein Frühstück und Abendessen, aber wir bekamen täglich ein einfaches, warmes Mittagessen. Dies war mehr als die meisten Studenten damals erhoffen konnten. Der Umzug vom landwirtschaftlich geprägten Orosháza in eine der größten Städte Europas bedeutete eine große Umstellung für mich. Bis dahin war ich von echtem Hunger verschont geblieben. Nicht einmal in den Kriegsjahren, als es weniger Auswahl an Lebensmitteln gab, hatten wir in Orosháza Hunger gelitten. Und selbst in den Ghettos und Arbeitslagern hatte ich das große Glück, nie wirklich hungern zu müssen. Jetzt war die Essensversorgung erstmals ein dringendes Problem. Wegen des warmen Mittagessens, das meine Mitbewohner und ich bekamen, gingen wir im Allgemeinen ohne Frühstück aus dem Haus und mussten daher nur irgendwie ein Abendessen organisieren. Dies machten wir auf unterschiedliche Art und Weise. Manchmal erhielt einer von zu Hause ein Paket und wir teilten das Essen unter uns auf. Das Problem war lediglich, dass nicht jeder von uns so glücklich war wie ich und Eltern hatte, die auf dem Land wohnten und regelmäßig Essen schicken konnten. Immerhin bekamen wir einmal im Monat vom dänischen Roten Kreuz ein Lebensmittelpaket mit Margarine und Kaffeebohnen. Einige Abende ernährten wir uns dann von in Margarine gebratenem Brot.

Die Zimmer im Studentenwohnheim befanden sich im vierten und fünften Stock eines großen sechsstöckigen Hauses. Insgesamt gab es etwa zwanzig Räume, in denen je nach Größe zwei oder drei Studenten schliefen. Im Badezimmer gab es kein heißes Wasser und weder Aufzug noch Heizung funktionierten. In diesem eiskalten Winter war jeder Raum mit einem Paraffin-Heizgerät und ausreichend Brennstoff ausgestattet, um jeden Tag zwei Stunden lang heizen zu können. Wegen der Kälte wagten wir nicht, die Fenster zu öffnen. So blieben die Abgase in den Zimmern, die genau wie unsere Kleider permanent nach Paraffin rochen.

Ich teilte mir ein Zimmer mit Jóska, einem Kunststudenten. Er war ein schüchterner Junge mit blonden Haaren, blauen Augen und einem Gesicht voller Pockennarben als Gruß aus der Kindheit. Wir kamen sehr gut miteinander aus und wir waren beide mit unseren Nachbarn befreundet, die ein großes Eckzimmer hatten. Dort wohnten Bandi, ein bodenständiger Ingenieurstudent, Pista, ein Mathematikstudent, und ein Junge mit dem Spitznamen Psycho, der – natürlich – Psychologie studierte. Als sein Studium voranschritt, machte Psycho mit uns verschiedene psychoanalytische Tests. So verteilte er beispielsweise Bilder von schrecklich aussehenden Männern und Frauen oder be-

Universität

deutungslose Muster aus schwarzen Flecken auf weißem Papier und erläuterte uns dann unsere psychologische Prägung. Wir hatten alle riesigen Spaß, auch wenn Psycho es immer sehr ernst nahm.

Wir waren ganz unterschiedliche Charaktere, aber abgesehen von unserer Armut hatten wir eines gemeinsam: die Liebe zur klassischen Musik. In Ungarn gab es bis 1957 keine Fernsehsendungen und wir hatten kein Geld, um ein Radio zu kaufen. Aber Psycho hatte ein aufziehbares Grammophon und wir besaßen zusammen zwei Schallplatten – Beethovens Fünfte Sinfonie und die Ballettmusik aus Gounods Oper *Faust*. Die Nadel des Grammophons war ziemlich abgenutzt, so dass die hohen Töne nicht mehr zu hören waren. Wir waren aber damit zufrieden wenigstens die unteren Tonregister hören zu können.

Wir hörten uns die Schallplatten fast jeden Abend an. Zuerst die eine, dann die andere, dann zurück zur ersten und so weiter, bis wir es satt hatten, das quietschende alte Grammophon aufzuziehen.

Man hätte meinen können, dass eine zerstörte Stadt mitten im klirrend kalten Winter 1946 kein Ort für Liebesgeschichten war. Wir waren aber Jugendliche, die weit weg von zu Hause in dem Bewusstsein lebten, einen Krieg heil überstanden zu haben, der uns vernichten wollte. Bandi, der Ingenieur, ging draußen einer geheimnisvollen Beschäftigung nach, die ihn abends bis spät in die Nacht beanspruchte. Wenn er Glück hatte, erwischte er die letzte Straßenbahn und war um Mitternacht wieder zurück. Er war verschwiegen und behielt sein Geheimnis mehrere Monate für sich. Irgendwann bekamen wir aber heraus, dass er tatsächlich verheiratet war. Seine Frau lebte noch bei ihren Eltern, die nichts von der Ehe wussten und niemals einer Heirat mit einem Studenten zugestimmt hätten. Bandi und seine Frau konnten es sich nicht leisten, zusammen zu leben. Wie so viele junge Paare mussten sie sich damit begnügen, sich in den Parks zu lieben und darauf zu warten, irgendwann eine eigene Wohnung beziehen zu können.

Pista, der Mathematiker, hatte eine Freundin, der eine nymphomanische Veranlagung nachgesagt wurde. Sie beanspruchte seine Zeit und Energie. Beide waren nicht so schüchtern wie Bandi und seine Frau und belegten für den Nachmittag regelmäßig eines der kleineren Zimmer im Studentenwohnheim. Pista wurde mit der Zeit immer dünner und flehte jeden um Eier an, die er dann roh aß – denn er glaubte fest daran, so seine sexuelle Potenz steigern zu können. Der Ärmste – er war so durcheinander wegen seiner Liebesbeziehung, dass er durch seine Prüfungen fiel und nie einen Abschluss machte.

Offiziell hätten die Mädchen auf einer Etage des Wohnheims und die Jungen auf einer anderen wohnen sollen, aber es gab keine Aufsicht und so konnten wir flexibel reagieren. So war es zum Beispiel üblich, dass man Freunde, die vielleicht die letzte Straßenbahn verpasst hatten, dort schlafen ließ, wo noch Platz war. Das führte dann häufiger dazu, dass sich ein Junge und ein Mädchen einen Raum teilten.

Auch wenn nichts passierte, war dies nach den Moralvorstellungen der damaligen Zeit verpönt. Wir waren allerdings nicht der Meinung, dass die alten sozialen Normen denen überlegen waren, die wir als Überlebende jetzt für unser Zusammenleben entwickelten. Einmal, als Jóska seine Eltern besuchte, fragte mich ein Mädchen, ob sie in seinem leeren Bett schlafen könne. Sie wurde aus unerfindlichen Gründen liebevoll, wenn auch etwas ordinär, „kleiner Postöpsel" genannt und hatte blonde Haare, eine flache

Universität

Brust und ein jungenhaftes Aussehen. Als sie sich ausgezogen hatte, stieg sie ohne weitere Erklärung in mein anstelle von Jóskas Bett. Unsere Affäre dauerte nicht lange. Sie probierte praktisch alle Jungen im Wohnheim aus, bis sie bei Psycho landete, der sich in sie verliebte. Dabei analysierte er die Beziehung immer wieder aufs Neue, bis er sich selbst überzeugt hatte, dass sie bewundernswert gut zueinander passten. Sie heirateten und konnten sich letztendlich ein eigenes Zimmer leisten.

In den beengten Verhältnissen war es nicht immer möglich, diskret zu sein. Eines Abends gelang es Jóska, eine der Mitbewohnerinnen dazu zu bringen, bei ihm im Bett zu schlafen. Sári war eine echte Schönheit mit langen, schwarzen Haaren. Sie lächelte oft und dann sah man ihre strahlend weißen Zähne. Jeder Junge, auch ich, hatte es auf sie abgesehen, aber trotz ihres koketten Verhaltens ließ sie uns alle abblitzen. Keiner von uns konnte verstehen, warum sie sich letztendlich für Jóska entschied. Schließlich hatte er einen ziemlich nichtssagenden Gesichtsausdruck und Pockennarben. Ich war nicht glücklich darüber, dass ich die beiden Turteltauben störte, aber als Jóskas Mitbewohner bekam ich zwangsläufig alles mit. Sári glaubte offensichtlich, dass sie Jóska rechtzeitig stoppen könne. Jóska hatte allerdings anderes im Sinn, auch weil er ihr nicht abnahm, dass sie noch Jungfrau war. So kam es, dass sie mich bis in die frühen Morgenstunden wachhielten mit ihrem Stöhnen, Seufzen, Flüstern und Hin- und Herwälzen.

Mein einziger Wunsch war, dass sie es hinter sich bringen und danach ruhig sein würden. Schließlich stand ich auf, nahm meinen Wecker und ging im Schlafanzug in Sáris Bett in ihrem Zimmer auf der Etage unter uns.

Kaum war ich eingeschlafen, wurde ich von Sári im Nachthemd wachgerüttelt. Aber ich weigerte mich, schon wieder das Bett zu verlassen. Sári bat daraufhin ihre Mitbewohnerin Zsuzsi, Platz für sie zu machen, aber auch Zsuzsi hatte Sáris Liebesabenteuer satt.

„*Ki mint veti ágyát, úgy alussza álmát!*", sagte sie: „Wie man sich bettet, so liegt man!" Und damit drehte sie sich um und schlief sofort wieder ein. Und Sári verließ den Raum und ging zurück zu Jóska.

Ich schlief noch ein paar Stunden und stand dann schuldbewusst auf. Ich fragte mich: „Ist sie noch Jungfrau? Und wenn nicht, war sie noch Jungfrau, als sie wieder in ihr Bett gehen wollte?" Ich fühlte mich persönlich verantwortlich, weil ich sie nachts zu Jóska zurückgeschickt hatte.

Der strenge Winter verschärfte unsere Situation. Die zwei Stunden, die wir den Paraffin-Heizer laufen lassen konnten, reichten kaum aus, um die Fenster vom Frost zu befreien oder uns richtig zu erwärmen. Wir beschlossen daher, den Brennstoff zu teilen und einen Raum für vier Stunden statt zwei Räume für jeweils zwei Stunden zu heizen. Und weil man den großen Eckraum in vier Stunden nicht hätte aufheizen können, zogen alle in das kleine Zimmer von Jóska und mir. Zu den Wärmesuchenden gehörten nicht nur Pista, Bandi und Psycho, sondern gelegentlich auch Bandis Frau Anni, die eine hochintelligente, aber sehr kurzsichtige junge Frau war. Inzwischen war es zu kalt geworden, um sich im Park zu lieben, und so verbrachte sie gelegentlich die Nacht bei Bandi. Wir waren großzügig und überließen dem Ehepaar ein eigenes Bett, während Jóska und ich uns ein Bettgestell ohne Matratze teilten. Die auf dem Boden liegende Matratze teilten sich wiederum Pista und Psycho. In dem winzigen Raum war für uns sechs gerade so viel Platz, dass wir in einer Reihe von einer Wand zur anderen wie in einer Ölsardinenbüchse lagen. Als es noch kälter wurde, blieb das Fenster dauerhaft geschlossen und der Ofen er-

Universität

zeugte doppelt so viele Abgase. Die Luft war zum Schneiden. Wir hatten alle trockene Kehlen und husteten ständig.

Schließlich stimmten wir ab und beschlossen, das Fenster jeden Morgen dreißig Minuten lang zu öffnen. Es war ein Balanceakt zwischen dem beißend kalten Wind und der frischen Luft, die wir brauchten.

Während Bandi bereits als verheirateter Mann in unserem Wohnheim lebte, sollte ich meine zukünftige Frau erst noch treffen. Es passierte bei einer von Studenten organisierten Feier zu Ehren des Heiligen Mikulás in diesem ersten Winter an der Universität. Wir alle kannten das Mikulás-Fest aus Kindertagen als eine Zeit voller Geschenke und Süßigkeiten. Jetzt war es für uns Studenten ein willkommener Anlass, um eine Party zu feiern. Jemand im Wohnheim kannte ein Mädchen, Márta, das professionell Geige spielte und überredete sie, für uns zu spielen. Márta war übergewichtig, unbeholfen und schielte. Sie war von ihrem Vater und einem Kindermädchen erzogen worden und hatte nicht gelernt, sich als Frau in einer Gruppe Gleichaltriger zu bewegen. Márta hatte aber ihre beste Freundin Vera mitgebracht. Vera war etwas älter als ich, attraktiv, fröhlich, lebhaft und sie lächelte viel. Die Anziehungskraft war offensichtlich wechselseitig, denn ich musste nicht viel Überzeugungsarbeit leisten, damit Vera meine Freundin wurde. Es war für uns beide Liebe auf den ersten Blick. Ich bat Vera, mich im Wohnheim zu besuchen. Einerseits damit ich sie den anderen vorstellen konnte, andererseits wollte ich sie bitten, meine Kleidung und meine Bettwäsche zu waschen. Sie war einverstanden. Aber als auch die anderen sie darum baten, kam sie nicht mehr.

Langsam besserte sich das Wetter wieder. Nachdem wir einen Winter im Studentenwohnheim überlebt hatten, hatten die meisten von uns genug und wollten keinen weiteren mehr mitmachen. Bandi beendete sein Studium, erhielt sein Diplom und wurde zusammen mit seiner Frau Anni ein Mitglied der vornehmen Gesellschaft, nachdem die Eltern nachträglich ihre Zustimmung zur Ehe erteilt hatten. Pista verließ die Universität und nahm einen Job in einer Fabrik an, die weit weg von Budapest lag. Er dachte, er könne so seiner nymphomanischen Freundin entkommen. Sie folgte ihm aber zu seinem neuen Wohnsitz und überredete ihn, im Garten Geflügel zu halten, um immer frische Eier vorrätig zu haben.

Jóska wollte nicht so enden wie die hungernden Maler von Paris und gab sein Kunststudium auf. Stattdessen ging er als Stipendiat nach Ägypten, um Arabisch zu studieren, schließlich war es dort sehr viel wärmer.

Meine Freundin Vera Faragó war in Budapest geboren und aufgewachsen, nachdem ihre Eltern vom Land in die Hauptstadt gezogen waren. Die Familiengeschichte war typisch für viele Millionen Ungarn, die zwischen den Kriegen in Not gerieten. Veras Vater war im Ersten Weltkrieg verwundet worden. Als gerade einmal Siebzehnjähriger konnte er seitdem seine rechte Hand und sein rechtes Bein nur noch eingeschränkt bewegen und musste sich in schlecht bezahlten Jobs verdingen. Die Familie Faragó war von Hause aus arm: Vera, ihre Eltern und ihr jüngerer Bruder Bertalan lebten in einer Wohnung, die aus einem einzigen Raum und einer Küche bestand. Das WC befand sich an der hinteren Haustreppe und musste mit anderen Mietparteien geteilt werden. Es gab kein Badezimmer und sie mussten Wasser auf dem Herd erwärmen, um zu baden – zuerst die Kinder, dann die Eltern, alle im gleichen Wasser. Der einzige Laden, der ihnen Kredit einräumte, war eine Milchhandlung. Milch und Butter wurden daher zu ihren Grundnahrungsmitteln. Das Abendessen bestand aus Brot

Universität

und Butter, gefolgt von Wassermelone im Sommer sowie Toast und Tee im Winter. Vera ging zur Schule mit den einzigen Klamotten, die sie hatte. Sie mussten daher regelmäßig gewaschen und gebügelt werden. Sie hatte auch nur ein Paar Schuhe. Nach der Grundschule besuchte sie eine Berufsschule, wo sie ihren Abschluss machte, während sie den Judenstern trug.

Die Faragós hatten das Glück, dass sie regelmäßig einmal im Monat ein Lebensmittelpaket aus dem Save the Children Fund erhielten, das an Vera adressiert war. Geschickt wurde es von einer Miss Joyce Horstman, die in der englischen Stadt Bath lebte. Das Paket enthielt nur das Nötigste wie Mehl, Zucker und Reis, es sicherte aber das Überleben der Familie. Trotz ihrer finanziellen Not waren die Faragós eine glückliche Familie. An den Wochenenden machten sie einen Ausflug in die Budaer Berge außerhalb der Stadt. Dabei gingen sie den ganzen Weg zu Fuß, um die geringfügigen Kosten für die Straßenbahn zu sparen. So entwickelte Vera eine Liebe zum Wandern.

Vera und ich hatten lange Gespräche, in denen wir unsere Erfahrungen aus dem Krieg austauschten. Zu Beginn des Jahres 1945 war Vera zusammen mit einigen anderen jüdischen Mädchen in ein Arbeitslager beordert worden. Eines Tages ging es dann in einem Marsch zu einer Ziegelei. Ihr einziges Paar Schuhe wurde dabei mit einer Schnur zusammengehalten, um zu verhindern, dass sich die Sohlen lösen. Ihre Mutter gab ihr eine Umhängetasche mit, in der sich lediglich ein Stück Speck und eine rohe Zuckerrübe befand, die sie vorher am Straßenrand gefunden hatte. Sie durften keine Pause machen, nicht einmal wenn sie ein dringendes Bedürfnis verspürten. Als es dämmerte, ließ sie sich zurückfallen und tat so, als würde sie ihre Schnürsenkel binden. So gelang ihr gemeinsam mit einem anderen Mädchen die Flucht. Als sie zu Hause ankam, schlief sie sofort ein. Am nächsten Morgen wurde sie von einer Gruppe von Männern geweckt. Es handelte sich um Anhänger der gewalttätigen antisemitischen Pfeilkreuzlerpartei, die jüdische Männer zusammentrieben, die noch nicht zu den Arbeitskommandos gerufen worden waren. Die Männer, die wegen Veras Vater kamen, waren mit nicht einmal zwanzig Jahren noch Jugendliche und trugen grüne Hemden und Maschinenpistolen. Veras Vater hatte gerade noch genug Zeit, um die von Vera abgelegte Umhängetasche mitzunehmen. Er musste Richtung Westen marschieren und schaffte es, seiner Frau eine Postkarte mit der einfachen Nachricht „Kümmere Dich um die Kinder" zu schicken. Sie hörten nie wieder etwas von ihm. Auf Grund seiner Behinderung, die er während seines Dienstes am ungarischen Vaterland erlitten hatte, noch bevor seine Häscher überhaupt geboren waren, konnte er nicht schnell genug gehen. Vermutlich wurde er deswegen erschossen. Er war zu diesem Zeitpunkt achtundvierzig Jahre alt.

Nachdem ihr Vater weggebracht worden war, musste sich Vera mit ihrer Mutter und Bertalan verstecken. Der Hausmeister ihres früheren Wohnblocks, der kein Jude war, bot ihnen in seinem Haus Zuflucht, bis Veras Mutter falsche Papiere beschafft hatte und die drei in eine leere Wohnung zogen. Sie gaben vor, in einer anderen Stadt gewohnt zu haben, wo ihr Zuhause durch Bombenangriffe der Alliierten zerstört wurde.

Sie schafften es, bis zum Ende des Krieges dort zu bleiben und nicht als Juden erkannt zu werden. Erst später wurde ihnen klar, wie viel Glück sie hatten, dass sie die letzten Kriegsmonate im von der Pfeilkreuzlerpartei regierten Budapest überlebten, deren Beitrag zu den Kriegsanstrengungen der Nazis darin bestand, alle Juden zu töten, die sie finden konnten. Insgesamt waren es etwa 15.000 Menschen.

Universität

Sie machten sich nicht einmal die Mühe, ihre Opfer zu begraben und ließen viele Leichen einfach von der Donau davontragen. Das Ufer dieses majestätischen Flusses soll nach der Hinrichtung der Juden rot gefärbt gewesen sein. Die verlorenen Schuhe säumen noch immer die Promenade. Sie wurden zum Gedenken an die Ereignisse aus Metall gegossen. Einige sind groß, andere wiederum so klein, als hätte ein Kind sie getragen. Besucher des Mahnmals legen regelmäßig Blumen ab.

Aber auch nachdem die Nazis und die Pfeilkreuzler besiegt waren, verbesserte sich die Lage kaum. Die Rote Armee der Sowjets begann damit Budapest zu plündern, tausende Männer nach Russland zu deportieren und Frauen zu vergewaltigen. Immer wenn russische Soldaten ihr Haus betraten, musste sich Vera auf den Boden legen. Veras Mutter legte dann eine Decke über sie und setzte sich auf sie wie auf eine Kiste. Ihr Bruder Bertalan wurde von den Sowjets festgenommen und entkam nur deshalb aus einem Kriegsgefangenenlager, weil er noch jünger aussah als sechzehn Jahre. Dann folgte die Nahrungsmittelkrise. Wie die meisten Einwohner von Budapest suchte auch Veras Mutter einige Wertgegenstände zusammen und fuhr mit dem Zug aufs Land, um sie gegen Essen einzutauschen. Während ihrer Abwesenheit unterstützten Vera und Bertalan ein älteres Ehepaar im Haushalt im Austausch für Lebensmittelrationen. Als sich das Leben nach Kriegsende wieder normalisierte, bot die ehemalige Firma ihres Vaters Vera einen Job als Sekretärin an. Sie nahm das Jobangebot gerne an. Später erhielt Vera von der ungarischen Regierung eine geringfügige Entschädigung für ihre Verfolgung und eine lächerlich kleine Summe für die Ermordung ihres Vaters. Sie spendete das Geld für wohltätige Zwecke.

Als ich Vera beim Fest des Heiligen Mikulás traf, arbeitete sie immer noch als Sekretärin und lebte mit ihrer verwitweten Mutter und Bertalan zusammen. Wir verbrachten immer mehr Zeit miteinander, wobei wir uns meistens in ihrer Wohnung trafen.

Spät abends verließ ich Veras Wohnung, um die letzte Straßenbahn zum Studentenwohnheim zu erreichen. Dabei erhielt der Nachtportier, der mir die Tür öffnen musste, immer ein bisschen Trinkgeld. Gelegentlich blieb ich, wenn ich ehrlich bin, absichtlich etwas zu lange und musste die Nacht bei Vera verbringen. Ihre Mutter wachte allerdings wie ein Falke über Vera und so musste ich getrennt von Vera im Wohnzimmer schlafen.

Schon bald verlobten wir uns und ich kaufte zwei goldene Ringe auf dem Schwarzmarkt. Es gab keine Verlobungsfeier, denn wir betrachteten die Verlobung als unsere Privatsache. Später nahm ich Vera mit nach Orosháza, um sie meinen Eltern vorzustellen. Sie stimmten unserer späteren Hochzeit unter der Bedingung zu, dass wir bis zur Beendigung des Studiums warteten. Sie hätten mich besser kennen sollen. Ich blieb insgesamt achtzehn Monate im Studentenwohnheim und heiratete dann im reifen Alter von 20 Jahren mitten im zweiten Studienjahr. Ich ignorierte somit die Bedingung meiner Eltern. Aber mit 20 Jahren war ich alt genug, so dass ich nach dem Gesetz die Zustimmung meiner Eltern nicht mehr benötigte. Auch einige von Veras Verwandten hatten Vorbehalte wegen meines Alters und der Perspektivlosigkeit. Sie sagten voraus, dass sie irgendwann höchst unglücklich sein würde und ihre Entscheidung, mich zu heiraten, bitter bereuen würde. Zum Glück haben wir sie eines Besseren belehrt.

Aber die Sorge meiner Eltern war nicht unberechtigt. Heiraten hätte leicht zu einem Kind führen können. Und ein Kind während des Studiums hätte wahrscheinlich dazu geführt, dass ich mein Studium hätte aufgeben müssen, um einen schlecht bezahlten Job zu finden. Zum damali-

Universität

gen Zeitpunkt gab es in Ungarn keine zuverlässigen Verhütungsmittel, die einzige Ausnahme waren Kondome. Allerdings konnte man Kondome fast nirgendwo kaufen, wahrscheinlich weil die Partei die Familien ermutigen wollte, mehr Kinder zu haben und Kondome aus den Läden verbannte. Tatsächlich war ich einmal in einer Apotheke, als ein junger Mann hereinkam, der dem Verkäufer völlig verschämt einen Brief seiner Universität vorlegte.

„Ich bin Chemiker", sagte er, „und führe Experimente zur Osmose durch, für die ich eine semipermeable Membran brauche. Das ideale Material wäre ein Kondom." Trotz der im Brief formulierten Garantie, dass das Kondom für nichts anderes als für die wissenschaftliche Forschung verwendet würde, wurde ihm der Kauf verwehrt.

Für die Heirat benötigten Vera und ich unsere Geburtsurkunden und einen Nachweis, dass wir beide in Budapest lebten. Darüber hinaus mussten wir uns ärztlich untersuchen lassen, um zu beweisen, dass wir keine Infektionskrankheiten hatten. Nachdem diese Formalitäten erledigt waren, erhielten wir die offizielle Erlaubnis zu heiraten. An unserem großen Tag gingen wir zusammen mit unseren beiden Trauzeugen zum Standesamt. Der eine war ein Freund aus unserer Wandergruppe, ein Ingenieurstudent namens Laci. Die andere Trauzeugin war Márta, die Geigenspielerin, die uns maßgeblich zusammengebracht hatte. Wir wurden im Rahmen einer standesamtlichen Trauung von einer Standesbeamtin verheiratet. Dies war damals in Ungarn die einzige Art und Weise, wie man eine gültige Ehe eingehen konnte. Beim Verlassen des Zimmers gratulierte der Saaldiener zuerst mir und dann Márta, wahrscheinlich weil sie das teurer aussehende Kleid anhatte.

Wie es für Juden im säkularen Ungarn üblich war, folgte der standesamtlichen Trauung eine religiöse Zeremonie in der örtlichen Synagoge, die nur wenige Gehminuten von unserer Wohnung entfernt lag. Zu diesem Zeitpunkt beachtete ich selbst die rudimentärsten jüdischen Bräuche kaum noch. Ich persönlich war daher nicht an einer jüdischen Zeremonie interessiert, aber ich stimmte auf Drängen von Veras Mutter zu. Um meiner jugendlichen Geringschätzung für Autoritäten und Gebräuche Ausdruck zu verleihen, weigerte ich mich zuerst, eine Krawatte zu tragen. Erst im letzten Moment zog ich mir eine an. Meine Frau trug ein rosafarbenes Kleid, das vom Schneider Toma *Bácsi* und seiner Frau, unseren alten Nachbarn in Orosháza, angefertigt wurde. Vera hielt einen Strauß Nelken in der Hand und sah wunderschön aus, aber wie ich mich kenne, habe ich ihr das wahrscheinlich nicht gesagt. Meine Mutter weinte so laut, dass ein Freund der Familie, ein Arzt, sie nach draußen führen musste.

Am Ende der Messe zertrat ich, wie es die Tradition verlangte, ein Glas. Es folgte ein kleiner Empfang in der Wohnung meiner Schwiegermutter. Sie selbst hatte ein paar *Pogácsa* gebacken, kleine salzige Gebäckstücke. Es gab keinen Wein für die Gäste, geschweige denn Champagner, aber ich hatte einen Kaffee- und einen Vanillelikör aus Ethylalkohol, starkem schwarzen Kaffee, Vanillepudding und Zucker zusammengemischt. Den Ethylalkohol, den man sonst nicht bekommen konnte, hatte ich organisiert, indem ich ärztliche Verschreibungen fälschte. Dabei erfand ich immer wieder Titel, eignete mir den richtigen Schreibstil an und legte die Rezepte immer in unterschiedlichen Apotheken vor. Nach einigen Wochen Reifezeit waren die Liköre trinkbar.

Wir bekamen zwei Hochzeitsgeschenke. Das erste war eine beträchtliche Geldsumme von einem reichen Cousin meiner Frau. Der Umschlag mit dem Geld wurde allerdings ohne unser Wissen direkt an meine Schwiegermutter übergeben, die mit dem Geld einen Gedenkstein für ihre Eltern

Universität

und Veras verstorbenen Vater errichtete. Das andere Geldgeschenk kam von einem Freund der Familie. Wir finanzierten damit unsere zweitägige Hochzeitsreise, die uns am Tag nach der Hochzeit zu einem kleinen Gästehaus außerhalb von Budapest führte. Wir schliefen in unserer ersten Nacht als Mann und Frau getrennt, um meinen Schwager Bertalan, der auch in der Wohnung schlief, nicht zu stören. Er und Veras Mutter machten sich am nächsten Morgen früh auf den Weg und gaben uns so diskret etwas gemeinsame Zeit, bevor wir den Bus nehmen mussten. Es hieß, dass meine Schwiegermutter bei ihrer Rückkehr den Nachbarn stolz das blutbefleckte Laken aus unserem Bett zeigte. Unser Zimmer im Gästehaus roch nach Desinfektionsmittel und das Bett hing so durch, dass wir fast den Boden berührten, als wir uns hinlegten. Letztendlich legten wir die Matratze auf den Boden. Als wir die Vorhänge zuzogen, fielen sie herunter. Wir hatten kein Bad und fanden einen Nachttopf unter unserem Bett. Wir waren jung und schüchtern und nahmen abends unser Eieromelette in unserem Zimmer zu uns, um die anderen Gäste nicht zu treffen. Aber trotz der einfachen Behausung genossen wir unsere romantische Hochzeitsreise und zogen nach unserer Rückkehr in dieselbe enge Zweizimmerwohnung in der Kresz Géza *Utca*, in der Veras Mutter und ihr Bruder lebten.

Bald darauf zog Bertalan aus und heiratete ein jüdisches Mädchen, das wie Vera ihren Vater während des Krieges verloren hatte.

Wir wohnten im ersten Stock eines vierstöckigen Hauses. Aus den Fenstern konnte man in einen schattigen Innenhof und auf den Gang vor der Wohnung blicken. Es war so düster, dass wir den ganzen Tag das Licht anlassen mussten. Wir hatten nur in einem Raum einen Ofen, der mühsam mit Kohle aus dem Keller geheizt werden musste. Auf das heiße Wasser im Badezimmer war kein Verlass. Deshalb erhitzten wir Wasser in der Küche und wuschen uns dort in einem Becken. Die Wohnung bot wenig Komfort und keine Privatsphäre. In unseren ersten zwei Ehejahren schliefen wir auf einem Sofa, das wir nachts zu einem Einzelbett umbauten. Meine Schwiegermutter, die in dem kleineren der beiden Zimmer schlief, musste jedes Mal durch unser Zimmer gehen, wenn sie das Badezimmer benutzen wollte.

„Könnten Sie nicht wenigstens vorher an die Tür klopfen, wenn Sie durch unser Zimmer wollen?", fragte ich sie einmal.

„Warum sollte ich klopfen?", gab sie zurück. „Das ist doch wohl meine Wohnung, oder nicht?" Sie hatte natürlich recht, aber es war unserer Beziehung nicht gerade förderlich. Egal welche Lösungen wir im alltäglichen Zusammenleben auch immer fanden, ich blieb der arme Student, der sich mit seiner Frau und deren Mutter eine winzige Wohnung in einer Stadt teilte, die schwer gezeichnet war vom Krieg und der wirtschaftlichen Krise.

Vera trat eine Stelle im Ministerium der chemischen Industrie an. Jeden Monat übergab sie ihr Gehalt ihrer Mutter, die in finanzieller Hinsicht das Familienoberhaupt war. Die Miete war vernachlässigbar gering, aber das Essen war sehr teuer und es war nicht einmal leicht, jeden Tag ein Abendessen zu besorgen. Ich aß weiter in der Kantine des Studentenwohnheims, auch sonntags. Wenigstens war das Essen dort besser als das meiner Schwiegermutter, bei der es meistens Nudeln mit Zwiebelsauce gab oder als Fleischersatz Kartoffelpuffer aus geriebenen Kartoffeln und Ei, die in Schmalz gebraten wurden.

Wir waren mit unserem Zuhause nicht zufrieden, aber es schien keine Hoffnung auf eine bessere Unterkunft zu ge-

Universität

ben, bis es eines Tages an unserer Tür klopfte. Eine unserer Nachbarinnen war eine alte Frau, die in einer Zweizimmerwohnung auf der anderen Seite des Ganges lebte und ein Zimmer an eine Frau untervermietete. Ihre Wohnung lag zur Straßenseite, was bedeutete, dass sie viel heller war als unsere. Die Untermieterin hatte eine erbitterte Auseinandersetzung mit der alten Frau gehabt und hatte beschlossen auszuziehen. Sie erklärte uns, dass wir der „alten Hexe" nicht einmal Miete zahlen müssten, da sie laut Gesetz nur ein Zimmer haben dürfe. Vera und ich bewarben uns umgehend beim Gemeinderat und erhielten den Zuschlag, auch weil noch kein anderer Bewerber um den freien Raum wusste. Auch „die alte Hexe" stimmte zu und wir entwickelten eine freundschaftliche Beziehung zu ihr.

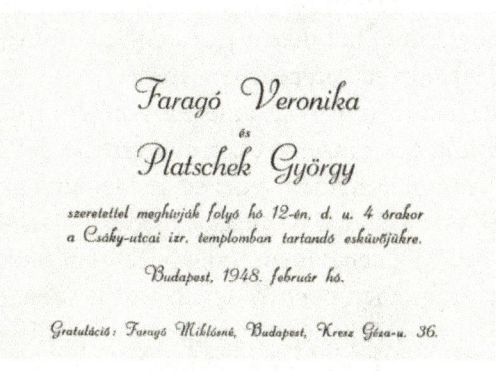
Einladungskarte zur Hochzeit

Trotz der dürftigen Möblierung, die wir mitbringen konnten, fühlten wir uns wie im Himmel. Erst jetzt, als die Sonnenstrahlen den Raum erleuchteten, wurde uns klar, wie ungesund die andere Wohnung gewesen war. Ihr unangenehmer, muffiger Geruch war so allgegenwärtig gewesen, dass wir uns immer mehr daran gewöhnt hatten.

ALS SELBST DIE DICHTER SCHWIEGEN

Hier dagegen roch alles frisch. Es war fast so, als würden wir in einem Blumengarten leben.

Nach der Inszenierung eines demokratischen Putsches im Zuge der Wahlen von 1949 entledigte sich die kommunistische „Partei der Ungarischen Werktätigen" rasch der verbliebenen Opposition. Der rücksichtslose Generalsekretär Rákosi errichtete bald eine auf ihn zugeschnittene Diktatur im Land nach dem Vorbild seines sowjetischen Mentors Stalin. Rákosi war ein kleiner, glatzköpfiger Mann. Er war ein Atheist, der seine jüdische Herkunft verleugnete und die Kriegsjahre in der Sowjetunion verbracht hatte.

Die Kommunistische Partei begann nun sich von den Mitgliedern zu befreien, die nicht das richtige ideologische Profil hatten oder aus der falschen sozialen Klasse kamen oder die keine aktiven Mitglieder waren. Sie organisierten Zusammenkünfte, bei denen jedes einzelne Mitglied einzeln und ausführlich besprochen wurde.

Die Parteiführung trug eine Zusammenfassung ihrer Einschätzung des Einzelnen vor und erteilte das Wort für eine Diskussion. Nachdem jeder seine Meinung gesagt hatte, wurde offen über das Schicksal jedes Einzelnen abgestimmt. Im Falle der Zustimmung blieb man in der Partei. Bei nicht so gravierenden Zweifeln wurde man zu einem geringerwertigen Mitglied degradiert. Die restlichen Leute wurden aus der Partei ausgeschlossen. Sie mussten ihre Mitgliedsausweise abgeben und die Versammlung sofort verlassen. Als ich an der Reihe war, brachte Péter Gyenes, einer der älteren Studenten und überzeugter Kommunist, meine zionistische Vergangenheit zur Sprache, obwohl dies der Partei bekannt war, als sie mich rekrutierte. Inzwischen wurde allerdings jede Form des Zionismus als unvereinbar mit dem Kommunismus angesehen und so wurde ich ausgeschlossen. Ich war damals nicht gerade glücklich über

Universität

den Ausschluss. Ich war zwar kein fahnenschwenkender Kommunist, aber ich wollte auch nicht als kleinbürgerlicher Spießer gebrandmarkt werden. Wie sich herausstellte, war der Parteiausschluss aber das Beste, was mir passieren konnte. Denn es gab keine andere Möglichkeit, die Partei zu verlassen: Man konnte nicht einfach entscheiden, dass man genug hatte und austreten wollte. Ein Austritt war keine Option.

Der Autor und seine Frau Vera nach der Hochzeit

Nach der Ausrufung der Ungarischen Volksrepublik im August 1949 veränderte sich die ökonomische Lage im Land dramatisch. Bei der Nationalflagge wurde das Kossuth-Wappen durch ein Wappen ausgetauscht, das Weizenähren und einen Hammer unter einem leuchtenden roten Stern des Kommunismus zeigte. Fabriken mit mehr als einhundert Arbeitern wurden verstaatlicht. Eines Morgens gingen Repräsentanten der von den Kommunisten kontrollierten Gewerkschaften gleichzeitig und ohne Vorankündigung in die Büros der Betriebsleiter oder Eigentümer und befahlen ihnen, die Fabrik oder das Unternehmen zu verlassen. Sie durften nichts weiter als ihren Mantel mitnehmen. Gebäude mit mehr als sechs Räumen wurden ohne Entschädigung beschlagnahmt. (Unser Haus in Orosháza hatte nur vier Räume, daher waren wir nicht betroffen.)

In einer zweiten Welle der Verstaatlichung wurden auch kleine Betriebe mit mehr als sechs Arbeitern verstaatlicht. Der Rest, bis hin zum Tante-Emma-Laden um die Ecke, wurde mit Hilfe vielfältiger restriktiver Maßnahmen unter Druck gesetzt, einer Genossenschaft beizutreten. Am Ende waren nur noch einfache Schuster in Kellergeschossen in der Lage, sich der staatlichen Kontrolle zu entziehen. Das unausweichliche Ergebnis waren unmotivierte Angestellte, die sich nicht um ihre Arbeit oder ihre Kunden kümmerten und politisch hochmotivierte Manager mit minimaler Qualifikation und einem sicheren Job fürs Leben, die nicht wussten oder denen es egal war, wie man ein Unternehmen effizient führt. Neue Ministerien wurden ins Leben gerufen, die für die Leitung von wichtigen Industrien wie Bergbau, Stahl, Chemie usw. verantwortlich waren. Die Manager mussten den politischen Vorgaben der zentralen Planung der Regierung gerecht werden, deren technokratischen Ziele den ideologischen Vorstellungen der Parteiführung entsprangen. Im Tagesgeschäft waren sie allerdings gezwungen, sich auf ihre Facharbeiter zu verlassen. Zwischen beiden Seiten herrschte großes Misstrauen und so litt die Wirtschaft des Landes. Nur wenige Kapitalisten erkannten die Zeichen der Zeit und hatten den Mut und die finanziellen Mittel, um in den Westen zu fliehen.

Diese großen politischen Veränderungen fanden ungefähr ein Jahr nach unserer Hochzeit statt. Bald begannen sie, jeden Aspekt unseres Lebens zu beeinflussen. Gegen Ende meines Studiums an der Péter-Pázmány-Universität (die Kommunisten hatten inzwischen den Namen des Theologen Pázmány durch den von Loránd Eötvös ersetzt, dem Erfinder eines Instruments zur Messung der Dichte von Gesteinsschichten) mussten wir uns einer Indoktrination in marxistischer Theorie unterziehen. Wir gingen das Buch *Die Geschichte der KPdSU* durch, das angeblich von Stalin selbst geschrieben worden war. Weitere Titel waren unter anderem *Anti-Dühring*, eine polemische Verteidigung von Karl Marx durch Friedrich Engels. Ich interessierte mich jetzt mehr für Marx Idee der Internationale als für den ungarischen Patriotismus, der mich als Kind berührt hatte. Ich hielt die marxistische Theorie für gut und sogar für erstrebenswert.

Die zionistische Sómér-Bewegung, der ich beigetreten war, vertrat schließlich ebenfalls ausdrücklich kommunistische Ideen. Ich blieb also ein Sympathisant der ungarischen Kommunistischen Partei, war aber kein Aktivist mehr. In der Praxis bedeutete dies für mich die Teilnahme an einigen „spontanen" (das heißt sorgfältig geplanten) Demonstrationen wie das Fahnenschwenken am 1. Mai, aber das war dann auch alles. Mit der Zeit wurde ich im Hinblick auf die Partei und insbesondere deren Führungskader immer desillusionierter. Die Parteifunktionäre waren die neue Elite – tatsächlich bildeten sie eine neue herrschende Klasse wie die, die sie angeblich beseitigt hatten. Politisch willfährige Arbeiter oder Bauern erhielten Führungspositionen, ohne dass auf ihre Fähigkeiten geachtet wurde – eine Personalpolitik, die unausweichlich nachteilig war für Ungarn als Ganzes. Als die Partei begann, mit Einschüchterungen ihre fehlende Legitimität zu kompensieren, löste das Verschwinden von Menschen einen Zustand permanenter Angst in der Bevölkerung aus. Charakteristisch war der populäre Spruch der damaligen Zeit: Man war froh, wenn es nur der Milchmann war, der frühmorgens an der Tür klingelte. Menschen konnten aus den banalsten Gründen verschwinden. Dies verdeutlicht ein Beispiel: Wenn ich nicht an der Universität war, verbrachte ich die meiste Zeit in der nahegelegenen Stadtbibliothek, die beheizt und ruhig war und die schönsten Fresken hatte. Eines Tages sah ich, wie ein alter Mann in einem abgenutzten Anzug und einer roten Fliege, nachdem er sich verlegen umgesehen hatte, einige Seiten aus einem Bibliotheksbuch riss. Als ich ihn zur Rede stellte antwortete er:

„Bitte, sehen Sie sich den Namen des Autors an. Ich habe das Buch geschrieben", erklärte er und zeigte mir seinen Ausweis.

„Warum beschädigen Sie es dann?", fragte ich ihn.

„Ich weiß nicht, ob Sie das verstehen", zögerte er. „Sehen Sie, es geht um Politik und in manchen Punkten habe ich meine Meinung geändert. Wenn jemand herausfindet, was ich einmal gesagt habe, könnte ich womöglich strafrechtlich verfolgt werden."

„Warum schreiben Sie dann keine Korrektur?"

„Das würde alles nur noch schlimmer machen", sagte er, den Tränen nahe. „Ich würde nur die Aufmerksamkeit auf mich ziehen. Ich will nur in Ruhe gelassen werden."

Ich erfüllte ihm den Wunsch.

Vera und ich konnten unsere neue, sonnendurchflutete Wohnung in der Kresz Géza *Utca* nicht lange genießen, denn ich erhielt 1950 mein Diplom und musste mit der Arbeit beginnen. Im Kommunismus musste man sich nicht um eine Stelle bewerben, stattdessen verteilte eine zentrale Organisation die Arbeitnehmer auf die freien Stellen. Es war eine Entscheidung, auf die man keinen Einfluss nehmen konnte. Als diplomierter Chemiker wurde ich einer Ölraffinerie zugeteilt, die einige Stunden nordwestlich von Budapest am Ufer der Donau lag. Die Raffinerie in Almásfüzitő hatte einmal der Vacuum Oil Company gehört, einem Vorläufer der US-amerikanischen Ölgesellschaft Mobil. Inzwi-

Universität

schen war sie aber verstaatlicht. Ich wäre lieber in Budapest geblieben, konnte aber nicht die richtigen Fäden ziehen.

Ich hatte einen wichtigen Meilenstein erreicht und musste eine Entscheidung treffen: Sollte ich nach meinem Abschluss wie geplant nach Israel auswandern oder die Idee aufgeben und in Ungarn bleiben? Ich war hin- und hergerissen zwischen meinen verschiedenen Identitäten und Rollen – Ungar, Jude, Ehemann, Sohn, Wissenschaftler, Idealist. Ich hatte meinen Eltern versprochen, meine Ausbildung zu beenden, bevor ich auswandern würde. Aber in den vier Jahren, die ich an der Universität verbracht hatte, hatte sich mein Leben und auch meine Einstellung geändert. Meine Bindung zur zionistischen Bewegung und deren Ideologie waren schwächer geworden. Der Staat Israel war erst seit zwei Jahren unabhängig und steckte bereits in einem erbitterten Überlebenskrieg mit seinen arabischen Nachbarn. In mancherlei Hinsicht hielt ich die zionistische Politik für zu chauvinistisch. Darüber hinaus hatte sich die Zeit als großer Heiler erwiesen: Ungarn hatte unter kommunistischer Herrschaft den Antisemitismus unterdrückt und ich hatte mich an das Leben im Ungarn der Nachkriegszeit gewöhnt.

Die Sprache und die Sitten waren mir vertraut und Veras Familie wollte, dass ich bleibe. Das Universitätsdiplom ermöglichte mir den Eintritt in eine ziemlich privilegierte Klasse und ich hatte keine Lust mehr auf die harte Arbeit in einem *Kibuc* in Israel. Auch wenn ich kein unkritischer Patriot mehr war wie damals als Kind in Orosháza, war ich ziemlich sicher, dass die Judenverfolgung nicht wiederholt werden würde. Meine Zukunft lag in Ungarn. Ich dachte nicht darüber nach, woanders hinzugehen. Das lag nicht etwa daran, dass die Grenze nach Österreich mit Stacheldraht und Landminen geschützt und praktisch unpassierbar geworden war. Ich wusste einfach zu wenig über die weite Welt. Außerdem sprach ich nur wenig Deutsch und ich wollte auf keinen Fall in einem Land leben, in dem die Sprache der Nazis gesprochen wurde.

Die religiöse und kulturelle Tradition des Judentums war mir nicht mehr wichtig. Während ich vor dem Krieg die Fastenzeit beachtet und an religiösen Feiern wie dem *Pészah*-Fest teilgenommen hatte, war ich inzwischen kein Gläubiger mehr, sondern ein Atheist. Es war weniger meine wissenschaftliche Ausbildung als vielmehr meine Beschäftigung mit dem Kommunismus, die mich auf diesen Weg geführt hatte. Ich erkannte die Auswüchse der Religion, die unerklärliche Bestrafung von Unschuldigen und hielt die meisten religiösen Regeln für lächerlich, willkürlich und unvereinbar mit anderen Religionen. Außerdem war ich jetzt ein verheirateter Mann, der ziemlich optimistisch nach vorne blickte auf eine interessante Karriere in der Chemiebranche und der im Begriff war, eine Familie zu gründen. Ich kam zu dem Schluss, dass dies der richtige Zeitpunkt war mit der Vergangenheit zu brechen. Ich würde in Ungarn bleiben und hier ein neues Leben beginnen.

Nachdem ich mir meine Beweggründe bewusst gemacht und meine Entscheidung getroffen hatte, musste ich aktiv versuchen, mich zu integrieren. In einem ersten Schritt änderte ich meinen Familiennamen. Aus dem offensichtlich jüdischen Namen Platschek wurde der sehr ungarische Name Pogány. Lange Zeit war es unter jüdischen Ungarn üblich gewesen, den Namen ins Ungarische zu übersetzen: Aus Weisz wurde Fehér und aus Schwarz wurde Fekete. Für den Fall, dass der Name nicht übersetzt werden konnte, wählte man einen Namen mit dem gleichen Anfangsbuchstaben.

Aus Kohn wurde Kovács, aus Frankle wurde Faragó und so weiter. Pogány war kurz und bedeutete „Heide", was mir sehr zusagte. Der Name stand für einen Neubeginn als säkularer Ungar und eine Unterdrückung der jüdischen Iden-

Universität

tität, die für mich mit so viel Leid verbunden gewesen war. Dennoch war mir klar, dass die meisten Ungarn meine jüdischen Wurzeln instinktiv spüren würden, auch ohne Judenstern und jüdischen Familiennamen. Die Demütigung, die ich durch die Behandlung meines eigenen Landes erfahren hatte, hatte unwiderruflich dazu beigetragen, dass ich mich anders fühlte als der Rest der Bevölkerung. Ich hatte das Gefühl, dass ich mich niemals vollständig in die ungarische Gesellschaft integrieren könnte. Aber ich hoffte, dass eines Tages meine Kinder, wenn ich denn welche bekommen sollte, akzeptiert würden. Ich hatte mich bereits entschieden, dass ich ihnen von meinem Leben erzählen würde, ich würde sie aber nicht als Juden großziehen. Es waren keine einfachen Entscheidungen für mich. Vera und ich diskutierten die Fragen immer wieder miteinander. Am Ende kamen wir zu der Überzeugung, dass sich die Geschichte wohl nicht wiederholen würde, dass wir in Ungarn in Sicherheit leben könnten und dass der eingeschlagene Weg das Beste für uns sei. Ich absolvierte also meine letzte obligatorische Prüfung im Fach Politische Studien. Mein gepackter Koffer stand neben mir, denn ich wollte direkt nach der Prüfung zum Bahnhof, um mit dem Zug zur Arbeit in der Ölraffinerie zu fahren. Der Professor war ein guter Kommunist, aber ein schlechter Lehrer. Er war von meiner Leistung nicht sonderlich beeindruckt, aber er betrachtete meinen Koffer.

„Ich nehme an, die Wirtschaft braucht dich, Genosse", sagte er und trug „Bestanden" in mein Buch ein. Ich schickte meinen Eltern ein Telegramm, in dem ich ihnen von den guten Neuigkeiten berichtete und stieg in meinen Zug. Ich war György Pogány, der Ehemann von Vera und der zukünftige Leiter des Laboratoriums für Prozesskontrolle der Ölraffinerie von Almásfüzitő.

ALS SELBST DIE DICHTER SCHWIEGEN

5
Almásfüzitő

DAS ENDE MEINES Studiums und der Beginn meines Lebens als Chemiker in der Erdölbranche fiel zusammen mit großen sozialen Umwälzungen im Zuge der umfassenden Verstaatlichungen in Ungarn. Die Menschen begannen, sich als *Elvtárs* – „Genosse" anzusprechen. Die großen landwirtschaftlichen Betriebe wurden konfisziert und ihre Eigentümer vertrieben. Das Land wurde riesigen staatlichen Landwirtschaftsbetrieben übereignet. Die Kleinbauern mussten ihr Land sowie sämtliche Tiere und Maschinen nach dem Vorbild der russischen Kolchosen in große genossenschaftliche Betriebe einbringen. Die Bauern mussten in Teams arbeiten, vorgeschriebene Produktionsziele erreichen und erhielten ein Gehalt, das hauptsächlich in Naturalleistungen gezahlt wurde. Durch die Kollektivierung der ungarischen Landwirtschaft kam es erneut zu einer Nahrungsmittelknappheit. Ein Großteil der Produktion des Landes wurde in die Sowjetunion exportiert, die für Kriegsschäden „entschädigt" werden musste – schließlich hatte Ungarn an der Seite von Nazideutschland gekämpft. Und wir mussten für die Industrialisierung zahlen. „Wir müssen unsere Zukunft und die Zukunft unserer Kinder sichern", schrieb die staatliche Zeitung *Szabad Nép*. In der Zeitung stand jedoch nicht, dass wir uns noch mehr anstrengen mussten, um die enorme staatliche Ineffizienz zu kompensieren. Die Partei musste zugeben, dass es Engpässe gab. Sie machte jedoch nicht ihr System, sondern die „reaktionären Elemente" dafür verantwortlich, die angeblich Nahrungsmittel horteten. Wir alle wussten, wer diese reaktionären Elemente sein sollten – die *Kuláks*, wohlhabende Bauern. *Szabad Nép* veröffentlichte regelmäßig Fotos von einem Sack Mehl oder Kartoffeln, der von der Polizei angeblich in den Häusern dieser *Kuláks* bei Hausdurchsuchungen gefunden worden war. Unter dem Bild fand sich eine formelhafte Beschriftung: „Unsere aufmerksame und fleißige Polizei durchsuchte das Haus des *Kuláks* und fand in seiner Speisekammer versteckt einen Sack voll Kartoffeln."

In der Vernehmung gestand er sein Verbrechen, eine Nahrungsmittelknappheit herbeizuführen, um Unruhen zu provozieren.

Chemiediplom des Autors

Die Behörden verließen sich offensichtlich darauf, dass vielen Stadtbewohnern nicht bewusst war, dass Bauern seit unzähligen Generationen ihre eigenen Erzeugnisse lagerten und aßen. Bauern kauften keine Kartoffeln vom Gemüseladen: Sie lagerten sie in ihrer Vorratskammer. Die *Kuláks* wurden ordnungsgemäß inhaftiert und ihre Kartoffeln konfisziert, aber der Mangel an Nahrungsmitteln blieb natürlich bestehen. Für jeden, der unter dem Nationalsozialismus gelitten hatte, war es offensichtlich, dass es immer noch Sündenböcke unter uns gab. Nur standen jetzt nicht mehr die Juden, sondern die *Kuláks* am Pranger.

Die Lebensmittelrationierung wurde wieder eingeführt, aber in der Praxis bekamen wir nicht einmal das,

Almásfüzitő

was uns nach den Lebensmittelkarten zustand: 250 Gramm Brot pro Tag sowie 200 Gramm frisches Fleisch und 100 Gramm Wurst oder dergleichen pro Woche. Andere Produkte – Bratfett, Mehl, Zucker, Seife und so weiter – wurden ebenfalls rationiert und es bildeten sich lange Schlangen vor den Geschäften, die etwas im Angebot hatten. Immer wenn die Leute eine Warteschlange sahen, stellten sie sich an und fragten jemanden, was es zu kaufen gab. Oft wussten die Leute in der Schlange selbst nicht, was es gab, aber niemand wagte seinen Platz aufzugeben, um es herauszufinden. Es war sowieso egal, ob Zucker, Wurst, Brot, Mehl, Fleisch oder was auch immer – alles war willkommen. Gelegentlich versuchte jemand, mit allen möglichen Ausreden an der Warteschlange vorbeizukommen. Aber jeder, außer vielleicht eine schwangere Frau oder eine stillende Mutter, wurde von der Menge gezwungen, sich hinten anzustellen. Es gab auch Gerüchte, dass man gegen eine Gebühr ein Baby mieten könne.

Das große Vorbild für die landwirtschaftliche Entwicklung Ungarns war die Sowjetunion und ihr Guru des „Lyssenkoismus", Trofim Lyssenko. Lyssenko war besessen von seiner pseudowissenschaftlichen Theorie über die Vererbbarkeit erworbener Merkmale. Es war eine Idee, die gut zu den zum Scheitern verurteilten Plänen des Kommunismus passte, eine utopische Gesellschaft zu erschaffen.

Mit viel Mühe und Geld wurde versucht, subtropische Kulturen wie Zitrusfrüchte, Reis und Baumwolle in Ungarn anzubauen, wegen des offensichtlich ungeeigneten Klimas natürlich vergeblich. Das Grundproblem war, dass die politische Orthodoxie in allen Bereichen wichtiger war als die objektive Wahrheit. Noch vor dem Aufkommen des Kommunismus hatte mein Vater begonnen, im Gemeindesaal von Orosháza Vorträge zu populärwissenschaftlichen Themen zu halten. Unter den Zuhörern waren hauptsächlich die örtlichen Bauern. Während des Kommunismus erwähnte er eines Tages während eines Vortrags über moderne Landwirtschaft, dass der beste Weizen der Welt in Kanada produziert wird. Prompt wurde er vom örtlichen Parteisekretär korrigiert: „Sie irren sich, Genosse. Wie jeder weiß, wird der beste Weizen in der Sowjetunion erzeugt." Mein Vater ging dem Streit aus dem Weg und bedankte sich beim Genossen Sekretär für den Hinweis.

Auch vom Erscheinungsbild her hatte sich Ungarn inzwischen verändert. Bilder des Generalsekretärs der Kommunistischen Partei Rákosi waren im ganzen Land auf Gebäuden, in Büros und an den Straßen zu sehen. Er wurde immer lächelnd dargestellt, egal ob er mit Kindern sprach oder Fabriken und Landarbeiter besuchte, wo er Ware als vermeintlicher Experte inspizierte. Eine Statue nach der anderen wurde zu Ehren der Roten Armee und Stalins errichtet. Viel Verwirrung stiftete die Umbenennung der Straßen nach kommunistischen Führern. Sowohl Führer der Vergangenheit als auch der Gegenwart wurden ausgewählt und sie kamen aus aller Herren Länder. Allerdings wurden keine neuen Karten gedruckt, deshalb musste man raten, wo beispielsweise die Rosenberg *Utca* war. Wie hieß die Straße, bevor der Name geändert wurde? Viele Leute hatten Schwierigkeiten mit der Aussprache einiger ausländischer Namen, wie den des albanischen Diktators Enver Hoxha. Einem Witz zu Folge soll einmal ein Pferd auf der Enver Hoxha *Utca* zusammengebrochen und gestorben sein. Nachdem der herbeigerufene Polizist mehrmals erfolglos versucht hatte, den Namen der Straße aufzuschreiben, fragte er den Besitzer des toten Tieres: „Könnten Sie das Pferd bitte auf die Paprika *Utca* ziehen?"

Nach einem anderen damals populären Witz hielt ein alter Mann außerhalb der Stadt einen Passanten an, um nach der Andrassy *Út* zu fragen.

Almásfüzitő

„Du darfst diesen Namen nicht benutzen!", sagte der Passant. „Sie heißt jetzt Stalin *Út!*" Der alte Mann setzte seinen Weg fort, bis er einen weiteren Passanten anhielt, um nach der Kettenbrücke zu fragen.

„Du darfst diesen alten Namen der Brücke nicht benutzen!", antwortete dieser. „Sie heißt jetzt Rote Armee Brücke! Wenn du das noch einmal sagst, landest du im Gefängnis!" Der alte Mann ging besorgt weiter zum Ufer der Donau, wo ihn ein sowjetischer Offizier bemerkte und ihm zurief.

„He, Genosse, was machst du da?"

„Nichts", antwortete der alte Mann. „Ich bewundere nur die Wolga…"

Die Propagandamaschinerie der Kommunisten lief auf Hochtouren und wurde immer effizienter. Schritt für Schritt beeinflusste sie jeden Aspekt unserer Weltanschauung. Die ungarische Kommunistische Partei unterstützte alle anderen kommunistischen Länder vorbehaltlos gegen alle kapitalistischen. Es wurde regelmäßig Geld gesammelt, um den Opfern der imperialistischen Aggression in Ländern wie Nordkorea zu helfen, und wir mussten alle spenden. Einmal erhielt ich 100 *Forint* als Belohnung für eine kleine Erfindung, die der Raffinerie Energie sparte, und ich bot sie als Beitrag an, um Nordkorea im Kampf gegen den Süden zu helfen. Ob das Geld überhaupt Pjöngjang erreichte, kann ich nicht sagen. Ich konnte allerdings sowieso nichts kaufen. In Afrika und im arabischen Raum wurden blockfreie Staaten umworben und einige afrikanische Studenten erhielten in Ungarn eine kostenlose Ausbildung. Die Idee eines Großungarns, die ich als Kind mit Feuereifer aufgesogen hatte, wurde unterdrückt. Schließlich gehörten die nach dem Ersten Weltkrieg verlorenen Landesteile jetzt zu den befreundeten Bruderstaaten Rumänien und Tschechoslowakei. Aber die Welt jenseits des kommunistischen Ostblocks war voller Kriegstreiber, die entschlossen waren uns zu vernichten.

Diese Wahnvorstellung hätte mich an meine Großmutter und ihre Geschichten über Wölfe erinnern müssen, aber wir hatten keinen Zugang zu Informationen außer denen, die die Partei uns gab. Wir wussten es einfach nicht besser.

Es gab viele neue Lieder, die alle komponiert wurden, um die Produktion zu steigern und die Anpassung zu befördern. Ein beliebtes Thema war die Arbeit, wie die folgende Liedzeile verdeutlicht: „Die goldene Sonne scheint auf die glücklichen Erntehelfer!" Der Liedermacher hatte offensichtlich noch nie gesehen, wie sich Erntehelfer in der glühenden Sommerhitze abrackern mussten. Ein anderes gängiges Thema war der Kampf des Proletariats gegen die reaktionären Kräfte: „Das alte Regime muss sterben und wir werden ein neues errichten!" Lieder wie dieses wurden fast ununterbrochen auf *Kossuth Rádió* gespielt und ertönten durch Lautsprecher am Straßenrand und an Straßenecken in jedem Dorf. Wir lernten die Texte und sangen sie mit, während wir auf Umzügen und Demonstrationen marschierten. Als die Partei versuchte, den ungarischen Patriotismus durch den Internationalismus von Karl Marx abzulösen, wurde die jahrhundertealte Nationalhymne *Himnusz*, die mit dem patriotischen „Herr, segne den Ungarn" begann, durch die Internationale abgelöst. Diese beginnt mit dem eher düsteren „Wacht auf, Verdammte dieser Erde!" Wir mussten die Internationale am Ende jeder öffentlichen Versammlung singen und unsere Fäuste bei der letzten Zeile „Die Internationale erkämpft das Menschenrecht" zusammenballen, wenn alle schrien: „Freiheit, Genossen!"

Almásfüzitő

Alle Medien waren in Staatsbesitz und alle Nachrichten unterlagen der zentralen Zensur. Es gab zwei Tageszeitungen, das Parteiorgan *Szabad Nép*, das freie Volk, und die Gewerkschaftszeitung *Népszava*, die Volksstimme, sowie eine Handvoll Wochenblätter. Eine der Wochenzeitschriften war das Satiremagazin *Lúdas Matyi*, dessen ungewöhnlicher, aber passender Titel von dem ungarischen Volksmärchen „Matyi, der Gänsejunge" stammte. In dem Märchen geht es darum, wie ein Gänsejunge einen grausamen Landadeligen überlistet.

Lúdas Matyi genoss das Privileg, gelegentlich Kritik an öffentlichen Missständen äußern zu können. Allerdings wurden in der Regel nur die niederrangigen Funktionäre angegriffen und zum Sündenbock erklärt. Die meiste Kritik der kommunistischen Presse richtete sich gegen „die Feinde" – Kapitalisten, Großgrundbesitzer, der Zigarre rauchende Churchill und der jugoslawische „Kettenhund der Imperialisten", Tito. Mit etwas Übung waren die Ungarn in der Lage, herauszufinden, wie Ereignisse offiziell beurteilt würden, noch bevor das Ereignis angekündigt wurde. Wir lernten, zwischen den Zeilen zu lesen. Dabei war nicht entscheidend, was veröffentlicht, sondern vielmehr was ausgelassen wurde.

Um sicherzustellen, dass alle die Parteilinie befolgten, gab es das Instrument der „Selbstanklage". Dabei musste man seine Verfehlungen eingestehen und versprechen, sie nicht zu wiederholen und auf Vergebung hoffen. Nach jedem Geständnis war die Bühne frei für eine kritische Befragung durch Parteimitglieder, an deren Ende der „Täter" üblicherweise die Partei um Hilfe bat, um auf den rechten Weg zurückzufinden. All das erinnerte stark an die spanische Inquisition. Sogar Generalsekretär Rákosi klagte sich an, allerdings diente die Selbstanklage in seinem Fall dazu, eine Änderung der Politik zu entschuldigen oder die Verfolgung politischer Gegner zu rechtfertigen. „Es war ein Fehler von mir, dem Genossen X so lange mein Vertrauen geschenkt zu haben und seine wahren Absichten nicht erkannt zu haben", gestand er beispielsweise. Zwischen den Zeilen hatte man natürlich schon vorher lesen können, dass Rákosi oder Stalin den Genossen X hatten fallen lassen und dass dieser bald weg vom Fenster sein würde. Wenn man keine Sünde zu beichten hatte, musste man eine erfinden. Denn Selbstkritik wurde von allen erwartet und so wurde man von Zeit zu Zeit vor eine Versammlung geladen oder erhielt eine Einladung vom Leiter der Personalabteilung.

„Letzten Dienstag war ich drei Minuten zu spät zur Arbeit", gestand ich bei solchen Gelegenheiten, „Als Führungskraft sollte ich ein Vorbild für meine Mitarbeiter sein, also verspreche ich, in Zukunft pünktlich zu sein." Oder vielleicht: „Ich habe das Treffen verpasst, in dem es um die Unterstützung des nordkoreanischen Kampfes gegen den imperialistischen Süden ging, weil ich Kopfschmerzen hatte. Mir hätte die Bedeutung dieses Treffens bewusst sein müssen und ich hätte eine Kopfschmerztablette nehmen sollen, um teilnehmen zu können." Menschen in Führungspositionen mussten regelmäßig ihre Fehler eingestehen. Sie hinkten den Plänen hinterher, verschwendeten die Abfälle oder verbrauchten zu viel Energie. Für Intellektuelle wie den Schriftsteller György Lukács gab es dagegen auch grundlegende „Fehler" wie den Einsatz für Demokratie.

Selbstanklage war einer der Aspekte des Lebens, für den wir keinen Sinn erkennen konnten. Wollten sie tatsächlich etwas herausfinden, was ansonsten ein Geheimnis geblieben wäre? War die Vergebung automatisch, wenn die Verfehlung zugegeben worden war, bevor sie auf andere Weise entdeckt wurde? Oder wurden die Schuldigen trotz des Geständnisses verfolgt? Auf diese Fragen gab es keine klaren Antworten. Verständlicherweise vermieden es die Menschen, etwas Wichtiges zu gestehen. Und so ging es weiter. In dem Moment, als ich realisierte, dass ich die letzten Verbindungen zu meinen jüdischen Traditionen gekappt hatte, entwickelte sich der Kommunismus zu einer neuen Religion. Die Partei wollte jeden Aspekt unseres Lebens von der Wiege bis zur Bahre kontrollieren, auch unsere Gedanken. Und im Rückblick muss man mit Entsetzen feststellen, dass es ihr fast gelungen ist. Warum hat das stolze ungarische Volk das toleriert? Warum gab es keinen Volksaufstand gegen ein derart repressives System? Schließlich hatten nur sehr wenige Menschen wirklich den Wunsch, dass Ungarn ein marxistischer Staat wird. Die traurige Wahrheit ist, dass Gehirnwäsche funktioniert, dass Menschen instinktiv den bequemsten Weg durchs Leben gehen und dass Angst ein mächtiges Werkzeug ist. Wir murrten und beklagten uns über die Mangelwirtschaft, Unterkünfte und den geringen Lebensstandard. Wir waren aber nicht sehr gut darin, die eigentliche Ursache all unserer Probleme zu identifizieren und machten gewöhnlich Einzelne verantwortlich, statt die Schuld beim System zu suchen. Ungarn schlitterte ohne demokratische Erfahrung vom Faschismus direkt in den Kommunismus, daher fehlte uns auch ein sinnvoller Vergleich.

Der Staatssicherheitsdienst ÁVH hielt uns fest im Griff. Wichtige und bekannte Dissidenten wurden in Schauprozessen verurteilt; gewöhnliche Menschen verschwanden, wurden eingesperrt oder ohne Anklage hingerichtet. Schlimm war, dass von uns erwartet wurde, dass wir uns nicht danach erkundigten, was mit ihnen geschehen ist oder was ihnen vorgeworfen wurde. Jeder, der seine Nase zu tief in fremde Angelegenheiten steckte, geriet selbst in Verdacht. Folglich stellte man keine Fragen. Wir lebten unter den gegebenen Umständen so gut wie möglich von einem Tag auf den anderen und verfolgten dabei nur ein

ALS SELBST DIE DICHTER SCHWIEGEN

Ziel: uberleben. Trotz all der Widrigkeiten machten wir das Beste aus dem schlechten Blatt, das man uns ausgeteilt hatte. Umso mehr schätzten wir die einfachen Freuden wie zum Beispiel in den Bergen spazieren zu gehen, in der Donau zu schwimmen oder ein gutes Buch zu lesen. Das Gesundheits- und Bildungswesen war kostenlos, die Miete war vernachlässigbar gering und eine Anstellung galt ein Leben lang. Die allumfassende Bevormundung führte nur allzu leicht zu einer Angst vor Veränderungen. Es liegt wohl in der Natur des Menschen, dass er unter den widrigsten Bedingungen sein Glück sucht und auf eine bessere Zukunft hofft.

Das Leben im Budapest der Nachkriegszeit war voller Entbehrungen und es wurde im Kommunismus noch härter. In der gottverlassenen Industriestadt Almásfüzitő, in der ich meine berufliche Karriere startete, war es allerdings noch schlimmer. Almásfüzitő bestand fast ausschließlich aus einer Ölraffinerie und einer in Ostdeutschland gebauten Fabrikanlage, die Bauxit, den einzigen Rohstoff Ungarns, zu Aluminiumoxid verarbeitete, das die Industrie benötigte. Almásfüzitő war kein gesunder Ort. Die Ölraffinerie verbreitete faule Gase, während die Aluminiumfabrik riesige Mengen eines Pulvers ausstieß, das in einem Umkreis von mehreren Kilometern alles weiß einfärbte. Beide Anlagen hatten Schornsteine, die Rauchschwaden in den Himmel schickten und die die Wahrzeichen der Stadt waren.

Almásfüzitő lag am Südufer der Donau, die im Nordwesten Ungarns die Grenze zur Tschechoslowakei bildete. Das Land am Ufer war bewaldet und beheimatete eine Krähenkolonie, die viel Lärm machte, bis die Vögel sich endlich für die Nacht niederließen. Obwohl beide Länder Teil des Ostblocks waren, war kein Verkehr zwischen ihnen erlaubt und die nächstgelegene Brücke, die von den Deutschen beim Rückzug zerstört worden war, war noch nicht wieder aufgebaut worden. Die nächste Stadt, Komárom, lag einige Kilometer flussaufwärts und war nun durch den Fluss in zwei Hälften geteilt. In Almásfüzitő gab es einen Bahnhof und eine Hauptstraße mit einigen Geschäften. In den Läden gab es aber kaum etwas, was man hätte kaufen wollen. In Budapest hatte ich mich an das kulturelle Angebot einer Hauptstadt gewöhnt. In Almásfüzitő gab es nichts, nicht einmal ein Kino. Der einzige kulturelle Lichtblick war ein Radio, in dem man zwischen Propaganda und Zigeunermusik gelegentlich klassische Musik hören konnte. Zum Lesen gab es die Zeitung *Szabad Nép* und ein paar Bücher. Im Vergleich zu Almásfüzitő war meine Heimatstadt Orosháza eine wahre Metropole.

Der stellvertretende Personalleiter zeigte mir mein Quartier, ein Zimmer in einem großen Wohnblock neben der Raffinerie, in dem die meisten leitenden Angestellten untergebracht waren. Wir alle mussten uns zu jeder Tages- oder Nachtzeit bereithalten, falls man nach uns rief. Daher mussten wir in unmittelbarer Nähe zur Raffinerie leben. Mein Zimmer hatte ein Metallbett, einen Tisch, zwei Holzstühle, einen Kleiderschrank, ein Waschbecken und eine Kochplatte.

„Siehst du, Genosse", sagte der stellvertretende Personalleiter, „hier gibt es alles, was du brauchst. Die Partei kümmert sich gut um dich."

An seinem Tonfall konnte ich einen gewissen Neid erkennen. „Was ist mit dem Badezimmer?", fragte ich ihn. Er zeigte zum Ende des Flurs, an dem das Gemeinschaftsbad und die Toilette war. Die Unterkunft war einfach, aber zumindest bot sie etwas Privatsphäre. Einige Wochen später wurde meine Frau auf ihren Wunsch hin in die Raffinerie versetzt, wo sie als Statistikerin arbeitete, und so lebten wir zu zweit in meinem kleinen Zimmer.

ALS SELBST DIE DICHTER SCHWIEGEN

Wir erhielten jeden Tag ein warmes Essen in der Kantine, das in der Regel aus einer stärkehaltigen Grundlage wie Nudeln oder Kartoffeln mit Soße oder etwas Marmelade oder Schmelzkäse und gelegentlich einem Ei bestand. Es gab weder Obst noch Gemüse und nur sehr wenig Proteine. Alles wurde auf Aluminiumtellern serviert und mit Aluminiumbesteck gegessen, billig, hässlich und unappetitlich. Durch den Kaffeelöffel aus Aluminium war ein Loch gebohrt worden, so dass er nicht für irgendetwas anderes verwendet werden konnte und niemand in Versuchung kam, ihn zu stehlen. Es gab Trinkwasser aus einem Wasserhahn, an den ein Trinkbecher aus Aluminium gekettet war. Wir waren zwar keine Diebe, aber die Parteiführung hatte offensichtlich kein großes Vertrauen in das gewöhnliche Volk.

Neben dieser Kantinenmahlzeit versuchten wir so gut es ging unser eigenes Essen zu besorgen. Dabei versorgte uns die Donau, die direkt vor unserer Haustür lag, ab und zu mit Fisch. Einer meiner Nachbarn war ein erfahrener Angler und schenkte uns gelegentlich einen Karpfen, ein echtes Luxusessen. Einmal in der Woche kam ein Metzger aus der nächsten Stadt, um Rinder- oder Schweinefleisch zu verkaufen. Wir stellten uns vor seinem provisorischen Laden mit unseren Lebensmittelkarten an und bekamen ein kleines Stück, etwa 100 Gramm pro Person. Wenn wir Glück hatten, gab es tatsächlich Fleisch, wenn nicht, bekamen wir ein Stück Knochen, Haut, Fett oder einen anderen ungenießbaren Teil. Das meiste gute Fleisch landete wahrscheinlich auf dem Schwarzmarkt und so mussten wir unsere Lebensmittelration durch Schwarzmarktkäufe aufbessern. Dazu musste ich nicht weit reisen: Mehrere junge Bauern arbeiteten in der Raffinerie, um sich etwas dazuzuverdienen. Ihre Eltern waren Mitglieder lokaler Kolchosen und tagsüber halfen sie bei der Bewirtschaftung des privaten Ackerstreifens, der ihnen vom Staat zugeteilt worden war. Nachts arbeiteten sie in

Almásfüzitő

der Raffinerie. Der Eine, ein „Analytiker", arbeitete für mich im Labor. Er war ungefähr fünfundzwanzig Jahre alt, dünn wie eine Bohnenstange und roch ständig nach Knoblauch. Nach seinem Arbeitstag auf dem Land kam er so müde zur Nachtschicht, dass er regelmäßig einschlief.

Er brachte oftmals einen Korb mit Lebensmitteln mit, die er verkaufte – Eier, Käse, Schinken und Würstchen. Für mich war es das Paradies und ich kaufte ihm alles ab, was ich mir leisten konnte. Es war ziemlich teuer und ich habe keine Ahnung, was er mit dem ganzen Geld anstellte. Eines Tages nahm er eine Wurst aus seinem Korb und gab sie mir. Sie hatte eine unappetitliche lila anstelle der üblichen roten Farbe und fühlte sich seltsam weich an. Sie war frisch zubereitet und noch nicht gepökelt und geräuchert, wie man es normalerweise machte. Als ich daran roch, bemerkte ich einen seltsamen Geruch.

„Pferdefleisch", gab er nach einigem Zögern zu. Ihr Schwein sei noch nicht schlachtreif, sagte er. Ungarn essen normalerweise kein Pferdefleisch, aber vielleicht war eines der Pferde auf der Kolchose wegen der harten Arbeit gestorben. Das Fleisch hatte trotz der Gewürze, die den Geschmack übertünchen sollten, einen leicht süßlichen Geschmack, aber irgendwie ging es. Vera kochte mit dem Fleisch einen traditionellen Kartoffeleintopf für mich, sie weigerte sich jedoch standhaft, selbst etwas davon zu essen.

Ich hatte die industrielle Produktion bislang noch nicht kennengelernt. Aber wegen der ständigen Propaganda, der ich ausgesetzt war, hatte sich das Bild verfestigt, dass sie das schlagende Herz des Kommunismus sei. Ich nahm an, dass jeder hier entweder ein Kommunist oder ein Sympathisant war, und begrüßte zunächst alle, die ich traf, mit der geballten Faust und dem Ruf „Freiheit, Genosse!" Dies wurde in der Tat vom Genossen Bognár, dem Generaldirektor, begrüßt, der in vorkommunistischen Zeiten als Schreiner gearbeitet hatte. Als wir uns das erste Mal trafen, saß er in dem hübsch eingerichteten Büro des ehemaligen Direktors der Vacuum Oil Company hinter einem riesigen Mahagoni-Schreibtisch, auf dem sich ein großer Aschenbecher voller Zigarettenkippen und eine Lenin-Büste befanden. Hinter ihm hingen Porträts von Stalin, Rákosi und Marx an der Wand.

Genosse Bognár war ein fanatischer Kommunist. Allerdings traute er dem technischen Direktor, Herrn Zakar, nicht, von dessen Expertise und Ratschlägen er bei allen technischen Fragen abhängig war. Er war nicht in der Lage, einfachste Fragen allein zu entscheiden.

Und so hatte er ständig Angst einen Fehler zu machen, in eine Falle zu laufen, die ihm von unsichtbaren Feinden gestellt wurde, oder den Experten zu sehr zu vertrauen. Er stand unter großer Anspannung und seine Nervosität war für alle sichtbar. Er war ein Kettenraucher, dessen Augen ständig umherschweiften und der in kurzen, unzusammenhängenden Sätzen sprach.

„Willkommen, Genosse!", begrüßte er mich. „Diese Fabrik braucht dich. Du hast an der Universität studiert. Großes Privileg. Du kannst es jetzt zurückzahlen. Hart arbeiten. Freiheit, Genosse!"

Und so endete das Gespräch. Später wurde ich in das Büro von Herrn Zakar, dem technischen Direktor, geführt, der mich ansah, aber meine Begrüßung nicht erwiderte. Er stammte aus einer frommen römisch-katholischen Familie. Einer seiner Brüder hatte als Privatsekretär von Kardinal Mindszenty gearbeitet, der erst vor einem Jahr wegen Opposition gegen die Kommunistische Partei zu lebenslanger Haft verurteilt worden war. Anders als beim Apparatschik Bognár flößte allein sein äußeres Erscheinungsbild und Auftreten Respekt ein.

Almásfüzitő

„Was ist Glykol?", fragte mich Herr Zakar aus heiterem Himmel. „Und wie ist die Molekularstruktur von Zitronensäure?" In der nächsten halben Stunde überprüfte er mein Wissen in organischer Chemie. Er zeigte keine Emotionen und gab mir keinerlei Rückmeldung. Ich konnte daher nur hoffen, dass er zufrieden war. Es war eigentlich unerheblich, da er mich nicht hätte entlassen können, auch wenn ich ein schlechter Chemiker gewesen wäre. Nach diesem ersten Gespräch hatte ich nur wenig Kontakt zu ihm oder zu den übrigen Technikern. Es gab kein Teamwork, keine Koordination und nur wenig Austausch. Kreativität und originelles Denken wurden abgelöst durch Befehl und Gehorsam.

Als ich den Chefingenieur traf, antwortete dieser einfach nur mit „Guten Tag" auf meinen Gruß „Freiheit, Genosse". Jetzt fiel bei mir der Groschen: Nicht jeder in der Raffinerie war ein Kommunist, tatsächlich waren sie deutlich in der Minderheit. Also grüßte ich den jungen schlanken Mann, den ich als nächstes mit einem Papierstapel unter dem Arm traf, mit einem kräftigen „Guten Tag!"

Leider stellte sich heraus, dass er der Sekretär der kommunistischen Partei in der Raffinerie war.

Die Ölraffinerie in Almásfüzitő veredelte Rohöl zu Benzin, Diesel, Paraffin, Heizöl und Nebenprodukte wie Bitumen. Eine Sirene, mit der man Tote hätte zum Leben erwecken können, holte uns jeden Morgen um 5.30 Uhr aus dem Schlaf. Die Frühschicht begann bereits um sechs Uhr. Mich erinnerte die Sirene schmerzhaft an die Luftangriffe während des Krieges. Ich hatte gerade genug Zeit für eine Katzenwäsche im Waschbecken und um mich anzuziehen. Ohne Frühstück ging es hinüber zur Raffinerie. Alle zwei Stunden wurden die Proben zur Analyse ins Labor geliefert und bei der Übergabe musste ich die Ergebnisse der vorherigen Proben melden. Ich musste jeden Arbeitsschritt und jede Bewegung planen, um nicht zurückzufallen. Ich wurde direkt am Arbeitsplatz eingearbeitet und als erste Aufgabe durfte ich die benutzten Glasbehälter reinigen. Nachdem ich alle Stationen im Labor durchlaufen hatte, übernahm ich die Rolle des Schichtleiters und verrichtete seinen Job vier Wochen lang. Bei dieser schwierigen Arbeit wurde ich quasi ins kalte Wasser geworfen. Die Zeit bereitete mich aber sehr gut auf die Aufgabe als Leiter der Produktionssteuerung im Zentrallabor der Raffinerie vor.

Mir machte die Arbeit Spaß und ich war dem Staat aufrichtig dankbar dafür, dass ich mit seiner Hilfe eine derartig verantwortungsvolle Aufgabe bekam, die mich herausforderte und bei der ich mich weiterentwickeln konnte. Ich sympathisierte zu der Zeit noch immer mit der Partei und nahm daher eine Stelle als Redakteur der „Wandzeitung" der Raffinerie an. Jeder Arbeitsplatz hatte ein schwarzes Brett, an das Redakteure wie ich jeden Monat ziemlich belanglose Artikel von Parteimitgliedern anbrachten. Die Texte enthielten wenig eigene Gedanken, sondern bestanden in der Regel aus Wiederholungen populärer Parolen, Verlautbarungen der Partei und der Aufforderung, härter zu arbeiten. Wenn am Schwarzen Brett noch Platz war, füllte ich ihn mit Ausschnitten der Zeitung *Szabad Nép*.

Die Gesamtleitung des Labors hatte Herr Konc inne. Er war Chemiker mit langjähriger Berufserfahrung, der aber Probleme im Umgang mit Menschen hatte. Ständig lief er nervös in demselben alten, schlecht sitzenden Khaki-Anzug herum und gab Anweisungen. Er war ein humorloser Mann, aber am ersten Tag erzählte er mir einen Witz. Wahrscheinlich war es der Einzige, den er kannte: „Was ist der Unterschied zwischen einem Industriechemiker und

Almásfüzitő

einem Biochemiker? Der Industriechemiker wäscht sich erst die Hände, dann pinkelt er. Der Biochemiker pinkelt erst und wäscht sich dann die Hände." Was soll ich sagen, er hatte recht.

Unter Herrn Konc arbeitete eine Chemikerin, die Spezialaufgaben für den technischen Direktor übernahm. Sie war groß, schlank und blond und war unter ihrem Laborkittel immer makellos gekleidet. Sie verströmte ständig eine Parfümwolke, so dass man stets wusste, ob sie in der Nähe war, auch wenn man sie nicht sah. Dann gab es noch den Techniker, ein gut gebauter, rund sechzigjähriger Mann, der unrasiert war und ständig nach kaltem Schweiß roch. Er war immer schäbig gekleidet und weigerte sich standhaft, einen Laborkittel zu tragen. Wenn er sich langsam und leise unterhielt, strich er sich bedächtig über seinen Dreitagebart, was den Eindruck verstärkte, dass er als Landstreicher direkt von der Straße weg zu Reinigungsarbeiten verpflichtet worden war. Er machte, was er wollte und hatte offensichtlich starke Verdauungsprobleme, denn er trank als Abführmittel regelmäßig einen Schluck flüssiges Paraffin, das er selbst gerade hergestellt hatte. Dabei führte er eine der großen, weißen Porzellanschalen an seinen Mund und nahm einen Schluck. Seiner Meinung nach war dies der einzige zuverlässige Qualitätscheck. Es gab auch einen Lagerarbeiter, der sich um die verschiedenen Chemikalien und Glasbehälter kümmern musste, die wir benutzten. Schließlich gab es noch drei Teams Laborassistenten, die ich führte. Die Teams arbeiteten rund um die Uhr im Schichtbetrieb, um sicherzustellen, dass die in der Raffinerie hergestellten Produkte den Anforderungen entsprachen.

Einige der älteren Mitarbeiter, die seit vielen Jahren als Analysten gearbeitet hatten, trauten mir als frischgebackenem Absolventen zunächst nicht viel zu und testeten eine Zeitlang mein Wissen mit scheinbar harmlosen Fragen.

ALS SELBST DIE DICHTER SCHWIEGEN

Erst mit der Zeit konnte ich sie von meinen Fähigkeiten überzeugen.

Unsere Hauptaufgabe bestand darin, den Flammpunkt einer Ölfraktion zu messen, um sicherzustellen, dass sie sich nicht bei einer zu niedrigen Temperatur entzündete und das Produkt daher zu gefährlich für die Verwendung würde. Eine weitere regelmäßige Aufgabe bestand darin, die Leichtigkeit des hergestellten Dieselöls zu bestimmen, da die schweren Bestandteile des Raffinationsprozesses die Motoren beschädigen konnten.

Sowohl unsere Laborausstattung als auch die Ölraffinerie selbst waren in wissenschaftlicher Hinsicht uralt. Die Fabrik war am Ende des Krieges zweimal von den Amerikanern bombardiert worden, selbst fünf Jahre später fehlten noch einige Teile in einer der Destillationskolonnen. Dies führte regelmäßig zu Qualitätsproblemen, aber es gab weder die Mittel noch den Willen, die Ursache des Fehlers zu beheben. So mussten wir ständig darum kämpfen, die Anforderungen zu erfüllen. Unser einziger Kunde, das staatlich kontrollierte Vertriebsnetz, schickte vor jeder Lieferung einen Vertreter, um die Qualität unserer Produkte zu überprüfen. Wir nahmen in seiner Gegenwart eine Probe aus dem Tank und führten im Labor vor seinen Augen eine kleine Destillation durch. Bei mindestens einer Gelegenheit wusste ich sehr gut, dass die Charge nicht den Anforderungen entsprach. Allerdings hätte eine Wiederaufbereitung mehr Arbeit und – noch wichtiger – den Verlust von Bonuszahlungen für das technische Personal bedeutet.

„Überlass es mir", sagte der Schichtleiter. Er führte den Test vor den Augen des Vertreters durch und zeigte auf das Thermometer. „Sehen Sie!", sagte er, „125°, 126°, 127°. Nicht mehr. Alles im zulässigen Bereich!"

Der Vertreter musste ihm recht geben. Er hatte allerdings nicht bemerkt, dass der Schichtleiter eine Hand un-

Almásfüzitő

ter der Werkbank hatte, um die Wärmezufuhr im richtigen Moment zu stoppen.

Ich mag nicht daran denken, wie viele Lastwagen darunter leiden mussten, dass ihr Diesel mit Heizöl verunreinigt war.

Aber es war nicht etwa so, dass wir mit unserer gelegentlichen Scheiß-egal-Haltung allein waren. Auch unser Arbeitgeber zeichnete sich nicht gerade durch ein ausgeprägtes Verantwortungsgefühl aus. Ganz im Gegenteil, der Staat schien nicht allzu besorgt zu sein, auch wenn unser Arbeitsumfeld schädlich für unsere Gesundheit war. So mussten wir beispielsweise auch die Qualität des Bitumen testen. Am Ende jeder Schicht hatten wir überall an unseren Händen und Armen und im Labor klebrige schwarze Rückstände und mussten uns mit Benzol reinigen. Zwar wurde bereits in den 1940er Jahren in den USA festgestellt, dass Benzol eine gefährliche krebserregende Substanz ist. In Ungarn hatte man jedoch davon offenbar noch nichts gehört oder das Wissen wurde unter den Teppich gekehrt. In Almásfüzitő erzählte man uns jedenfalls nichts von den gesundheitlichen Risiken.

Im kommunistischen Ungarn mussten alle Staatsbediensteten (und damit praktisch die gesamte Erwerbsbevölkerung) zweimal im Jahr einen *Önéletrajz* – einen vollständigen Lebensbericht – schreiben, der von der jeweiligen Personalabteilung mit allen vorherigen Versionen abgeglichen wurde. Jeder *Önéletrajz* musste mit unseren Eltern anfangen, damit unser soziales Ansehen und damit unser Platz im marxistischen Gesellschaftsgefüge bestimmt werden konnte. Dann folgten die Schulen, die wir besucht hatten und alle vorherigen Jobs. Anschließend mussten wir ausführlich auf unser Leben außerhalb der Arbeit eingehen, einschließlich der Freunde und der politischen Gesinnung. Wir haben nie

Vorgaben erhalten, was der Bericht beinhalten sollte. Dieser Spielraum war eine der größten Herausforderungen für uns. Anders als im Westen waren die politischen Behörden in der Raffinerie nicht so sehr an unserer Ausbildung oder unseren Arbeitszeugnissen interessiert. Interessanter war für sie vielmehr, was wir außerhalb der Arbeit machten, wer der Ehepartner war, aus welcher Familie der Ehepartner stammte und welche politischen Ansichten man vertrat. Man konnte allerdings nicht einfach den letzten *Önéletrajz* kopieren. Wenn das herausgekommen wäre, hätten sie direkt Verdacht geschöpft, dass man nicht ehrlich sei, sondern ihnen eine sorgfältig aufbereitete Lüge auftischte.

Manchmal mussten wir unseren *Önéletrajz* im Büro des Personalleiters schreiben und konnten keine Abschrift machen, selbst wenn wir wollten. Trotz des Misstrauens bei Ähnlichkeiten zum vorherigen Bericht achtete die Personalabteilung sorgfältig auf die geringste Abweichung. Wir verstanden bald, dass es nicht entscheidend war, was wir hinzufügten, sondern ob, was und warum wir etwas wegließen. Dies führte bei allen Menschen zu Paranoia und im Lauf der Zeit zu einem verzerrten Selbstbild.

Der Personalleiter der Raffinerie war ein einfacher und selbst für ungarische Verhältnisse kleiner Mann, der bis in den Sommer hinein einen *Pufajka* trug, einen gesteppten Militärmantel. Vor dem Kommunismus war er Schuster gewesen und er roch immer noch nach alten Stiefeln. Er war selbstbewusst und blieb mir als einer der wenigen wirklich überzeugten Kommunisten in Erinnerung, die man gelegentlich traf. Ich habe mich oft gefragt, ob er wirklich niemandem vertraute oder ob er nur wegen seines Jobs jeden verdächtigte.

„Genosse Pogány", fragte er mich eines Tages während eines offiziellen Personalgesprächs in seinem Büro, „Was ist Ihre wahre Meinung zur Sowjetunion? Ihre wahre Mei-

Almásfüzitő

nung." Er schien wirklich zu glauben, dass die Wiederholung mich dazu bringen würde die Wahrheit zu sagen. Ich sagte ihm, dass ich von sowjetischen Soldaten aus dem Arbeitslager gerettet wurde. Ich sagte ihm aber nicht, dass mein älterer Bruder von den Russen gefangen genommen wurde und in einem ihrer Kriegsgefangenenlager verhungerte. Später fragte ich mich, was wohl passiert wäre, wenn ich ihm geantwortet hätte, dass Genosse Stalin einfach ein blutiger Tyrann sei. Hätte er mit mir diskutiert oder hätte er einfach die Polizei gerufen?

Ein anderer Mann in der Personalabteilung fungierte als eine Art Wachmann. Der einzige Unterschied war, dass der Feind in seinen Augen bereits die Tore passiert hatte.

Er war ein sehr intelligenter Mann, ein aalglatter Diener der Macht, der den Eindruck vermittelte, jedermanns Freund zu sein. Ich fühlte mich immer unwohl in seiner Gegenwart. Er rief uns nach der Arbeit in unserem Zimmer an und plauderte über die schwierigen Zeiten, die wir hatten, und die möglichen Fehler einiger politischen Führer. Dies führte dazu, dass wir das Regime und seine Führer gegen seine Unterstellungen verteidigen mussten. Er war ein Spitzel der Geheimpolizei und wollte uns offensichtlich dazu bringen, das Regime offen zu kritisieren. Eines Tages rief er mich auf der Arbeit an: „Geh sofort zurück in deine Wohnung, ich muss dringend mit dir sprechen."

Ich fand das höchst ungewöhnlich, hatte aber keine andere Wahl. Er wurde begleitet von einem anderen Mann in einem langen, braunen Ledermantel, wie ihn auch die Gestapo getragen hatte. Seine auf Hochglanz polierten Stiefel rochen immer noch nach Schuhcreme. Er war offensichtlich vom ÁVH. Mein erster Gedanke war, dass ich jetzt dran war. Der Geheimpolizist stellte sich nicht vor und behielt die ganze Zeit seine Hände in den tiefen Taschen. „Ob er eine Waffe in der Hand hat?", fragte ich mich. Er hatte ein kaltes, unheimliches Lächeln und sagte kein Wort. Der Wachmann führte die Unterhaltung und blickte gelegentlich zum Anderen, offensichtlich um sich zu vergewissern.

„Hast du ein Radio?", fragte er mich.

„Du weißt, dass ich eins habe", antwortete ich. Er hatte uns schließlich oft genug besucht.

„Kannst du damit Voice of America empfangen?" Darum ging es also: Es war eine perfekte Fangfrage. Wenn ich nein sagte, würde ich offensichtlich lügen. Also hatte ich keine andere Wahl als ja zu sagen.

„Kannst du den Sender für uns suchen?" Warum in aller Welt fragten sie das? Wollte er sehen, wie schnell ich den Sender finden würde? Oder wollte er nur prüfen, ob die Störsender funktionierten? Nach einem kurzen Suchdurchlauf fand ich den Sender Voice of America, in dem gerade eine Sendung lief, die klar und deutlich auf ungarisch gesendet wurde. Was kam jetzt? Hätte ich noch Zeit, um mich von Vera verabschieden zu können?

Beide sahen sich an und sagten nichts. Schließlich gingen sie. Es war nicht offiziell verboten, das kürzlich gegründete Radio Free Europe, den BBC World Service oder die Voice of America zu hören, aber jeder wusste nur zu gut, dass es extrem gefährlich sein würde, dabei erwischt zu werden. Wir hatten die Sender häufig gehört, insbesondere die BBC. Nach diesem Vorfall konnten Vera und ich nachts nicht mehr schlafen und warteten darauf, dass der Staatssicherheitsdienst ÁVH bei uns klingelte und uns festnahm. Aber der ÁVH kam nicht und so erfuhren wir nie den wahren Grund für den Besuch. Vielleicht hatte es auch nichts mit mir zu tun. Vielleicht musste auch der ÁVH, wie jeder andere, Nachweise für reale oder imaginäre Aktivitäten erbringen. Vielleicht diente die Aktion auch nur zur Abschreckung, damit wir es nicht mehr wagten in Zukunft westliche Sender zu hören. Falls das ihr Ziel gewesen war, so hatten sie es verfehlt, denn wir hörten heimlich weiter.

Die Kommunistische Partei Ungarns wendete viel Energie und Kreativität auf, um Parolen und Glaubenssätze zu ersinnen. Diese hatten mehrere Ziele: Sie sollten unter anderem unsere Gedanken beschäftigen, gegen das System gerichtete Energien umleiten, auf eine subtile Art unangenehme neue Gesetze einführen und mehr Arbeit aus uns herauspressen. Unter den vielen Parolen stach eine hervor, die man am häufigsten hörte: „Die Fabrik gehört euch! Du arbeitest für dich!" Nur wenige engagierte Kommunisten glaubten wirklich daran. Tatsächlich entwickelte sich nach 1949 alles in der ungarischen Wirtschaft zum Schlechteren – egal ob die Arbeitsbedingungen, die Bezahlung, die Produktivität, die Qualität, das Management, die Effizienz oder was auch immer. Gleichgültigkeit, Fehlzeiten, Verantwortungslosigkeit und Diebstähle griffen immer mehr um sich. Ein beliebter Witz handelte davon, dass es gefährlich sei, außerhalb einer Fahrradfabrik spazieren zu gehen, da regelmäßig Fahrradteile über die Fabrikmauer geworfen würden. Familienangehörige konnten aus den aufgesammelten Teilen in kürzester Zeit ein ganz neues Fahrrad zusammenbauen. Es war ein kaputtes System.

Die Ölraffinerie hatte wie andere Betriebe auch eine Gewerkschaft. Nur welche Rolle sollte sie in einem Land spielen, in dem die Raffinerie bereits den Arbeitern gehörte? In der Praxis war die Gewerkschaft das Sprachrohr der Partei. Sie war weit davon entfernt, für unsere Interessen zu kämpfen. Im Gegenteil, sie beteiligte sich aktiv an unserer Unterdrückung, indem sie uns aufforderte, mehr zu arbeiten oder niedrigere Löhne und schlechtere Arbeitsbedingungen für das große Ganze zu akzeptieren. Ich weiß nicht, wer die geniale Idee hatte, Geschenke für den baldigen siebzigsten Geburtstag von Josef Stalin einzufordern, aber er hat sicherlich eine Medaille dafür bekommen.

Wie an jedem anderen Arbeitsplatz des Landes erschien auch bei uns eines Tages der Vertrauensmann der Gewerkschaft.

„Genosse Pogány", begann er, „ich bin sicher, dass *auch Sie* unserem großen Lehrer, dem Genossen Stalin, an seinem siebzigsten Geburtstag etwas schenken möchten." Seine Betonung machte deutlich, dass dies von jedem erwartet wurde. Was könnte ich bieten? Ich hätte keine gute Flasche Wein oder eine Schachtel Pralinen kaufen können, selbst wenn ich das Geld gehabt hätte.

„Die Arbeiter in den Produktionsabteilungen haben eine Steigerung der Produktion angeboten. Das Wartungspersonal hat angeboten, an seinem freien Wochenende zu arbeiten. Jetzt sind Sie dran." Wir analysierten bereits sämtliche Proben, die uns ins Labor geliefert wurden. Was könnten wir darüber hinaus noch tun?

„Sie wissen", schlug ich dem Vertrauensmann vor, „dass wir mit Glasbehältern arbeiten und dass einige von ihnen sehr teuer sind. Gelegentlich gehen einige kaputt. Ich schlage daher im Namen unseres Labors vor, dass wir im kommenden Monat als Geschenk für den Genossen Stalin den Glasbruch um zwanzig Prozent reduzieren werden."

Einen Monat lang drückten wir die Daumen. Es war nicht so, als hätten wir absichtlich irgendetwas kaputt gemacht. Aber wenn wir das Ziel verfehlt hätten, hätte man es als Sabotage auslegen können. Am Ende hatten wir einfach Glück oder waren vorsichtig genug und erreichten unser Ziel.

Die Partei ersann noch viele andere Möglichkeiten, mit denen sie uns sinnlos beschäftigten. Eines Tages kam der Personalleiter auf mich zu.

„Genosse Pogány, sind Sie bereit zu arbeiten und zu kämpfen?"

Almásfüzitő

„Was für eine dumme Frage", dachte ich. „Ich arbeite schon. Ist er mit meiner Leistung unzufrieden? Und kämpfen? Gegen wen sollte ich kämpfen und warum?" Er erkannte meinen überraschten Blick und fügte schnell hinzu:

„Es ist nichts Persönliches, Genosse. Unsere Partei hat eine Bewegung ins Leben gerufen, um unsere Leistungsbereitschaft zu verbessern. Sie heißt ‚Ich bin bereit zu arbeiten und zu kämpfen!'. Sie können Medaillen gewinnen – Bronze, Silber oder Gold. Würden Sie nicht auch gerne eine gewinnen?"

„Wie soll ich meine Leistungsbereitschaft verbessern?", fragte ich.

„Indem Sie Ihre Fitness verbessern, Genosse. Es gibt drei Gruppen von Sportarten – Sportarten, die Kraft, Ausdauer oder Technik erfordern. Sie müssen aus jeder Gruppe eine auswählen. Wie wäre es mit Laufen?"

„Nein danke!"

„Weitsprung?"

„Auf keinen Fall!"

„Wie wäre es mit Schwimmen?", schlug er verzweifelt vor. Nun ja, Schwimmen lag mir, es war neben Wandern der einzige Sport, den ich mochte. Zu Hause in Orosháza hatte ich die Wochenenden am Gyopáros See geliebt. Hier gab es in der nahe gelegenen Stadt Tata einen See und so fuhren wir diesen Sommer mit dem Zug regelmäßig dorthin und schwammen. Am Ende bekam ich eine Silbermedaille, an sich nichts Schlechtes. Aber wir wussten alle ganz genau, dass das Herzstück der „Ich bin bereit zu arbeiten und zu kämpfen!"-Bewegung ein zynischer Trick war, um die Herzen der Menschen zu gewinnen. Die Bewegung bot einfach einer großen Anzahl von Menschen die Chance, eine Medaille zu gewinnen. Sie wurden in Massenproduktion aus Leichtmetall hergestellt und hatten einen roten Stern, in dessen Mitte ein Athlet abgebildet war. Die Partei hoffte, dass die Empfänger stolz auf die Medaille sein und sich leichter mit dem Regime identifizieren würden.

Und es funktionierte tatsächlich. Nach dem Motto „Steter Tropfen höhlt den Stein" entwickelten die Menschen durch derartige Kampagnen eine gewisse Zuneigung für die Partei und verließen sich auf sie.

„Stecken Sie sich die Medaille ans Revers Genosse, wenn Sie das nächste Mal mit uns marschieren", sagte der Personalchef bei der Preisverleihung. Und sie organisierten viele solcher Märsche.

Das Leben und Arbeiten in Almásfüzitő ging seinen Lauf. An den Wochenenden fuhren Vera und ich manchmal mit dem Zug nach Tata an den kleinen See oder in die geteilte Stadt Komárom an der Donau. Dort standen wir dann am Ufer des Flusses und blickten hinüber zur Tschechoslowakei, eine für uns unerreichbare andere Welt. Wir lasen Bücher und verbrachten viel Zeit vor unserem Radio. Die Arbeit begann früh und wir gingen zeitig ins Bett. Nur einmal, im Sommer 1951, hatten wir eine Woche Urlaub, den wir in den Bergen im Norden von Ungarn verbrachten.

Bei unserer Rückkehr erfuhren wir, dass Vera „gebohrt" worden war. „Gebohrt" nannten wir es, wenn jemand seinen Job an jemanden mit besseren Verbindungen verlor. Vera war nicht gewillt, den ihr angebotenen alternativen Job anzunehmen und versuchte sofort über eigene Beziehungen eine Anstellung in Budapest zu bekommen. Sie hatte bald Erfolg und begann einen neuen Job in der Hauptstadt. Ich blieb zunächst allein zurück. Allerdings ließ auch ich meine Beziehungen spielen und schaffte es schließlich nach einigen Monaten, dass ich nach Budapest geschickt wurde, um bei Vegyterv zu arbeiten, dem zentralen Ingenieurbüro für die chemische Industrie in Ungarn. Ich kehrte nie wieder nach Almásfüzitő zurück.

6

Vegyterv

DEM KOMMUNISTISCHEN Ungarn war es hinter dem Eisernen Vorhang nahezu unmöglich, mit den entwickelten Volkswirtschaften des Westens zusammenzuarbeiten. Dies war der Grund, warum sehr schnell Organisationen gegründet wurden, die mit Forschungs- und Entwicklungsaufgaben für die heimische Wirtschaft betraut waren. Ich arbeitete für eine dieser Organisationen, sie hieß Vegyterv oder ‚Chemische Planung'. Sie war erst vor kurzem gegründet worden. Ihre Aufgabe war es, Ungarns chemischer Industrie ingenieurwissenschaftliches Know-how zur Verfügung zu stellen, das für den Wiederaufbau und die Weiterentwicklung dringend benötigt wurde. Vegyterv hatte ein riesiges Gebäude bezogen, in dem bis zum Aufkommen des Kommunismus Budapests zentrales Pfandhaus seinen Sitz hatte. Mehr als sechshundert Mitarbeiter mit unterschiedlichen Qualifikationen wurden beschäftigt – darunter Chemiker, Maschinenbau- und Bauingenieure, Architekten, Technische Zeichner und Mitarbeiter in der Verwaltung. In Almásfüzitő war ich ein mittelgroßer Fisch in einem kleinen Teich, hier in Vegyterv war ich ein sehr kleiner Fisch in einem sehr großen Teich. Ich wurde der Abteilung zugeteilt, die sich mit der stickstoffverarbeitenden Industrie beschäftigte. Dabei ging es um Anlagen, die Chemikalien wie Ammoniumnitrat für Kunstdünger und Salpetersäure für Sprengstoffe herstellten.

Es gab bereits eine Nitratfabrik in Ungarn, die das Haber-Bosch-Verfahren nutzte, um Ammoniak zu produzieren. Allerdings hätte die Kapazität drastisch ausgeweitet werden müssen, um die Vorgaben des Fünfjahresplans der Partei erfüllen zu können. Wir nutzten die Fabrik als Modell, um Anlagen für die Produktion der Ausgangsstoffe zu entwickeln, die letztendlich aus Braunkohle gewonnen wurden, Ungarns wichtigstem fossilen Energieträger. Wenn man über das Fabrikgelände ging, schlug einem eine Vielzahl von Gerüchen entgegen: der stechende Geruch von Ammoniak, der üble Geruch nach faulen Eiern des Schwefelwasserstoffs und Kohlenrauch.

Wir gaben unser Bestes, um mit dem technischen Fortschritt Schritt zu halten und orientierten uns, wann immer möglich, am amerikanischen Know-how.

Nach dem Krieg hatten die Alliierten eine Studie zur Organisation der Wirtschaft in Nazideutschland erstellt. Auch wurden Berichte veröffentlicht, in denen Produktionsgeheimnisse detailliert beschrieben wurden. Diese Berichte waren uns zugänglich und wir durchkämmten sie auf der Suche nach wertvollen technischen Informationen. Sehr interessant waren für uns auch die Nitratfabriken, die von der Tennessee Valley Authority Anfang der 1930er-Jahre im Rahmen des New Deals von Präsident Roosevelt errichtet worden waren. Auch wenn wir mehr als zwei Jahrzehnte hinterherhinkten, lasen und analysierten wir sämtliche diesbezüglichen Veröffentlichungen. Eine der nützlichsten Quellen war *Perry's Chemical Engineers' Handbook*. Da es in Amerika auf Englisch veröffentlicht wurde, war es ziemlich teuer, für uns war es aber von unschätzbarem Wert. Die Bibliothek von Vegyterv hatte lediglich ein veraltetes Exemplar des Handbuchs, das wir alle regelmäßig zu Rate ziehen mussten. Doch wie sollten mehrere hundert Personen ein einziges Buch benutzen, das nahezu täglich benötigt wurde? Ich entdeckte, dass *Perry's* ins Russische übersetzt und in der Sowjetunion veröffentlicht worden war. Da alle in den kommunistischen Staaten verlegten Bücher subventioniert und sehr günstig waren, konnte ich mir problemlos ein eigenes Exemplar kaufen. Der einzige Nachteil war, dass ich es jetzt auf Russisch lesen musste. Hier half mir allerdings mein Wissen über die serbisch-kyrillische Schrift, das

Vegyterv

ich mir im Arbeitslager in Wien angeeignet hatte. Auch war die russische Fachsprache ungleich leichter verständlich als die Lektüre von Dostojewski und so hatte ich nach einer Weile die Bezeichnungen für Siedepunkt, Dampfdruck und so weiter gelernt. So konnte ich arbeiten.

Vegyterv beschäftigte einige der fähigsten Leute in Ungarn. Unser Leiter, Laci Sziget, war ein international anerkannter Ingenieur, der ein Verfahren zur Kohlevergasung entwickelt hatte. Außerdem war da noch der Projektmanager Sándor Farkas, der in seinem vorherigen Job der Chef meiner Frau war.

Seine Eltern waren jüdische Ladenbesitzer aus der Mittelschicht, nicht besonders reich, aber doch einigermaßen wohlhabend. Er war einer dieser brillanten jungen Männer, die das Glück auf ihrer Seite hatten – eine seltene, aber nützliche Kombination. Sándor hatte die Kriegsjahre in Frankreich verbracht, wo er Chemieingenieurwesen am renommierten *Institut National Polytechnique de Grenoble* studierte. Er überlebte dank falscher Papiere und indem er seine roten Haare blond färbte. Nach seiner Rückkehr nach Ungarn trat er der Kommunistischen Partei bei und behauptete, mit der *Résistance* zusammengearbeitet zu haben. Im Alter von 25 Jahren bekam er eine Stelle im Staatsdienst und leitete ein wichtiges staatliches Industrieunternehmen.

Sándor war groß und schlank und hatte eine Reihe goldener Zähne, die beim Sprechen funkelten. Er war sehr intelligent und interessierte sich als Wissenschaftler auch sehr für Kunst. Seine ruhige und kraftvolle Sprache verlieh ihm einen Hauch von Autorität. Verheiratet war er mit Klári, eine hübsche junge Frau, die mehrere Sprachen sprach und Artikel für ein Kulturjournal verfasste. Sie genossen alle Vorteile, die ihnen das kommunistische System bot und lebten in einer der besten Gegenden von Budapest mit einem Auto und einem vom Ministerium gestellten Fahrer. Dann wurde Klári krank und der Arzt diagnostizierte Kinderlähmung. Sie kämpfte um ihr Leben und gewann schließlich den Kampf, allerdings blieben einige Narben zurück. Eines ihrer Beine blieb gelähmt und sie wurde verbittert und zynisch. Trotz ihres Unglücks hielt Sándor weiter zu ihr. Meine Frau Vera arbeitete damals als seine Privatsekretärin. Es war ein anspruchsvoller, aber gut bezahlter Job, der ihr viel Spaß machte. Wir trafen uns regelmäßig mit Sándor und Klári und gingen trotz ihres Handicaps einige Male in den Bergen rund um die Hauptstadt mit ihnen spazieren.

Etwa ein Jahr später schien es dann, als wäre auch Sándors Glückssträhne vorbei. Die Theorie von Marx besagte, dass es zu diesem Zeitpunkt der kommunistischen Revolution dunkle reaktionäre Kräfte geben würde, die gegen die neue Ordnung kämpften. Wer genau diese reaktionären Kräfte sein würden, stand dort nicht, aber Generalsekretär Rákosi startete eine Säuberungsaktion. Und so kam es, dass auch Sándor von seinem prestigeträchtigen Posten entfernt wurde.

Der inoffizielle Grund war, dass er während seiner Zeit in Frankreich möglicherweise von westlichen Geheimdiensten rekrutiert wurde und deshalb nicht mehr vertrauenswürdig war. Sándor wurde verhört. Einige Tage später wurde meine arme Vera ins Hauptquartier der Geheimpolizei ins berüchtigte Haus des Terrors auf der Andrássy Út eingeladen und man lehnte eine solche Einladung nicht ab. Anschließend wäre aller Wahrscheinlichkeit nach ich an der Reihe, schuldig durch Mitwisserschaft. Es schien sicher, dass wir nur noch zwei weitere Nummern im ungarischen Gulag werden sollten.

Vera und ich besprachen ausführlich, was wir sagen sollten und wie unsere Verteidigungstaktik aussehen könnte.

Vegyterv

Vera konnte sagen, dass sie über Sándor nichts Belastendes berichten könne. Wenn sie ihn aber trotzdem für schuldig befinden sollten, würden sie Vera als Komplizin ebenfalls strafrechtlich verfolgen. Wenn sie sich jedoch etwas Belastendes ausdenken würde, würden sie sicherlich fragen, warum sie dies nicht schon früher gemeldet hätte. Sie würde dann strafrechtlich verfolgt, weil sie Informationen zurückgehalten hatte. In unserer Verzweiflung entschieden wir uns, die Wahrheit zu sagen und keine belastenden Aussagen zu tätigen.

Sie brachten Vera in einen dunklen Raum, in dem hinter einem Schreibtisch der Vernehmungsbeamte saß. Vera nahm vor dem Schreibtisch Platz, ein weiterer Polizist saß in ihrem Rücken. Auf dem Tisch stand eine Lampe, deren Lichtstrahl auf sie gerichtet war, so wie man es von den Filmen her kennt. Nach der Hälfte des Verhörs verließen beide Männer den Raum und sie blieb einige Minuten allein. Dabei hatte sie das trügerische Gefühl, dass sie beobachtet wird. Das ganze Verhör dauerte fast eine Stunde. Schließlich durfte Vera nach Hause gehen.

In der Folgezeit hatten wir viele schlaflose Nächte und warteten darauf, dass es früh am Morgen an der Tür klopfte. Würden sie Vera allein mitnehmen oder würden sie auch mich gleich festnehmen? Das Ende vom Lied war, dass Vera ohne Begründung degradiert wurde und ihr die niedersten Bürotätigkeiten zugeteilt wurden. Wenigstens wurde sie nicht verhaftet. Auch Sándor war glücklich, dass er nicht wie so viele andere hingerichtet oder in den Gulag geschickt wurde. Er verlor seinen Job, schaffte es aber immerhin, eine Stelle als Lehrbeauftragter in Teilzeit zu bekommen.

Später, als sie im Zuge der Reorganisation der ungarischen Wirtschaft mehr technisch ausgebildete Leute benötigten, wurde Sándor rehabilitiert und nach Vegyterv geschickt.

ALS SELBST DIE DICHTER SCHWIEGEN

Im Gegensatz zur chaotischen Situation in der Erdölraffinerie wurde das Konstruktionsbüro in Vegyterv von technisch qualifiziertem Personal geleitet. Einige von ihnen mögen Parteimitglieder gewesen sein, es fiel aber nicht auf. Auch die Personalabteilung verfolgte die kommunistische Agenda weniger aggressiv und hatte weniger Einfluss auf den Tagesablauf. Tatsächlich gab es nur einen jungen kommunistischen Ingenieur, der einen proletarischen Hintergrund hatte und die jüngeren Angestellten zu einer Gruppe von Parteisympathisanten zusammenschweißen sollte. Er hatte aber nur wenig Erfolg. Die Partei war klug genug zu erkennen, dass zu viele politische Eingriffe in Vegyterv kontraproduktiv sein würden. Schließlich brauchte man Vegyterv, um Ungarns stagnierende Wirtschaft wieder ans Laufen zu bekommen. Die Folge war, dass wir offener über Dinge sprachen, die uns anderswo möglicherweise in Schwierigkeiten gebracht hätten.

Pista Kovács war ein Abteilungsleiter mit besonderer Verantwortung für den Instrumenteneinsatz und suchte als fröhlicher und extrovertierter Mann ständig nach einem Publikum, dem er seine Ansichten über Gott und die Welt mitteilen konnte. Eine zutreffende Feststellung von ihm lautete: „Dies wird ein durchschnittliches Jahr, schlechter als letztes Jahr, aber besser als nächstes Jahr." Sein Lieblingsthema war der sich ständig verschlechternde Zustand der Wirtschaft. Auch beklagte er sich immer über seine finanzielle Lage: „Ihr Lebensstandard", sagte er, „bemisst sich am besten am kleinsten Geldbetrag, den Sie ohne nachzudenken ausgeben. Bisher hätte ich bis zu zehn Forint ohne großes Nachdenken ausgegeben, jetzt liegt meine Schmerzgrenze bei Beträgen über einem Forint."

Tatsächlich konnte man nicht viel für einen Forint kaufen, nicht einmal in der Kantine, in der eine hübsche junge Frau den ganzen Tag starken Espresso und einfache But-

Vegyterv

terbrote servierte. Trotzdem fanden alle männlichen Angestellten eine Ausrede, um mit ihr ins Gespräch zu kommen.

Im Kommunismus sollte es bei der Arbeit keine Diskriminierung zwischen Männern und Frauen geben. Und die sprachliche Laune, dass im Ungarischen dasselbe Wort für „er" und „sie" verwendet wird, hätte diesbezüglich helfen können. In der Regel stand der kommunistischen Forderung nach Gleichberechtigung jedoch die traditionelle Haltung der meisten ungarischen Männer im Weg.

Eine der Frauen bei Vegyterv war die Maschinenbauingenieurin Terike. Sie hatte ihre Abschlussprüfungen absolviert, während sie sich um ihre Zwillinge kümmern musste. Sie war eine sehr attraktive Frau mit blonden Haaren und durchdringenden blauen Augen. Ich fuhr oft mit ihr zu der neuen Nitratfabrik, die wir entwickelt hatten. Wegen ihres guten Aussehens versuchten mehrere Männer sich an sie ranzuschmeißen, aber Terike war eine treue Ehefrau und flirtete nie mit jemandem. Leider hat ihr Ehemann, den ich später im Flüchtlingslager in England traf, sie und ihre Kinder später verlassen. Eine andere Ingenieurin bei Vegyterv war Jutka. Sie war von ihrer Erscheinung her das komplette Gegenteil von Terike und hatte lange, schwarze Haare und dunkle Augen. Als Ingenieurinnen waren sie sich jedoch ähnlich und dachten nicht lange darüber nach, ob sie eine Leiter mehrere Etagen hochklettern sollten, um ein undichtes Ventil zu untersuchen. Jutka und Terike waren Paradebeispiele der neuen ungarischen Frau. Die dem Marxismus innewohnende Forderung nach einer Gleichstellung der Geschlechter hatte es den qualifizierten Frauen, die zuvor einen „traditionellen" Job wie beispielsweise eine Sekretärin gewählt hätten, erleichtert, als Wissenschaftlerinnen und Ingenieurinnen einen Beitrag zur Wirtschaft zu leisten.

ALS SELBST DIE DICHTER SCHWIEGEN

Unsere Arbeit im Konstruktionsbüro konzentrierte sich auf zwei Nitratfabriken, die veraltete in Pét und eine neue, die wir in Kazincbarcika errichteten. Den Technikern wie mir war schmerzlich bewusst, dass uns bei jedem Arbeitsunfall in der neuen Anlage, der auf einen von uns begangenen Fehler zurückzuführen war, automatisch Sabotage vorgeworfen werden würde. Die Strafe für den Entwurf einer Brücke, die später einstürzte, konnte der Tod sein. Immer ging es darum, dass irgendwo irgendwer als Schuldiger identifiziert werden konnte. Sicher war nur, dass es kein Parteimitglied in einer verantwortlichen Position sein würde.

Dies war der Grund, warum wir und alle Beteiligten vor Ort immer auf Nummer sicher gingen und bei unseren Entwürfen sehr konservativ waren. Wenn wir *Perry's Chemical Engineers' Handbook* entnehmen konnten, dass im Westen ein Sicherheitsfaktor von fünfzehn Prozent ausreichen würde, nahmen wir in Ungarn mindestens den dreifachen Wert. Ich musste regelmäßig Daten liefern über das Volumen der Güter, die über Pipelines transportiert werden mussten. Natürlich baute ich bei der bauartbedingten maximalen Transportkapazität einen Sicherheitspuffer von 50 Prozent ein, bevor ich die Daten an die Konstrukteure der Rohre weiterleitete. Sie schlugen ihrerseits einen Sicherheitspuffer von 50 Prozent auf, bevor sie die Informationen an die Fabrik weiterleiteten, in der die Rohre gebaut werden sollten. Die Fabrik wiederum verwendete ihre eigene Sicherheitsmarge von 100 Prozent bei der Produktion der Rohre. Diese waren schließlich so schwer, dass massive Stützpfähle benötigt wurden. Letztendlich stellte der Neubau der Anlage eine groteske Verschwendung von Ressourcen dar, die auch auf Kosten der Umwelt ging. Im Westen hätte der Bau unweigerlich in den Konkurs geführt.

Vegyterv

Auch ein anderes Problem wurde während meiner Zeit bei Vegyterv sehr deutlich. Es gab kein effektives Finanzcontrolling. Es gab zwar Budgets und natürlich wurde für diese Budgets Geld als Basiseinheit verwendet. Allerdings variierte der Wert des Geldes in der kommunistischen Wirtschaft. Es gab jeweils gesonderte Preise für Güter, die lokal produziert wurden, die aus einem anderen kommunistischen Land importiert wurden und die aus dem Westen importiert werden mussten. Für jede dieser Lieferquellen gab es ein eigenes Budget. Für Importe musste man den unrealistischen offiziellen Wechselkurs zwischen *Forint* und US-Dollar verwenden, auch wenn zu diesem Kurs niemals ein Geschäft mit einem westlichen Zulieferer zustande kommen konnte. In jedem Fall sollten Vorprodukte, die in Ungarn oder anderen kommunistischen Ländern verfügbar waren, gegenüber Importen aus dem Westen bevorzugt werden. Dies galt unabhängig von Preis, Qualität oder Eignung. Auf Grund des vorhandenen separaten Budgets für Arbeitskräfte, das nicht mit einem anderen Budget verrechnet werden konnte, konnten die Industriebetriebe manuelle Tätigkeiten nicht durch Automatisierung ersetzen.

Die Arbeiter hatten eine lebenslange Jobgarantie unabhängig davon, ob sie tatsächlich etwas zu tun hatten oder nicht. Für die Industriebetriebe bedeutete dies, dass sie Gehälter für Personen zahlen mussten, die keine Funktion ausübten oder sogar bereits in Rente gegangen waren. „Wie viele Leute arbeiten hier?", hieß es in einem alten Witz, bei dem die Antwort lautete: „Rund 30 Prozent". Die Sowjetunion war besessen davon, die kapitalistischen Volkswirtschaften des Westens zu überholen. Stattdessen fiel sie immer weiter zurück. Nach dem sowjetischen Modell musste jeder ungarische Betrieb einen Fünfjahresplan haben, dessen Ziele zentral festgelegt und ohne Rücksprache nach unten weitergegeben wurden. Unabhängig von den praktischen Auswirkungen wurde jedes Jahr eine Produktionssteigerung gefordert. Die Ölraffinerie in Almásfüzitő hatte im Krieg schwere Schäden durch Bombardierungen davongetragen, woraufhin der daraus resultierende Schrott gesammelt und als nützliches Rohmaterial für die Schmelzöfen an ein Stahlwerk geliefert wurde. Und so erhielt die Raffinerie im nächsten Jahr das Ziel, noch mehr Metallschrott zu sammeln. „Was sollen wir machen?", grummelte der Chefingenieur. „Auch die restliche Anlage in die Luft sprengen?"

Es war daher kein Wunder, dass Ungarn während des Kommunismus beinahe kollabierte. Wir arbeiteten in einer Blase, die irgendwann platzen musste.

Frau und Sohn des Autors im Urlaub in den Bergen

Während meiner Zeit in Vegyterv wurde ich 1952 zum Militärdienst einberufen. Offiziell hätte ich mit achtzehn Jahren in die Armee eingezogen werden und zwei Jahre dienen müssen. Allerdings war ich als Universitätsstudent zunächst vom Militärdienst befreit worden. Mein Einberu-

Vegyterv

fungsbefehl erreichte mich daher erst jetzt, nachdem ich angefangen hatte zu arbeiten. Ich hatte daher keine Wahl mehr und musste eine zweimonatige Grundausbildung absolvieren. Obwohl der Frühling in diesem Jahr bitterkalt war, hatten wir nur Sommeruniform, ein offenes Zelt zum Schlafen und wir wuschen uns am Wasserhahn mit kaltem Wasser.

Wir hatten keine Strümpfe und mussten uns stattdessen mit den traditionellen, aber primitiveren *Kapca* begnügen, einem Stoffstück, das um die Füße gewickelt wurde. Wenn sie gut gewickelt wurden, waren sie sehr bequem. Wenn nicht, rutschten sie runter und wurden auf einem langen Marsch zur Tortur. Das Essen bei der Armee, eine breiige Pampe mit etwas Fett und – wenn man Glück hatte – etwas Speck, war schrecklich. Es war genauso ungenießbar wie das Essen im Arbeitslager während des Krieges. Ich wurde zur Artillerie geschickt und wurde ein Aufklärer, der die feindlichen Ziele auskundschaftete und meldete. Ich gehörte damit zu den Soldaten, die jeder vernünftige Feind zuerst zu töten versuchte. Da ich der einzige Soldat im Zug war, der eine wissenschaftliche Ausbildung an der Universität absolviert hatte, war es an mir, meinem Unteroffizier die geometrischen Zusammenhänge zwischen Sinus, Cosinus und Tangens zu erklären, mit denen man feindliche Positionen berechnen konnte.

Nach der katastrophalen Entscheidung, an der Seite von Nazi-Deutschland in den Krieg zu ziehen, wurde die neue ungarische Volksarmee als exakte Kopie der sowjetischen Roten Armee aufgebaut. Ich las ein Buch über die Verteidigung der Straße nach Moskau durch die Rote Armee im Jahr 1941, das militärischen Drill, blinden Gehorsam und die standrechtliche Hinrichtung all jener propagierte, die versuchten, weniger als ihre Pflicht zu tun. Unsere Offiziere zitierten regelmäßig den Spruch der Roten Armee: „Jeder

Eimer, den Sie während der Übungen schwitzen, erspart Ihnen einen Blutstropfen im Kampf".

Es war Tradition, dass unsere Offiziere uns das Training schwer machen und uns schikanieren sollten. So kam es beispielsweise vor, dass sie uns vor einem Marsch kleine Steinchen in die Stiefel streuten. Zum Glück waren sie selbst Reservisten und keine Berufssoldaten, so dass sie ihre Aufgaben nicht allzu ernst nahmen. In der Kaserne gab es einen Sanitäter, jedoch gingen Gerüchte um, dass er nur zwei Arzneimittel hatte: Aspirin für Schmerzen oberhalb der Gürtellinie und Rizinusöl für Schmerzen unterhalb der Gürtellinie.

Wir erhielten eine Grundausbildung an der russischen *Shpagin*-Maschinenpistole. Allerdings vertraute man uns die Munition nur dann an, wenn wir das Munitionslager bewachen mussten. Und auch dann erhielten wir nur zwei Patronen.

Der Befehl lautete, jeden aufzugreifen, der sich dem Lager näherte. Jedoch hatte keiner unserer Offiziere den Mut, uns zu testen. Vermutlich hatten sie Angst davor, dass wir zu schießwütig waren. Unsere Waffen wurden regelmäßig inspiziert und es gab Strafen für die klitzekleinste Roststelle. Dabei war es egal, ob es sich wirklich um Rost handelte oder ob der Rost nur in der Vorstellung der Offiziere vorhanden war. Auf der anderen Seite wurde man auch bestraft, wenn man zu viel Schmierfett verwendete. Unser Unteroffizier stammte aus einer bäuerlichen Familie und hasste daher anscheinend Intellektuelle wie mich. Trotzdem behandelte er mich immer noch besser als der schreckliche Führer, mit dem wir es während der Schulzeit in der *Levente* zu tun hatten.

Als Abschlussprüfung mussten wir einen großen Orientierungsmarsch absolvieren, der in der Nacht begann. Dabei hatten wir nur wenige Sekunden Zeit, um uns anzuziehen und all unsere Sachen in die Rucksäcke zu verstauen. Als begeistertes Mitglied der Ungarischen Wandergesellschaft war ich es gewohnt, mit Rucksack in den Bergen zu wandern. Ich wusste daher, wie man ihn packt, damit er nicht scheuert. Auch war ich gut im Training und fand daher den Marsch nicht allzu anstrengend. Wir hatten aber auch einen Parteikommissar unter uns. Sein Name war Pali. Er war ein gutmütiger, aber schwächlicher junger Mann aus der Stadt und von Beruf Buchhalter. Er folgte stets dem sowjetischen Vorbild, ohne es zu hinterfragen, verteidigte die Parteilinie und hielt uns Vorträge über Patriotismus und Pflichterfüllung. Immerhin lebte er das, was er predigte. Tatsächlich war er einer der wenigen selbstlosen Kommunisten, denen ich begegnet bin. Während des Gewaltmarsches bot er an, Gepäck für diejenigen zu tragen, die sonst zurückgefallen wären. Allerdings hatte er seine Kräfte überschätzt und war daher am Ende völlig erschöpft.

Zum Abschluss meiner Grundausbildung erhielt ich die zwei Streifen eines *Tizedes* oder Obergefreiten. Sie schienen mit mir zufrieden zu sein und boten mir die Möglichkeit, mich noch für zwei Monate zu verpflichten und Unteroffizier zu werden. Ich lehnte aber ab: Es war durchaus vorstellbar, dass es zu einem Krieg mit Jugoslawien kommen könnte. Denn Jugoslawien hatte sich Stalin widersetzt und war als schwarzes Schaf aus der sozialistischen Herde ausgeschlossen worden und zu unserem gefährlichsten Feind avanciert. Jedes Mal, wenn der Name Tito auf einer öffentlichen Versammlung erwähnt wurde, reagierten die Anwesenden mit einem lauten Buuuuh!

Auch wenn es mir am Ende der Grundausbildung beinahe Spaß gemacht hatte, Soldat zu spielen, so wollte ich definitiv nicht erneut an einem echten Krieg teilnehmen. Außerdem war Vera schwanger.

ALS SELBST DIE DICHTER SCHWIEGEN

Bis zu diesem Zeitpunkt waren wir äußerst vorsichtig gewesen, um eine Schwangerschaft zu vermeiden. Aber Anfang 1952 hatten wir beschlossen, dass es an der Zeit war, eine Familie zu gründen. Wir gingen davon aus, dass es mehrere Monate dauern würde, in denen wir das entspannte Eheleben genießen konnten. Leider wurde Vera sofort schwanger. Da den Frauen nur drei Monate Mutterschaftsurlaub gewährt wurde und kein Tag mehr, arbeitete sie fast bis zum Tag der Geburt, um mehr Zeit für das Baby zu haben.

Der Onkel von Vera war zufällig der Verwaltungsdirektor eines großen Krankenhauses in Budapest und er vermittelte Vera an einen der besten Gynäkologen der Stadt. Der Professor erklärte sich tatsächlich bereit, das Baby zur Welt zu bringen. Zu unserer großen Freude kam unser Sohn gesund zur Welt und nach ein paar Tagen nahmen wir ihn mit nach Hause. Wir nannten ihn István, nach meinem von den Russen ermordeten älteren Bruder. István lachte den ganzen Tag und weinte die ganze Nacht. Er schrie dann so laut, dass er den ganzen Wohnblock wach hielt. Eines Nachts kam eine Dame aus einer anderen Wohnung auf den Flur und schrie so laut sie konnte: „Wenn er ungezogen ist, schlagen Sie ihn! Wenn er krank ist, bringen Sie ihn zum Arzt!"

Wir machten nichts von beidem. Bald nach Istváns Geburt musste Vera wieder arbeiten und so beschäftigten wir eine Kinderfrau und zahlten ihr die Hälfte von Veras Gehalt. Sie war die Witwe eines hochrangigen Offiziers, der im Krieg gefallen war. Sie muss in jungen Jahren eine ziemlich wohlhabende Frau gewesen sein, aber sie erhielt keine Rente und brauchte einen Job. Wir engagierten auch einen Kinderarzt, dem wir jeden Monat eine feste Gebühr zahlten. Dies stellte sich als sehr gute Investition heraus, da eines Tages eine der schlimmsten Polio-Epidemien seit

Jahren Istváns Kindertagesstätte erreichte und er ebenfalls schnell Fieber bekam.

„Sie müssen versuchen, ein neues Polio-Medikament zu bekommen", empfahl uns Istváns Kinderarzt. Aber es stellte sich heraus, dass das Arzneimittel, von dem er gehört hatte, nicht frei verfügbar war. Glücklicherweise war der Sohn eines Kollegen von Vera in derselben Kindertagesstätte und auch dessen Mutter machte sich Sorgen wegen der Epidemie. Da ihr Ehemann ein leitender Funktionär in der Kommunistischen Partei war, hatte sie die nötigen Verbindungen, um an das Medikament zu kommen, und leitete ein Fläschchen an Vera weiter. Die Medizin wurde István verabreicht und so wurde er wieder vollständig gesund.

Obwohl wir beide relativ gut bezahlte Jobs hatten, war unser Lebensstandard nicht hoch. Unser Abendessen bestand oft nur aus ein paar *Lángos*, dicken Pfannkuchen aus frittiertem Teig, die wir an der Straßenecke kauften. Im Winter kauften wir jeden Tag einen Apfel für István und teilten uns die Haut. Wir fütterten ihn mit Paprika, Ungarns Nationalgemüse, das reich an Vitamin C ist, während wir die Samen aßen. Unser gemeinsames Einkommen lag über dem nationalen Durchschnitt, aber mit unseren neuen Ausgaben konnten wir uns nicht mehr als eine Paprika pro Tag leisten. Und ganz sicher hatten wir kein Geld für einen Urlaub.

„Warum kommt ihr nicht zu uns und verbringt hier eine Woche Urlaub?", schlug Sándor Farkas eines Tages aus heiterem Himmel vor. „Wir haben genug Platz in unserer Wohnung und die Luft würde István gut tun."

In der Wohnung von Sándor und Klári in den Budaer Bergen zu wohnen war für uns eine wahre Freude und wir mussten nicht überredet werden, um ihr großzügiges Angebot anzunehmen. Zu dieser Zeit war István acht Monate alt, wurde nicht mehr gestillt und weinte nicht mehr die ganze Nacht. Er war ein süßer kleiner Junge, der immer lächelte und überall herumkrabbelte. Ich kann nicht sagen, ob seine Anwesenheit Klári zum Nachdenken brachte oder nicht. Jedenfalls brachte sie neun Monate später ihre Tochter Kati zur Welt.

Was als nächstes geschah, war wirklich filmreif. Klári ließ sich von Sándor scheiden und heiratete den jüngeren Pali, der mit ihr und ihrer Tochter in eine gemeinsame Wohnung zog und den sie wie eine Mutter verwöhnte.

Einige Jahre später ließ sich Pali von Klári scheiden und heiratete seine deutlich jüngere Stieftochter Kati, mit der er schließlich vier Kinder hatte. Klári, nunmehr die Schwiegermutter ihres Ex-Mannes, zog in deren Haus und kümmerte sich um ihre Enkelkinder. Sándor wiederum, der nebenberuflich als Dozent tätig war, kam mit Panni zusammen, eine seiner Studentinnen, die deutlich jünger war als er und die er schließlich heiratete. Panni war fast das genaue Gegenteil von seiner ersten Frau Klári: Sie stammte aus einer Bauernfamilie, sprach keine Fremdsprachen und hatte keine Ahnung, wie man sich standesgemäß benahm. Sie hatten zwei Söhne und ihre alte Mutter lebte mit ihnen zusammen. Sándor war weiterhin mit Klári freundschaftlich verbunden und immer, wenn er offizielle ausländische Gäste betreuen musste, bat er sie, ihn zu begleiten. So als ob sie immer noch seine Frau wäre. Panni schien sich nie daran zu stören.

Auch wenn das Arbeitsumfeld in Vegyterv für Sándor, für mich und für die anderen besser war als in Almásfüzitő, nahm die Paranoia im strategisch bedeutenderen Vegyterv zu. Im Ingenieursbüro musste alles streng geheim gehalten werden. Wir mussten wachsam sein und dem Feind trotzen, der angeblich ständig versuchte, unser schönes sozia-

Vegyterv

listisches System zu zerstören. All unsere Entwürfe, Papiere und Datenblätter mussten daher nachts in einem Tresorraum weggesperrt werden. Das galt auch für die Pläne, die wir anfangs von westlichen Unternehmen gekauft hatten. Natürlich war dies vergebene Liebesmüh: Niemand im Westen wollte Entwürfe stehlen, die auf der Technologie von gestern basierten. Aber diese Art von Gehirnwäsche diente dazu, uns wach und auf Trab zu halten.

Jeden Morgen und jeden Abend bildete sich vor dem Fenster des Tresorraums, in dem die Dokumente aufbewahrt wurden, eine lange Schlange und wir mussten geduldig warten, bis wir an der Reihe waren.

Nachdem wir das bekommen hatten, was wir brauchten, mussten wir den Empfang der Unterlagen quittieren. Dieses Prozedere wiederholte sich jeden Abend in umgekehrter Reihenfolge, was uns eine weitere halbe Stunde kostete. Als wir nach Hause gegangen waren, durchstöberten die Sicherheitsleute unsere Schreibtische. Wir wären in große Schwierigkeiten geraten, wenn sie irgendetwas gefunden hätten, das als „vertraulich" gestempelt war. Eines Tages fand ich eine Lösung, um weniger Zeit in der Warteschlange zu verbringen: Ich trennte das als „vertraulich" gestempelte Deckblatt von den übrigen Dokumenten und versah das neue obere Blatt mit dem Stempel „veraltet". Auf diese Weise konnte ich die Papiere, an denen ich arbeitete, in meinem Schreibtisch aufbewahren, da die Sicherheitsleute keinerlei technisches Wissen hatten. Die Tatsache, dass selbst ein veralteter Bauplan für einen möglichen Feind von Nutzen sein könnte, kam ihnen nicht in den Sinn.

Die allgegenwärtige Paranoia trieb manchmal seltsame Blüten. Es war die Zeit, als es noch keine Computer gab und in Vegyterv alles auf Schreibmaschine mit Kohlepapier getippt wurde. Wenn das Kohlepapier nur einmal verwendet wurde, war es leicht, den Text zu entziffern. Einer der

Manager entging nur knapp einer Anklage für die CIA zu spionieren, weil er Kohlepapiere in seinen Papierkorb geworfen hatte, anstatt sie schreddern zu lassen. Seine potenziell tödliche Tat wurde von den Sicherheitsleuten entdeckt, die offensichtlich nachts alle Papierkörbe überprüft hatten. Es kam noch nicht einmal darauf an, welcher Inhalt sich auf dem Papier befand.

Es gab ein strenges Arbeitszeitregime in Vegyterv. So mussten wir einen Stundenzettel ausfüllen, auf dem wir für jede Stunde festhielten, womit wir uns beschäftigt hatten. Da wir noch keine Computer hatten, übernahm eine vertrauenswürdige Kommunistin aus der Personalabteilung, Genossin Olga, die Aufgabe, die Arbeitsergebnisse des technischen Personals zu prüfen. Olga war eine gutaussehende Frau um die 40, die man von weitem an ihren beiden großen Ohrringen erkennen konnte. Sie trug immer einen kurzen Rock, um ihre wohlgeformten Beine zu zeigen und eine farbenfrohe Bluse, bei der stets die drei obersten Knöpfe aufgeknöpft waren.

Trotz ihres koketten Aussehens hatte sie stets einen strengen Gesichtsausdruck und eine nüchterne Stimme. Ich habe sie nicht einmal lächeln gesehen oder ein Lachen gehört. Am Ende eines jeden Monats sagte sie immer den gleichen Spruch auf: „Genosse Pogány, was haben Sie diesen Monat gemacht?"

Ich musste ihr alle meine Dokumente zeigen und alle Berechnungen vorlegen, die ich auf meinem Rechenschieber durchgeführt hatte. Da ihr jegliches technisches Verständnis fehlte, konnte sie weder die Qualität der Arbeiten überprüfen noch beurteilen, ob die Arbeiten überhaupt in irgendeiner Weise zielführend waren. Sie notierte in einer großen Tabelle die Anzahl der Seiten, die ich ihr vorgelegt hatte und zeichnete dann jede Seite ab. Ich verbrachte

Vegyterv

viel Zeit für Recherchen in der Bibliothek, so dass ich ihr manchmal kein Papier zum Unterschreiben vorlegen konnte. Würde eine glühende Kommunistin wie Olga das verstehen oder würde sie es als Sabotage erachten? In diesen Fällen ging ich kein Risiko ein und legte ihr stattdessen die Papiere vor, die sie im Vormonat abgezeichnet hatte. Allerdings überreichte ich ihr statt der Originale mit ihrer Unterschrift nur die Durchschriften. „Die Originale sind nicht mehr bei uns", sagte ich ihr, „Ich habe sie an den Kunden weitergeleitet." Sie hatte an dieser Erklärung nichts auszusetzen und unterschrieb pflichtbewusst die Durchschläge. Was für eine sinnlose Zeitverschwendung!

Es war faszinierend. Während Leute wie Olga die Leistung der einzelnen Mitarbeiter rigoros kontrollierten, schien sich der Staat für die allgegenwärtigen Ineffizienzen des Systems überhaupt nicht zu interessieren. Im ganzen Land gab es eine riesige Überbeschäftigung. Wenn ich auf dem Heimweg von Vegyterv Aspirin kaufen wollte, musste ich zu einer Apotheke gehen, die drei Fenster hatte. Am ersten Fenster sagte ich, was ich wollte, und erhielt einen Zettel, auf dem der Preis stand. Am zweiten zahlte ich das Geld und ließ den Zettel abstempeln. Am dritten Fenster übergab ich den abgestempelten Zettel, der abgeheftet wurde, und erhielt meine Tabletten.

Drei Mitarbeiter waren beschäftigt, um diesen einfachen Kauf über die Bühne zu bringen, und im Hintergrund waren weitere damit beschäftigt, den damit verbundenen Papierkram zu erledigen.

Aber auch wenn wir in einem sozialistischen Staat lebten, der eine Beschäftigungsgarantie bot, so gab es doch Instrumente, mit denen die Unternehmensleitung ihr Bestes gab, um gute Leistungen zu honorieren. Unser durchschnittliches Monatsgehalt setzte sich zusammen aus einem Fixgehalt, das etwa 85 Prozent ausmachte und einem variablen Anteil von etwa 15 Prozent. Dieser Bonus variierte und fiel mal höher und mal niedriger aus. Jeder Manager musste seine Untergebenen jeden Monat bewerten. Einige Mitarbeiter wurden über- und andere unterdurchschnittlich bewertet. Der jeweilige Abteilungsleiter sammelte anschließend alle Bewertungen ein und wog die Bewertungen gegeneinander ab. So kam es vor, dass er bei Führungskräften, die er für zu hart hielt, den Bonus für dessen Mitarbeiter erhöhte und ihn bei Führungskräften, die er für zu weich hielt, reduzierte. Das Fixgehalt war für uns überlebensnotwendig. Mit ihm bezahlten wir Lebensmittel, Fahrtkosten und andere wichtige Dinge. Mit dem Rest, den wir als Bonus betrachteten, auch wenn er jeden Monat kam, konnten wir Theater- oder Opernkarten kaufen oder ab und zu mal ein Kleidungsstück. Es war aber immer noch ein Hungerlohn. Auf ein Hemd oder ein Paar Schuhe musste ich drei Monate, auf ein Kleid für meine Frau sechs Monate und auf einen Mantel sogar zwei Jahre lang ansparen.

Die Idee mit dem Bonussystem verbreitete sich noch weiter, als es auch auf ganze Fabriken angewendet wurde. Aber woran sollte man den Bonus für die Leitungsriege einer Fabrik festmachen? Da die individuelle Leistung der Führungskräfte nicht gemessen werden konnte, wurden komplizierte Zielsysteme entwickelt, die sich daran orientierten, was von der Fabrik als Ganzes erwartet wurde. So wurden beispielsweise Bonuspunkte für zusätzliche Produktionsmengen vergeben, aber auch für Einsparungen bei Rohstoffen, Kraftstoff usw. gab es Punkte. Dieses Anreizsystem führte gelegentlich zu kuriosen Situationen. Einmal musste ich die Fabrik in Pét besichtigen, konnte aber den Technischen Leiter nicht finden. Es stellte sich heraus, dass er zusammen mit dem leitenden Chemiker, dem leitenden Ingenieur und dem Direktor eine wichtige Besprechung hatte.

Vegyterv

Offensichtlich hatten sie gerade neue Vorgaben für die Fabrik vom Ministerium für die chemische Industrie erhalten und die leitenden Angestellten überlegten nun gemeinsam, wie sie die Anlage betreiben sollten, um ihre Zulagen zu maximieren. Wenn beispielsweise ein zusätzlicher Bonus daran gekoppelt war, die Produktion eines eigentlich nutzlosen Nebenprodukts zu steigern, dann konnte es gut passieren, dass man sich genau darauf einigte.

Neben solchen Taschenspielertricks gab es dunklere Wege, wie die Regierung die Menschen dazu brachte nach ihrer Pfeife zu tanzen. Eines Tages bat uns unser Abteilungsleiter alle zu einem Treffen. Zu unserer Überraschung übernahm ein Parteifunktionär den Vorsitz.

„Willkommen, Genossen, zu unserem wichtigen Treffen!", sagte er zur Einleitung. „Ich bin sicher, dass ihr alle in Frieden leben wollt. Daher ist es wichtig, dass wir unseren Frieden verteidigen können. Unsere Parteiführung hat beschlossen, euch eine führende Rolle bei der Verteidigung unseres Friedens zu geben. Sie bietet euch daher den Kauf von Friedensanleihen an. Ihr könnt bis zu zehn Prozent eures Gehalts für diese Anleihen investieren. Mehr ist nicht erlaubt, da dies für einige von euch Schwierigkeiten verursachen würde." Dabei lächelte er unheimlich. „Natürlich wird der Kredit – denn darum handelt es sich bei den Anleihen – in spätestens fünfundzwanzig Jahren vollständig und mit Zinsen zurückgezahlt. Während der Laufzeit wird nach fünf Jahren ein Teil der Zinsen in Form einer Lotterie ausgezahlt. Dabei hat jeder Besitzer einer Friedensanleihe die Chance, einen großen Geldbetrag zu gewinnen. Was haltet ihr davon, Genossen?"

Die erste Frage lag auf der Hand und es war Pista Kovács, der sie stellte: „Ist der Kauf dieser Friedensanleihen verpflichtend?" Wir wussten die Antwort bereits.

ALS SELBST DIE DICHTER SCHWIEGEN

„Natürlich ist der Kauf nicht obligatorisch", erklärte der Beamte. „Aber ich erwarte, dass jeder die Anleihen freiwillig kauft. Die Parteiführung erwartet dies von uns allen. Sie haben eine Woche Zeit, um sich zu entscheiden."

Ich besprach die Angelegenheit mit Vera, die an ihrem Arbeitsplatz ebenfalls auf die Friedensanleihen angesprochen worden war.

Das Gehalt reichte in der Regel aus, um gerade so zu überleben. Zehn Prozent weniger Gehalt war daher ein echter Einschnitt. Andererseits konnten wir es uns wahrscheinlich nicht leisten, keine Anleihe zu zeichnen. Wir beschlossen, zunächst abzuwarten, wie andere sich entscheiden würden. Am nächsten Tag wurde an allen Arbeitsplätzen eine Liste mit den Namen derer aufgehängt, die sich bereits entschieden hatten. Die Liste wurde täglich aktualisiert. Ganz oben auf der Liste erschienen die Namen der Parteimitglieder, die mit gutem Beispiel vorangehen mussten und keine Wahl hatten. Es folgten die Namen der Abteilungs- und Bereichsleiter mit den höchsten Gehältern. Dann passierte lange Zeit nichts, so dass der Druck erhöht wurde. Im ganzen Land versuchten Parteifunktionäre in Büros und Betrieben, die Menschen zu überzeugen freiwillig die Friedensanleihen zu kaufen und übten, falls erforderlich, den nötigen Druck aus. Parteimitglieder und Gewerkschaftsfunktionäre sprachen mit jedem von uns in regelmäßigen Abständen, wobei sie die Strategie von Zuckerbrot-und-Peitsche nutzten. Allerdings war das Zuckerbrot ziemlich klein und die Peitsche ziemlich groß. Mir wurde unverblümt gesagt, dass in einem so wichtigen Job wie meinem kein Platz für reaktionäre Elemente bestehe. Was würde ich davon halten, wieder in der Raffinerie von Almásfüzitő zu arbeiten? Es gäbe dort eine freie Stelle für mich. Schlussendlich akzeptierten wir – und praktisch auch alle anderen – das Unvermeidliche. Wir stellten der

Vegyterv

Kommunistischen Partei freiwillig unser hart verdientes Geld zur Verfügung, damit die Regierung steuernd in die Wirtschaft eingreifen, unsere Kaufkraft reduzieren und Rationierungen verhindern konnte. Diese Farce wiederholte sich von da an jedes Jahr. Trotz der Zusicherungen wurden die Friedensanleihen nicht innerhalb der versprochenen Zeit zurückgezahlt. Die letzte Rückzahlung erfolgte 1977, allerdings hatte die Inflation die ausgezahlten Summen zwischenzeitlich nahezu wertlos gemacht. Zu diesem Zeitpunkt hatten wir unsere Anleihen längst auf Verwandte überschrieben und sie vergessen. Es gab bei der Arbeit nur sehr wenige echte Vergünstigungen, da die naheliegendsten – Krankenversicherung, Kinderbetreuung, kostenlose Bildung, Rentenzahlungen – allen gewährt wurden.

Äußerst begehrt war aber ein gelegentlicher Urlaub in einer der Ferienanlagen am Plattensee – das „Ungarische Meer" – oder in den Bergen. Diese Anlagen wurden von der Gewerkschaft betrieben. Die Gewerkschaft war es auch, die Gutscheine für eine Woche Urlaub als Belohnung für gute Arbeit ausgab.

Die Gutscheine hatten allerdings einige Haken. Zum einen erhielt immer nur eine Einzelperson einen Gutschein, nur selten ein Paar und fast nie eine ganze Familie. Das andere Problem war, dass viele ungarische Ferienanlagen damals nur große Schlafsäle für Frauen und Männer zur Verfügung stellten. Selbst wenn man also einen Gutschein für zwei Personen erhielt, bestand die Möglichkeit, dass Ehepartner getrennt voneinander schlafen mussten. Einmal erhielten Vera und ich einen Gutschein für zwei Personen für ein Hotel am Plattensee. Allerdings hatte das Hotel nur zwei Familienzimmer, der Rest waren Schlafsäle. Um sicher zu gehen, dass wir eines der Familienzimmer erhielten, schrieb ich im Namen unserer Personalabteilung vor der Abreise einen Brief, in dem ich mitteilte, dass wir auf Hochzeitsreise waren. Das war natürlich frei erfunden, aber wir sahen noch sehr jung aus. Es klappte, wir erhielten tatsächlich ein separates Zimmer. Das Hotel war für die damaligen Verhältnisse im kommunistischen Ungarn gut und wir hatten sogar Vollpension. Da wir uns keine Gedanken ums Essen machen mussten, hatten wir den ganzen Tag zur freien Verfügung und gingen zum Strand, spielten Tischtennis oder Schach oder fuhren mit einem Kajak auf dem Plattensee. Wir mussten nur darauf achten, pünktlich zum Essen zurück zu sein.

In der Regel – und damit folgte man dem sowjetischen Beispiel – wurden einige fleißige Leute ausgewählt, um als gutes Beispiel zu dienen und den Rest zu inspirieren. Im Bereich der Kunst belohnte die Regierung außergewöhnliche Leistungen und vergab Titel wie „herausragender Künstler", „herausragender Maler" oder „herausragender Bildhauer". Oft waren diese nicht viel mehr als eine Anerkennung für die treue Umsetzung des nach der kommunistischen Doktrin geforderten Kunststils. In der Industrie wurden diejenigen, die ihre Arbeitsziele um mehr als einhundert Prozent übertroffen hatten, als *élmunkás* – „exzellenter Arbeiter" – bezeichnet und erhielten besondere Privilegien, wie z. B. Urlaub in einem anderen kommunistischen Land. Das begehrteste Privileg war eine Wohnung in einem neu gebauten Plattenbau. Sie waren zwar klein und hässlich, hatten keine Schalldämmung und benötigten fast immer Reparaturen, aber sie boten für eine Familie immerhin ein zu Hause.

Der 1. Mai, der Tag der Arbeit, wurde als Feiertag genutzt, um die Herrschaft des Proletariats mit einer großen Parade zu feiern. In Budapest fand immer eine große Parade auf dem Heldenplatz statt, wo für unsere Parteiführer und für die Vertreter anderer kommunistischer Länder eine Tribüne errichtet wurde. Die Teilnehmer der Parade sammelten sich in den jeweiligen Betrieben und zogen von dort aus los. Da Budapests Straßenbahnen an diesem Tag nur bis 7 Uhr morgens fuhren, musste ich immer im Morgengrauen aufstehen und mir in meiner besten dunklen Hose und einem weißen Hemd meinen Weg quer durch die Stadt bahnen. Am Hemd hatte ich alle Medaillen, die ich gewonnen hatte, angebracht. Die Temperatur erreichte oft fünfundzwanzig Grad und mehr.

Die Personalabteilung von Vegyterv verteilte die erforderlichen roten Flaggen und Porträts von Rákosi, Stalin, Marx, Lenin und weiteren Führern. Ich versuchte, mich nicht freiwillig zu melden. Um 9 Uhr morgens zogen wir dann los. Dabei marschierten jeweils sechs in einer Reihe zum Klang der Blaskapellen der großen Fabriken, die bekannte kommunistische Hymnen spielten. Zuerst kamen wir einigermaßen gut voran, aber als wir uns dem Stadtzentrum näherten, wurden wir durch die Menschenmassen gebremst. Endlich erreichten wir nach drei Stunden den Andrássy *Út*, den riesigen Boulevard, der zum großen Heldenplatz mit seinen großen Kolonnaden und der hohen Säule mit dem Erzengel Gabriel führt. Dort winkten wir den Würdenträgern zu, die zurückwinkten. Dabei ertönten aus den Lautsprechern die ganze Zeit politische Parolen, die nur durch spezielle Ankündigungen der großen Organisationen unterbrochen wurden, die jeweils die Tribüne passierten.

Jede Organisation hatte eine riesige bestickte Flagge, auf der der jeweilige Name verzeichnet war: „Die Partei begrüßt die heroischen Arbeiter der Fabrik XY, die die Produktionsziele um fünfzehn Prozent übererfüllt haben! Es lebe der Kampf des Proletariats!" Die Führer hörten in diesem Moment auf zu winken und fingen an zu klatschen, bis die Fabrikarbeiter vorbei waren.

Nachdem wir Arbeiter von Vegyterv die Tribüne passiert und den Würdenträgern zugewunken hatten, gingen wir auf die gleiche geordnete und altmodische Art und Weise weiter, bis wir Városliget erreichten, einen der großen Parks der Hauptstadt. Hier sammelten wir alle die Flaggen und die Porträts ein, die dann in Lastwagen wieder zurück in die Fabriken und Büros der Stadt gebracht wurden, und wir durften gehen. Inzwischen war ich nassgeschwitzt und ging zum nächsten Erfrischungszelt, um das größte Bier zu kaufen, das im Angebot war. Mit der Parade zum Tag der Arbeit wurde zwar das Proletariat gefeiert, Erfrischungen waren aber nicht vorgesehen und so mussten wir die Getränke selbst bezahlen. Der öffentliche Nahverkehr in Budapest nahm erst gegen 15 Uhr wieder seinen Betrieb auf. Da ich nicht den ganzen Weg zu Fuß nach Hause laufen wollte, suchte ich mir ein schattiges Plätzchen im Park und döste vor mich hin. Das war dann also unser freier Tag. Der einzige Trost war der Gedanke daran, welche Tortur der 1. Mai für die Menschen auf der Tribüne sein musste.

Es gab noch weitere Termine im Laufe eines Jahres, bei denen die Feiern allerdings nicht derartig große Ausmaße annahmen. So wurden regelmäßig die Jahrestage bedeutender politischer Ereignisse, tatsächlicher oder vermeintlicher Erfolge und besondere Feiertage anderer kommunistischer Staaten gefeiert, beispielsweise die Russische Revolution vom 7. November. Die Feierlichkeiten fanden vor dem beeindruckenden Opernhaus in der Andrássy *Út* oder an einem vergleichbaren Platz statt. Auch hier waren alle Parteifunktionäre anwesend. Bei derartigen Feierlichkeiten unter freiem Himmel schickten die Fabriken und Kooperativen Delegierte aus der ganzen Stadt. Darüber hinaus wurden Arbeiter und Studenten zu zeitgleich stattfindenden „spontanen" Demonstration eingeladen, um so viele Menschen wie möglich zu versammeln und die Lücken zu füllen

Die Reden, die bei diesen Gelegenheiten gehalten wurden, behandelten die immer gleichen Themen: Es ging um

Vegyterv

kapitalistische Kriegstreiber, die glorreiche Rote Armee, unseren geliebten und weisen Führer Rákosi und natürlich Stalin. Jedes Mal, wenn einer der Namen erwähnt wurde, standen wir alle auf und applaudierten. Nach einer Weile ging der Applaus in ein rhythmisches Klatschen über, – Klatsch! Klatsch! Klatsch! Klatsch! – mit dem die Geschlossenheit und die Begeisterung zum Ausdruck gebracht wurde. Irgendwann ging der Rhythmus verloren und das Klatschen wurde chaotisch, aber es dauerte weiter an. Niemand wollte der erste sein, der aufhörte, und so ging das Klatschen einige peinliche Minuten weiter, in denen das Klatschen mal mehr und mal weniger rhythmisch war.

Der Autor und seine Frau in den Bergen

Im Kommunismus war natürlich nur eine politische Partei zugelassen. Dennoch gab es Wahlen, und zwar immer an einem Sonntag, an dem die Menschen Zeit hatten zur Wahl zu gehen. Um unnötige Verzögerungen zu vermeiden, musste sich jeder Wohnblock zu einer bestimmten Zeit im nächstgelegenen Wahllokal einfinden. Als sich die fragliche

Stunde näherte, wurden die Mieter des Blocks per Feueralarm in den Innenhof beordert, wo der Parteikommissar, der politischer Vertreter des Wohnblocks, die Namen der Bewohner abhakte. Es gab keine Möglichkeit nicht zu wählen. Ich erinnere mich an eine Wahl, bei der sich meine Schwiegermutter krank fühlte und zu Hause bleiben wollte. Der Parteikommissar ging hoch zu ihr. Ich weiß nicht, was die beiden miteinander besprachen, aber nach ein paar Minuten gesellte sie sich zu uns.

„Genosse Pogány", sagte der Funktionär zu mir, „du bist der jüngste, du musst uns anführen. Was möchtest du tragen: die rote Flagge oder das Porträt des Generalsekretärs?"

Das Porträt von Rákosi war auf einem Holzrahmen befestigt und hatte einem langen Holzgriff. Ich wählte das Porträt, denn es war leichter als die Flagge.

Der Kommissar verteilte die restlichen Flaggen und Porträts und so marschierte der gesamte Wohnblock gemeinsam zur Abstimmung. Als wir am Wahllokal ankamen, bekam jeder eine Stimmkarte, auf der die Stimme für die Ungarische Kommunistische Partei bereits vermerkt war. Wir mussten nichts weiter tun, als diese Karte in die Wahlurne zu legen. Immerhin war unten auf der Karte eine kleine Zeile mit der Aufschrift: „Wenn Sie nicht für die Partei stimmen, setzen Sie ein Kreuz in diesen Kreis."

Wenn wir also ein Kreuz in den Kreis setzen wollten, mussten wir es entweder vor den Wahlbeamten tun oder eine Wahlkabine betreten. In beiden Fällen wusste jeder genau, was los war. Der einzige Grund, die Wahlkabine zu betreten, war mit „Nein" zu wählen. Ich habe nie jemanden gesehen, der dumm genug war, es zu tun. Es war kein Wunder, dass das Ergebnis immer zu über 99 Prozent zugunsten der Kommunistischen Partei ausfiel. Ich vermute, dass auch die wenigen Nein-Stimmen gefälscht waren und einerseits als Rechtfertigung für die Unterdrückung der Opposition dienten und andererseits gewünscht waren, um die Wahlen „echt" aussehen zu lassen.

Wir diskutierten tatsächlich über Politik, aber wenn wir dies in der Öffentlichkeit taten, bewegten wir uns streng innerhalb der Parteilinien. Die Freunde von *Szabad Nép* waren ein Diskussionsforum in Vegyterv, das sich einmal wöchentlich vor Arbeitsbeginn traf. Einmal machte der Parteifunktionär von Vegyterv, ein Techniker, der besser reden als arbeiten konnte, einen Verbesserungsvorschlag: „Genosse Pogány, könntest du uns beim nächsten Forum eine Zusammenfassung der Neuigkeiten der Woche vorstellen?"

Ich sammelte also die Zeitungen der Woche und wählte einige Punkte aus, von denen ich wusste, dass sie niemanden außer den Betriebsleiter interessieren würden, und vielleicht nicht einmal diesen. Bei einem der wöchentlichen Treffen wendete sich der Parteifunktionär an einen der Teilnehmer: „Genosse Somogyi, du warst beim letzten Forum nicht anwesend. Könntest du bitte erklären warum?"

Die Teilnahme war zwar nicht verpflichtend, sie wurde jedoch von Parteimitgliedern wie dem Genossen Somogyi erwartet, der nach einer akzeptablen Entschuldigung suchte. Leider konnte seine Großmutter nur einmal sterben.

Mit „Weiter, Genosse Pogány!" übergab er das Wort an mich. Ich erklärte, dass die jüngsten Entscheidungen der Partei von der Bevölkerung mit großer Begeisterung angenommen worden seien. „Wir sind auf dem Weg in eine glänzende Zukunft! Auf der internationalen Bühne haben die kapitalistisch-imperialistischen Kriegstreiber in Afrika eine verheerende Niederlage erlitten!" Und so ging es weiter. Im Anschluss sollte diskutiert werden, aber es war nicht leicht, die Menschen dazu zu bringen, offen über Politik zu reden, insbesondere nicht vor einem Parteifunktionär. Die Leute nickten nur mit dem Kopf und murmelten nur nichtssagende Worthülsen: „sehr gut zusammengefasst", „ich kann nichts hinzufügen", „ich habe viel gelernt".

Als Ausgleich für diese trostlose Veranstaltung setzten wir uns während unserer Mittagspause in Vegyterv als Gruppe zusammen und besprachen das ein oder andere. Wir waren alle junge Leute und die meisten Themen waren politisch zu sensibel, um sie ernsthaft zu diskutieren. Was blieb uns also anderes übrig, als uns gegenseitig Witze zu erzählen und uns über sexuelle Erfahrungen auszutauschen.

„Wann macht ihr es am liebsten?", fragte Feri Kovács, ein Architekt. Es war wenig überraschend, dass die meisten Verheirateten spät abends bevorzugten, wobei es darauf ankam, ob sie Kinder hatten oder nicht. Ein oder zwei zogen den frühen Morgen vor. Wenn jemand nachmittags zwischen fünf und sieben Uhr sagte, also die Zeit zwischen dem Arbeitsende und der Ankunft zu Hause, wusste man, dass derjenige eine Affäre hatte.

Es ist erstaunlich, wie Menschen ihren Sinn für Humor auch unter schwierigsten Zeiten bewahren können, vielleicht dient er auch als Ventil. Es gab immer ein paar beliebte Witze, die die Runde machten.

„Einem Stadtrat wurde gesagt, dass er zwei Aufgaben erfüllen müsse.", ging einer. „Wenn es heiß ist, müssen die Straßen mit Wasser besprüht werden, um die Staubbelastung zu verringern, und im Winter müssen die Straßen vom Schnee geräumt werden. Weil von ihnen erwartet wurde, dass die Zielvorgaben übererfüllt würden, entschied der Stadtrat im darauffolgenden Februar, dass sie das Planziel Schneeräumung erreicht hätten und fing daher an, die Straßen zu bewässern."

Vegyterv

Bei anderen Witzen ging es um den niedrigen Lebensstandard: „Stalin trifft Eisenhower und fragt: Wie viel verdient ein amerikanischer Arbeiter pro Jahr?

Rund 25.000 $, antwortet Eisenhower.

Und wie viel benötigt er zum Leben?

Ungefähr 20.000 $.

Und was macht er mit dem Rest?

Amerika ist ein freies Land – wir wissen es nicht. Wie viel verdient ein russischer Arbeiter pro Jahr?

Rund 20.000 Rubel.

Und wie viel benötigt er zum Leben?

Ungefähr 25.000 Rubel.

Und woher bekommt er den Rest?

Auch Russland ist ein freies Land – wir wissen es nicht."

Eines Tages im März 1953 verwandelte sich unser friedliches Bürogebäude in Vegyterv in ein Ameisennest. Die Leute liefen aufgeregt durcheinander.

„Hast du schon gehört?", fragten sie sich. „Ist es wahr? Was passiert jetzt deiner Meinung nach? Wer übernimmt das Amt?" Stalin war gestorben und jeder spürte, dass eine Ära zu Ende ging. Rákosi, der Generalsekretär der ungarischen Kommunistischen Partei, war ein glühender Stalinist, aber jetzt war sein Mentor verschwunden. Wandel war unvermeidlich, aber wir waren uns nicht sicher, was diese Veränderungen mit sich bringen würden.

ALS SELBST DIE DICHTER SCHWIEGEN

7
Tauwetter

NACH STALINS Tod übernahm Nikita Chruschtschow als Erster Sekretär des Zentralkomitees der Kommunistischen Partei der Sowjetunion die Macht und leitete eine neue Ära ein, die als „Tauwetter" bekannt wurde. Das Leben begann sich langsam Schritt für Schritt zu verbessern. Das System der *Gulags* wurde sowohl in Russland als auch in Ungarn abgeschafft und diejenigen, die das Glück hatten, noch am Leben zu sein, wurden nach Hause entlassen. Eines Tages erschien ein neuer Kollege in unserer Abteilung bei Vegyterv. Pista *Bácsi* war vorher technischer Direktor der alten Nitratfabrik in Pét gewesen, allerdings wurde er wie viele andere wegen seiner Mitgliedschaft in der Sozialdemokratischen Partei Ungarns interniert, als die Kommunisten die Macht ergriffen. Er arbeitete mehrere Jahre im Steinbruch, wo er Steine mit einem Vorschlaghammer zertrümmerte. Sie hatten ihm die Brille weggenommen, so dass er weder lesen noch schreiben konnte. Es waren dieselben kleinen Gemeinheiten, die ich aus meiner Zeit im Ghetto kannte. Pista *Bácsi* war ein großer Mann, der sich langsam bewegte. Er war höflich, kompetent und hilfsbereit und so war er bald bei allen sehr beliebt. Er wollte offensichtlich nicht über seine Erfahrungen im *Gulag* sprechen und so mussten wir ihm jedes Wort aus der Nase ziehen. Zuerst dachte ich, dass es für Pista *Bacsi* einfach zu schmerzhaft war, sich die unangenehmen Erfahrungen in Erinnerung zu rufen, später wurde mir allerdings klar, dass er immer noch unheimliche Angst hatte.

Einmal kam er zu spät ins Büro und sah sehr aufgewühlt aus, aber er versicherte mir, dass es ihm gut gehe. Ich glaubte ihm kein Wort, denn er war sehr nervös, schaute immer wieder auf seine Uhr und rauchte eine Zigarette nach der anderen. Jedes Mal, wenn sich die Tür öffnete, sprang er auf.

„Als ich heute Morgen von zu Hause wegging", sagte er mir schließlich, „da habe ich ein Auto bemerkt, das gegenüber parkte. Auf Grund des Nummernschildes konnte ich sehen, dass es zum ÁVH gehörte. Ich war mir sicher, dass sie wegen mir da waren und so versuchte ich mich davonzuschleichen.

Ich überlegte, dass sie, wenn sie mich zu Hause nicht finden konnten, hier bei der Arbeit nach mir suchen würden. Also ging ich umher, bis ich genug Mut gesammelt hatte, um mich der Situation zu stellen." Der Staatssicherheitsdienst ÁVH kam letztendlich doch nicht, um ihn zu verhaften, aber sie waren längst zu seinen Geistern geworden, die er nicht mehr los wurde.

Auch nach dem Tod Stalins wurden die Künste weiterhin stark subventioniert, allerdings standen sie unter intensiver Beobachtung. Kunst musste Optimismus ausstrahlen und die Arbeiter, die Bauern und die Rote Armee im endlosen Kampf gegen Reaktionäre, die Verteidigung des Friedens und die Diktatur des Proletariats zum Thema haben. Künstler, die andere Kunstformen als den sozialistischen Realismus benutzten, wurden im besten Fall nicht gefördert und im schlimmsten Fall verfolgt, bis sie sich anpassten. Daher mussten wir weiter Gemälde und Statuen ertragen, die nichts anderes abbildeten als lächelnde und ihre Arbeit genießende Fabrikarbeiter und Bauern sowie Soldaten, die ewig ihre Heldentaten vollbrachten. Bücher blieben billig, ihre Veröffentlichung wurde aber nur erlaubt, wenn die jeweilige politische Botschaft passte. Die Arbeiten von sowjetischen Schriftstellern waren immer übersetzt worden, aber jetzt wurde die Liste der anerkannten Schriftsteller um Leute wie Ilja Ehrenburg, den Autor des Romans „Tauwetter", Maxim Gorki, den Begründer des sozialistischen Realismus, sowie Wladimir Majakowski, einen bedeutenden russischen Vertreter des Futurismus, erweitert. Auch die klassischen Werke der vorrevolutionären russischen Autoren wie Tolstoi, Tschechow und Dostojewski, die bereits ins Ungarische übersetzt worden waren, wurden wieder neu aufgelegt. Buchhandlungen mit neuen und gebrauchten Büchern schossen wie Pilze aus dem Boden und überall in der Stadt konnte man an provisorischen Ständen Bücher kaufen. Gelegentlich ergatterten wir dort ein Buch, das in den Buchläden nicht erhältlich war, beispielsweise einen Sammelband erotischer Gedichte oder etwas ähnliches. Wir tippten die Gedichte so oft wir konnten ab und verliehen sie an unsere Freunde. Vor einem oder zwei Jahren hätten wir das nicht gewagt.

Es gab mehrere Kinos in Budapest und nach Stalins Tod sahen wir uns immer wieder Filme an. Lediglich der staatlichen ungarischen Film-Produktionsgesellschaft MAFIRT war es erlaubt, Spielfilme zu drehen und neben deren politisch opportunen leichten Unterhaltung spielten die Kinos häufig sowjetische Propagandafilme. Hollywood-Filme und ungarische Vorkriegsfilme wurden weiterhin nicht gezeigt. Sie wurden für zu obszön erklärt (was sie waren), auch wenn sie gute Unterhaltung boten. MAFIRTs Filme waren aber nicht unbedingt weniger obszön als die Vorkriegsfilme. Der Unterschied war jedoch, dass der Held nun nicht mehr ein junger, gutaussehender Aristokrat war, sondern ein hart arbeitendes Parteimitglied oder ein tapferer Soldat. Die Filme waren alle ziemlich ähnlich, die Handlung drehte sich um das neue System der landwirtschaftlichen Produktion oder um Versuche von Reaktionären, den sozialistischen Wiederaufbau zu sabotieren. Sie spielten an vorhersehbaren Orten wie Fabriken, Kollektivfarmen oder Kasernen. Alle hatten einen kommunistischen Helden, eine schöne und ehrliche, aber leider etwas naive Hauptdarstellerin und einen Bösewicht, der sich an alle Frauen ran machte anstatt zu arbeiten. Alle waren gleichermaßen langweilig mit einer vorhersehbaren Geschichte und dem unvermeidlichen Happy End. Der Bösewicht wurde jedes Mal denunziert und dazu gebracht, seine Sünden zu bekennen und zu versprechen, zukünftig im Dienste der Zukunft des Proletariats hart zu arbeiten. Der Held erhielt eine Medaille für seine gute Arbeit und natürlich die Frau. Jetzt aber, mit dem beginnenden Tauwetter der Chruschtschow-Ära, versuchten Regisseure wie Fábri und Máriássy in ihren Filmen soziale Fragen zu behandeln und auf Probleme im Zusammenhang mit dem ungarischen Kommunismus hinzuweisen. Beides wäre vor ein paar Jahren für Filmemacher absolut tabu gewesen.

Dann gab es noch die Oper. Ich war noch Student der Péter-Pázmány-Universität, als ich die Budapester Oper zum ersten Mal besuchte. Es war ein atemberaubendes Gebäude, das reichhaltig mit Marmor und Gold verziert war. Die Sänger, das Bühnenbild, der Chor und das Orchester waren alle Weltklasse.

Auch wenn die Tickets erschwinglich waren, war es kaum möglich ohne Bestechungsgelder an Karten zu kommen. Wir gingen auch regelmäßig ins Theater, wo ein breites Repertoire an ungarischen und ausländischen Stücken gezeigt wurde. Die meisten Aufführungen waren von hoher Qualität und die Eintrittspreise waren wieder einmal sehr günstig.

Es gab ein bestimmtes Theater, das sich auf politische Satire spezialisiert hatte und das ich favorisierte. Die Schauspieler wussten genau, wie weit sie gehen konnten. Lachen ist ein Heilmittel für alle Krankheiten in einem Land, in dem es keine Meinungsfreiheit gibt. Und so schrien wir uns weg vor Lachen bei zweideutigen Witzen, die nahe legten,

Tauwetter

dass in Ungarn nicht alles Gold ist was glänzt. Man wagte sogar einen Scherz über sowjetische Soldaten, die nach dem Krieg Uhren „sammelten" – eine Erfahrung, die ich auch gemacht hatte. Dabei nutzte man den Umstand, dass es im Ungarischen für ‚Zeit' und ‚Uhr' das gleiche Wort genutzt wurde. Angesichts der Tatsache, dass die Rote Armee ansonsten als über jeden Zweifel erhaben dargestellt wurde, war es ein befreiendes Vergnügen, darüber lachen zu können. Jede Vorstellung war ausverkauft. Eines Abends fasste ein Schauspieler unser Gefühl in Worte, dass das Tauwetter der Chruschtschow-Ära nur der erste Lichtschimmer in einem vermutlich sehr langen Tunnel war: „Mit der aktuellen Lockerung der politischen Kontrolle", begann er, „kann jeder die Regierung kritisieren. Einige sind sogar der Meinung, dass es – wenn der Trend anhält – keinen Bedarf mehr für unsere politische Satire gibt." Er machte eine Pause, die sich wie eine halbe Ewigkeit anfühlte, bevor er weitersprach. „Ich denke allerdings nicht, dass es so schlimm kommen wird." Es folgte ein nicht enden wollender Applaus.

Auch wenn wir nach dem Tod Stalins weiterhin nur eine politische Partei in Ungarn hatten – es sollten noch weitere siebenunddreißig Jahre vergehen bis zu den ersten freien Wahlen – spürten wir zumindest ein gewisses Maß an Entspannung, insbesondere in der Wirtschaft, die sich langsam erholte. Dies führte zu einem verhaltenen Optimismus, der allerdings einherging mit einer Lockerung der Moral sowohl in der Wirtschaft als auch im Privatleben.

Die Menschen lebten in den Tag hinein und genossen das Leben ohne an die Zukunft zu denken. Die ungarischen Frauen, vor allem in den Städten, fingen an sich ziemlich aufreizend zu kleiden, so wie sie es auch vor dem Krieg getan hatten. Kurze Röcke kamen wieder in Mode. Häufig verdiente die Frau mehr als ihr Mann, so dass sie finanziell unabhängig war. Die meisten Frauen gingen mindestens einmal pro Woche zu einem Friseursalon, wo man wegen der großen Nachfrage in Schichten arbeitete. Neue Schönheitssalons boten Maniküre und Pediküre an und Frauen nutzten jede Gelegenheit, um ihre Schönheit zur Schau zu stellen. Scheidungen waren selten. Der Wohnungsmangel führte dazu, dass Eheleute weiter unter einem Dach schliefen, auch wenn sie nicht mehr das Ehebett teilten. Das Ergebnis war eine lockere Einstellung zum Thema Sex. Wegen der häufigen Parteiveranstaltungen nach Feierabend war es auch nicht schwer, Ausreden zu finden, warum man erst spät nach Hause kam.

Vera arbeitete inzwischen viele Stunden im Ministerium der chemischen Industrie und genoss es, nach der Arbeit etwas mit ihren männlichen Kollegen zu unternehmen. Einmal erhielt sie als Belohnung für ihre gute Arbeit einen Gutschein für eine Woche Urlaub in den Bergen und fuhr allein hin. Als sie wieder zurück war, hörte ich immer wieder von einem Mann, den sie kennengelernt hatte und wurde eifersüchtig. Das eigenständige Leben, das jeder von uns führte, wurde zu einer Belastungsprobe für unsere Beziehung. Wir hatten Meinungsverschiedenheiten und begannen uns zu streiten, was darin gipfelte, dass ich eine Affäre hatte. Es begann zufällig, als ich eines Tages Ági wiedertraf, ein Mädchen, das in dem gleichen Studentenwohnheim wie ich gelebt hatte, als ich noch an der Péter-Pázmány-Universität studierte.

Ági hatte nur ein Jahr an der Universität studiert, bevor sie heiratete. Allerdings fand sie das Eheleben langweilig. Ihre Lösung bestand darin, neue Liebhaber auszuprobieren wie andere Leute ihre Hemden wechselten.

Sie war klein, eher unattraktiv und trug eine Brille. Sie hatte mittlerweile einen etwa zweijährigen Sohn, der so alt war wie meiner. Positiv ins Gewicht fiel, dass sie intelligent und belesen war und ebenfalls klassische Musik liebte. Sie arbeitete gewissenhaft als Empfangsdame für einen der besten Schneider in Budapest. Sie war eine zwanghafte Nymphomanin und sie liebte es mit verschiedenen Männern an unterschiedlichen Orten Sex zu haben – in der Umkleide der Schneiderei, im Freien oder zu Hause vor ihrem Sohn. Als ich ihre Wohnung zum ersten Mal besuchte, war ihr Ehemann nicht zu Hause und sie fragte mich unverblümt: „Worauf wartest du?"

Ihr Ehemann Feri war ein kleiner und übergewichtiger Mann, dazu ein wenig einfallslos und ein absoluter Faulpelz. Er blieb immer zu Hause und passte auf das Kind auf, während Ági vermeintlich zu ihrem Französischunterricht oder ins Kino ging. „Ich wünschte, er hätte auch eine Affäre", sagte sie. „Dann würde ich mich nicht so schlecht fühlen, dass ich ihm untreu bin."

Man sollte mit seinen Wünschen vorsichtig sein, denn manchmal werden Wünsch wahr. Ági argwöhnte, dass ihr Ehemann etwas zu freundlich zu seiner Sekretärin im Büro war. Sie wurde immer misstrauischer und es schien sie doch zu stören. Sie maß offensichtlich mit zweierlei Maß, denn sie wurde immer gereizter, nannte seine Sekretärin „diesen kleinen Teufelsbraten" und war wild entschlossen sie auf frischer Tat zu ertappen.

„Warum?", flehte ich sie an. „Was willst du tun, wenn du den Beweis hast? Dich von ihm scheiden lassen?" Die Frage war natürlich sehr relevant für mich, denn bei einer Scheidung könnte Ági mich dazu bewegen wollen mich dauerhafter mit ihr zu verbinden. Ich hatte darüber schon nachgedacht und mich dagegen entschieden: Ági mochte eine gute Liebhaberin sein, sie wäre aber eine schreckliche Ehefrau gewesen. Sie hoffte immer noch, dass ich mich von Vera scheiden lassen und stattdessen sie heiraten würde, aber ich entschied, dass es genug war. In ihrer Verzweiflung schickte sie Vera einen Liebesbrief, den ich ihr leichtsinnigerweise geschrieben hatte. Sie hoffte, dass Vera mich verlassen würde.

Es war eine schmerzhafte Erfahrung für meine Frau zu lesen, wie ich die sexuelle Begegnung mit einer anderen Frau beschrieb. Mit dem Brief erreichte Ági jedoch genau das Gegenteil, denn Vera und ich sprachen über unsere Beziehung und beschlossen, neu zu beginnen.

Viele Jahre später besuchten wir Budapest erneut. In der U-Bahn saß uns ein Paar mittleren Alters gegenüber, das Händchen hielt und offensichtlich sehr verliebt war.

„Ist es nicht schön?", sagte Vera zu mir. „Im mittleren Alter immer noch so verliebt zu sein und keine Angst zu haben, es zu zeigen." Bei der nächsten Haltestelle küsste die Frau den Mann und stieg aus. Sobald sich die Türen schlossen, holte der Mann sein Handy heraus.

„Hallo Liebling", sagte er. „Ich bin in zehn Minuten zu Hause." Es hatte sich nichts verändert...

Ich bin dankbar, dass das Aufkommen des Kommunismus keinen großen Einfluss auf den Alltag meiner Eltern hatte. Sie gehörten der älteren Generation an, die tatsächlich noch in die österreichisch-ungarische k.u.k Monarchie hineingeboren war und die viel zu viele gewalttätige Regimewechsel hatten durchleben müssen. Die Fächer meines Vaters, Mathematik und Physik, waren nahezu immun gegen marxistische Interpretationen. Er hegte gewisse Sympathien für den Kommunismus, war aber nie der Partei beigetreten. Nach unserer Rückkehr nach Orosháza nahm er seine Tätigkeit als Lehrer wieder auf, übernahm Verantwortung für die jüdische Gemeinde und trat in die Fußstapfen von Tafler *Bácsi*. Um sein bescheidenes Lehrergehalt aufzubessern, begann er als Buchhalter für kleine Ladenbesitzer und Handwerker zu arbeiten. Er nahm die Bücher mit nach Hause und machte die Buchführung nach der Schule. Er hatte dafür zwar keine formalen Qualifikationen, aber er war intelligent und bald beherrschte er das Thema und kannte die regulatorischen Anforderungen. Dann endlich ging er nach vierzigjähriger Dienstzeit in den wohlverdienten Ruhestand. Gyula Ortutay, der Minister für Religion und Bildung, erwähnte ihn in einer offiziellen Depesche und brachte seine Zufriedenheit über die Arbeit meines Vaters zum Ausdruck. Es war keine große Belohnung, aber für meinen Vater, der ein leidenschaftlicher Lehrer und treuer Beamter war, bedeutete die Anerkennung sehr viel.

Es gelang ihm, eine Kopie der ministeriellen Depesche zu erhalten und er weinte zum zweiten Mal in seinem Leben, diesmal aus reiner Dankbarkeit, seinen Namen dort zu lesen.

Meine Mutter hatte keine besondere Bildung genossen und war eine einfache Frau, die sich nicht für die neue Politik interessierte. Sie erledigte den Haushalt gewissenhaft, auch ohne die Hilfe einer Magd. Sie pflegte weiterhin die Kontakte mit den anderen Hausfrauen und spielte gelegentlich Karten, allerdings nicht mehr um Geld. Der Gesundheitszustand meines Vaters verschlechterte sich langsam und er litt unter einem schwachen Herzen. Beim Röntgen stellte man einen Tumor fest. Der Chirurg wollte ihn herausoperieren, um feststellen zu können, ob er gutartig oder bösartig war. Es war eine schmerzhafte Entscheidung, aber mein Vater entschied sich gegen das Risiko einer Operation.

Meine Eltern hatten begeistert die Nachricht von ihrem Enkelsohn aufgenommen und waren dankbar, dass wir ihn nach ihrem ersten Sohn István benannt hatten. Als er ein paar Monate alt war, besuchte uns meine Mutter, um ihn zu sehen. Mein Vater war jedoch zu krank. Wegen des begrenzten Platzes in unserer Wohnung in der Kresz Géza

ALS SELBST DIE DICHTER SCHWIEGEN

Utca musste sie mit mir und Vera in einem Bett schlafen. Unter diesen widrigen Umständen blieb sie nur eine Nacht. Meinem Vater wurde eine Woche Erholung in Balatonfüred verschrieben, einem Kurort am Plattensee, der für seine Behandlung von Herzerkrankungen bekannt war. Auf dem Weg dorthin verbrachte er einen Tag bei uns in Budapest. Zu dieser Zeit war István achtzehn Monate alt und konnte in seinem Gitterbettchen aufstehen. Es war herrlich zu sehen, wie mein Vater es genoss, seinen kleinen Kopf zu streicheln. Ich bin heute noch dankbar, dass er ihn noch einmal sehen konnte, denn bald darauf starb er im Alter von nur 67 Jahren an einem Herzinfarkt. Das Rauchen, zu viel tierisches Fett und die Strapazen, die er in seinem Leben durchmachen musste, forderten ihren Tribut. Als er starb, wurde meine Mutter nachts von einem lauten Schrei geweckt. Sie lief zu Doktor Zelenka, um Hilfe zu holen, aber er konnte nichts mehr machen. Am frühen Morgen erhielt ich einen Anruf und nahm den ersten Zug nach Orosháza. Zur Beerdigung auf dem jüdischen Friedhof fuhr ich mit meiner Mutter in einer Pferdekutsche.

Der Leichnam meines Vaters war bereits da, nach jüdischer Tradition lag er in einem einfachen Sarg. Allerdings war kein Rabbi anwesend, denn zu diesem Zeitpunkt war mein Vater praktisch ein Atheist. Kurz nach der Beerdigung kehrte ich nach Budapest zurück und meine Mutter blieb allein in unserem alten Haus in Orosháza zurück.

Als István alt genug war, um zu reisen, schickten wir ihn in den Ferien zu seiner Großmutter, die alles daran setzte ihn zu verwöhnen. Auf den ersten Blick hatte sich das Leben in Orosháza in den zehn Jahren, seit ich zur Universität gegangen war, nicht großartig geändert. Alle Geschäfte, an die ich mich noch erinnern konnte, hatten weiterhin geöffnet. Allerdings waren alle vom Staat übernommen worden und die bisherigen Eigentümer waren jetzt Angestellte. Unsere Nachbarn, die Familie Tomas, gehörten zu den wenigen, die ihre Schneiderei weiterbetreiben durften. Der Markt florierte und war voll mit Produkten, die die Bauern auf ihren kleinen Privatparzellen anbauten. Dagegen sahen die staatlichen Geschäfte trostlos aus. Viele meiner jüdischen Freunde und Bekannten hatten die Stadt und häufig auch das Land verlassen. Ich traf keinen meiner alten Schulkameraden. Ehrlich gesagt hatte ich aber auch keine Lust dazu, jemanden zu treffen. Ich blieb immer nur ein paar Tage, denn ich musste zurück zur Arbeit. István blieb immer für mehrere Wochen in der Obhut meiner Mutter. Als ich ihn abholte, blieb ich nicht über Nacht, sondern eilte zurück nach Budapest, denn ich wollte ein weitaus wichtigeres persönliches Projekt vorantreiben.

Ein Zuhause für uns zu finden – ein richtiges Zuhause – sollte in den kommenden Jahren mein größtes Ziel werden. Auch nach Stalins Tod und dem schleichend langsamen Prozess in Richtung größerer Freiheiten durften wir nur in der Unterkunft wohnen, die uns vom *Lakáshivatal*, der kommunalen „Wohnungsbehörde" zugewiesen wurde. Die Norm in den 1950er Jahren war ein Zimmer mit Küche und Bad für zwei Personen oder zwei Zimmer, wenn ein Paar ein oder zwei Kinder hatte. Die Zerstörungen des Krieges hatten zu einem massiven Wohnungsmangel geführt. Infolgedessen wurden die ursprünglich für eine Familie auf einer Etage gebauten Wohnungen häufig baulich getrennt oder sie wurden zwei Familien zugewiesen, wenn man die Wohnung durch eine Gemeinschaftsküche oder ein Gemeinschaftsbad betreten konnte.

Nach Istváns Geburt hatten wir auf dem Papier Anrecht auf eine 3-Zimmer-Wohnung: zwei Zimmer für Vera, István und mich und ein weiteres Zimmer für meine Schwiegermutter. Unsere Wohnung hatte aber nur zwei Zimmer.

Unglücklicherweise reichte der Wohnberechtigungsschein allein nicht aus. Wenn wir mehr Platz haben wollten, mussten wir eine größere Unterkunft finden und notfalls dafür bezahlen.

Eine Option war, jemanden mit der Renovierung eines Hauses zu beauftragen. In Ungarns zerstörten Städten gab es spezielle Unternehmer, hauptsächlich Architekten oder Handwerker, die Einzelpersonen mit genügend Geld davon überzeugten, Anspruch auf das Grundstück eines im Krieg beschädigten Hauses zu erheben und sie mit der Renovierung des Hauses zu beauftragen, um es wieder bewohnbar zu machen. Ein Kollege war Architekt und bot uns an, ein teilweise zerstörtes Haus in einer begehrten Wohngegend wieder aufzubauen. Wir schauten es uns an, entschieden aber, dass wir es uns nicht leisten konnten. Letztendlich hatte er auch keine Baugenehmigung bekommen.

Da wir jetzt ein Kind großziehen mussten, konnte man von meinem Gehalt kein Geld zurücklegen, um Beamte zu bestechen oder eine saftige Summe an jemanden zu zahlen, der bereit war für einen Wohnungstausch. Unsere aussichtslose Situation erforderte drastische Maßnahmen. Ich musste einen Weg finden, um an Geld zu kommen. Das war keine einfache Aufgabe in einem Land, in dem privates Unternehmertum verpönt war.

Wie in jedem Betrieb in Ungarn hatten auch in Vegyterv viele Leute Nebenjobs. Ein Ingenieur startete ein Geschäft, indem er Anzüge und Hochzeitskleider an Brautleute verlieh. Ein Chemikerkollege verdiente sich etwas dazu, indem er Wohnungen desinfizierte. Er vernichtete schädliche Insekten mit Blausäure, zu der er auf Grund seiner Tätigkeit im Labor Zugang hatte. Seine einzige Investition war ein Eimer und eine Gasmaske und er arbeitete jedes Wochenende.

Tauwetter

Andere Menschen sammelten Geld für wohltätige Zwecke und behielten eine kleine Provision für sich. Es zeigte sich, dass es der Kommunismus nicht schaffte, das Unternehmertum und die Kreativität der Menschen zu zerstören, die bereit waren, hart zu arbeiten und Risiken einzugehen, um ihre Lebenssituation zu verbessern.

Eines Tages bot mir eine Nachbarin von uns eine kleine Flasche mit Lavendelöl an, das man als Parfüm nutzen konnte. Sie war eine Frau mittleren Alters, deren Eltern auf dem Land lebten. Das Lavendelöl wurde aus den Blumen im elterlichen Garten gepresst. Um die Wirkung zu demonstrieren, lud sie mich ein an ihrem Nacken zu riechen. Ich konnte nicht nein sagen. Das Öl war nicht raffiniert und der Geruch etwas streng. Dennoch kaufte ich ihr etwas ab. Ich verdünnte es mit Ethanol, filterte es mit Watte und gab ein wenig Glycerin hinzu, um den Duft zu stabilisieren. Vera gefiel es sehr gut und so tauschte ich mehr Öl gegen etwas von meiner raffinierten Variante, die unserer Nachbarin ebenfalls sehr gefiel. Ich wiederholte das Experiment und verhökerte die Ergebnisse unter meinen Kollegen bei Vegyterv.

Ich fing an, weitere Parfüms herzustellen und später auch Hand- und Gesichtscremes, die ich ebenfalls an meine Kollegen verkaufte. Meine Kunden waren hauptsächlich Männer, die meine Parfüms als Geschenk für ihre Ehefrauen oder Geliebten nutzten. Meine Produkte waren weder schlecht noch besonders gut, aber sie waren erschwinglich und ich war bereit, sie bis zum Zahltag auf Kredit zu verkaufen. Es stellte sich heraus, dass dies ein außerordentlich wichtiger Faktor war, so dass mein Geschäft bald boomte. Ich gab den Parfüms glamouröse Namen wie Chanel und Arpège. Die Tatsache, dass sie keinerlei Ähnlichkeit mit den realen Produkten hatten (die, wenn überhaupt, nur wenige von uns schon einmal gerochen hatten!), war unwichtig, denn bei

Kosmetika kommt es weniger auf den Inhalt als vielmehr auf die elegante Verpackung an.

Natürlich waren meine Aktivitäten, um Geld zu verdienen, illegal. Auch war es nicht einfach, an die Zutaten heranzukommen. Glycerin und Lanolin, die Basis für Gesichtscremes, war frei verkäuflich. Ethanol bekam ich, indem ich Arztbriefe fälschte, wie ich es in der Vergangenheit schon oft getan hatte.

Parfümessenzen kaufte ich von einem selbständigen Chemiker. Wo der sie wiederum herhatte, wollte ich nicht so genau wissen. Mein Hauptproblem war, an die hübschen kleinen Glasbehälter heranzukommen, die für den Verkauf der Düfte so wichtig waren. Über ganz Budapest verstreut gab es Geschäfte, die leere Glasbehälter aller Art entgegennahmen, die wiederverwertet werden sollten. Sie zahlten die kleine Summe von 10 *Fillér* (Heller) für jedes Glas, das abgegeben wurde. Ich ging eines Tages zu einem solchen Geschäft, und als keine anderen Kunden mehr da waren, bewunderte ich eine der Parfümflaschen, die die alte Ladenbesitzerin gerade eingesammelt hatte.

István, der Sohn des Autors, mit seiner Großmutter

Tauwetter

„Ich zahle Ihnen 50 *Fillér* für diese Flasche", sagte ich. „Und für jede andere auch, wenn Sie die schönen für mich zurücklegen. Der Verschluss muss aber unbeschädigt sein." Natürlich war es der Ladenbesitzerin verboten, das, was sie gekauft hatte, weiterzuverkaufen. Aber für eine arme Frau wie sie war eine Gewinnspanne von vierhundert Prozent zu viel, um zu widerstehen. Sie legte mir fortan immer die schönsten Flaschen zurück und ich hatte meinen Nachschub gesichert. Ich ging mit einer alten Flasche in ihren Laden, so als ob ich sie gegen 10 *Fillér* eintauschen würde und wartete, bis ich der einzige Kunde war. Dann übergab mir die Ladenbesitzerin ein vorbereitetes Paket und ich gab ihr das Geld. Ich achtete darauf, dass ich niemals größere Mengen bei mir zu Hause lagerte. Falls es einmal auf Grund eines Verdachts zu einer Wohnungsdurchsuchung kommen sollte, hätte ich so immer behaupten können, dass alles nur für den privaten Gebrauch diente. So musste ich fast jeden Tag bis zum späten Abend arbeiten, um kleine Chargen zu produzieren.

Ich baute ein florierendes Geschäft auf, aber wegen der niedrigen Preise, die ich für meine Produkte verlangte, hätte es zu lange gedauert, bis ich genug Geld gespart hätte, um uns eine bessere Unterkunft zu besorgen. An dieser Stelle erhielt ich unerwartet Hilfe. Während meines Wehrdienstes hatte ich János kennengelernt. Er war wie ich ein Soldat, nur ein wenig jünger und viel sportlicher und hatte einen Hitlerschnurrbart. János war ruhig und geduldig und bereit, jedem zu helfen, der Hilfe benötigte.

Er war ebenfalls verheiratet und hatte eine Tochter und nach unserer Rückkehr nach Budapest wurden wir beide gute Freunde. Er war von Beruf Schneider und arbeitete nach unserer Grundausbildung in einer Schneiderwerkstatt, wo die Uniformen der sowjetischen Truppen geflickt wurden, die im Zuge des Tauwetters der Chruschtschow-

Ära aus dem besetzten Österreich abgezogen worden waren. Viele russische Soldaten schmuggelten westliche Waren wie z. B. Zigaretten, Kaffee, Uhren und Nylonstrümpfe, die in Österreich deutlich günstiger als in Ungarn waren. János fungierte als Mittelsmann. Er kaufte die Ware auf und gab sie dann weiter an ein Netzwerk von Schwarzmarkthändlern. Auf seinen Vorschlag hin wurde ich einer seiner Händler und verkaufte seine Ware zusätzlich zu meinem Parfümsortiment und den Kosmetika unter meinen Kollegen bei Vegyterv. Ein derartiger Schwarzmarkthandel war nicht nur illegal, sondern sehr gefährlich, und konnte zu einer Gefängnisstrafe von mehreren Monaten oder sogar Jahren führen. János und ich trafen uns an öffentlichen Plätzen, wo ich ihm ein Paket abnahm, während er einen Umschlag mit Geld von mir bekam. Für ungarische Verhältnisse handelte es sich jeweils um eine sehr große Summe – mindestens ein Monatsgehalt von rund 1.800 *Forint*. Weder zählte János das Geld nach, noch überprüfte ich jemals den Inhalt des Pakets. Ich dachte immer daran, was mir Kövesi *Bácsi*, der Geschirrhändler, im Arbeitslager beigebracht hatte, wie man ein erfolgreicher Geschäftsmann wird: billig einkaufen und seinen Geschäftspartnern vertrauen. Mein Umsatz und mein Gewinn schossen in die Höhe.

Die beliebtesten Produkte in meinem Sortiment waren die Nylonstrumpfhosen für die Frauen. Einige waren reichhaltig verziert und sahen verführerisch aus – und sie waren in Ungarn nicht verfügbar. Eine meiner Stammkundinnen war Ildikó Komáromi, eine junge, alleinstehende Frau, die als technische Zeichnerin bei Vegyterv arbeitete. Sie hatte einen guten Geschmack und trug dezente, aber topmodische Kleider in hellen Palstelltönen. Sie kaufte nie eines meiner Küchenspülparfüms, sondern bevorzugte die berühmten Marken auf dem Schwarzmarkt.

Tauwetter

Tagsüber arbeitete sie konzentriert an ihrem Zeichenbrett. Sie war zu jedem freundlich, hatte aber trotz vieler Bewerber keine Beziehung mit jemandem aus dem Kollegenkreis. Abends ging sie regelmäßig in die Oper, wo sie gut vernetzte Männer treffen konnte. Einige Leute tuschelten, dass sie die Kosten für die sündhaft teure Nylonunterwäsche leicht in einer Nacht verdiente. Eines Tages heiratete sie allerdings einen erfolgreichen Chirurgen, wurde eine perfekte und hingebungsvolle Ehefrau und ich verlor meine beste Kundin.

Es war gefährlich, Schmuggelware zu Hause aufzubewahren und so packte ich ein Paket und hängte es mit einer Schnur in einen Lüftungsschacht. Ich bewahrte nur einen kleinen Vorrat in meinem Büro auf und achtete darauf, dass ich meinen Schreibtisch mit den Sachen nachts abschloss. Das einzige Manko war, dass unsere Schreibtische immer mal wieder vom Sicherheitsbeauftragten auf der Suche nach vertraulichen Unterlagen und sonstigen Dingen geöffnet wurden. Eines Morgens besuchte ein Zollbeamter Vegyterv und begann die Leute zu befragen. Zum Glück war ich nicht als Erster an der Reihe, so dass ich vor der Gefahr gewarnt werden konnte. Noch besser war, dass jemand – der obendrein noch ein guter Kommunist war – sich bereit erklärte, meine Ware zu nehmen, während der Zollbeamte meinen Schreibtisch durchsuchte. Er fand nichts, aber es schien, dass jemand gestanden hatte, etwas von mir gekauft zu haben. Diese Aussage reichte als Beweis. Allerdings musste ich nur eine kleine Geldstrafe zahlen, da man keine belastenden Waren finden konnte.

Ich konnte der Versuchung widerstehen, das durch meine illegalen Aktivitäten verdiente Geld auf den Kopf zu hauen. Stattdessen sparte ich jeden Heller für ein neues Zuhause. Es war nicht möglich, so viel Geld zur Bank zu bringen – es hätte zu viel Verdacht erregt. Deshalb versteckte ich das ganze Geld zwischen meinen alten Vorlesungsmitschriften. Ich hörte von jemandem, der die richtigen Kontakte zu bestechlichen Beamten hatte und an Adressen von Wohnungen kommen konnte, auf die ich Anspruch erheben könnte. Er erwies sich als schlecht gekleideter und übergewichtiger alter Mann, der durch und durch korrupt war. Allerdings wies er darauf hin, dass er schon viele erfolgreiche Vermittlungen durchgeführt hatte.

Ich zahlte eine größere Summe als Anzahlung, ungefähr ein Monatsgehalt, bekam aber ein Jahr lang keine Adresse. Als ich mich beschwerte, zahlte er mir einen Teil der Anzahlung in Form von geschmuggelten Zigaretten zurück. Ich hatte aber einen erheblichen Verlust gemacht. Eines Tages, als ich ihn wieder in seiner Wohnung aufsuchte, sah ich, wie er sich gerade eine Spritze setzte. Zu dieser Zeit war dies so ungewöhnlich in Ungarn, dass ich nicht daran dachte, dass es irgendeine illegale Droge sein könnte und dass mein Geld in seinem Arm verschwunden war.

„Es beruhigt meine Nerven", sagte er. Einige Minuten später betrat der gleiche Zollbeamte, der mir wegen des Verkaufs von Schmugglerware eine Geldstrafe eingebrockt hatte, das Zimmer. Es stellte sich heraus, dass er ein alter Freund des alten Mannes war und mit dem für die Raffinerie in Almasfüzitö zuständigen Geheimdienstpolizisten befreundet war.

Trotz des seit einigen Jahren anhaltenden politischen Tauwetters hatten sich offensichtlich überall im ungarischen Staatswesen faule Stellen gebildet. Es gab niemanden, bei dem ich mich über meinen Verlust beschweren konnte: Ich hatte schließlich etwas Illegales gemacht.

Nach einiger Zeit gelang es mir dann doch noch, eine angemessene Unterkunft für meine Familie zu finden. Es war eine immens komplizierte Angelegenheit, bei der mehrere Haushalte und Beamte beteiligt waren. Im Endeffekt erklärte sich eine Familie gegen entsprechende Bezahlung bereit, sich um einen todkranken alten Mann zu kümmern, der mit seiner eigenen Familie in einer Dreizimmerwohnung lebte, die die Pflege aber nicht mehr leisten wollten. Seine neue Familie stellte ein Bett für ihn in einen winzigen Raum, in dem früher die Magd geschlafen hatte. Als der alte Mann auszog, hatte der Rest seiner eigenen Familie keinen Anspruch mehr auf drei Zimmer und zog daher in unsere 2-Zimmer-Wohnung um. Natürlich musste ich auch sie für den Verlust ihrer größeren Wohnung entschädigen. Darüber hinaus musste ich auch Beamte bestechen, um sicherzustellen, dass ihre leere Wohnung uns und nicht jemand anderem zugeteilt würde. Insgesamt kostete uns die Aktion ein Jahresgehalt.

Sobald wir umgezogen waren, beendete ich all meine illegalen Aktivitäten. Unsere neue Wohnung befand sich im ersten Stockwerk eines alten Hauses in der Zichy Jenő *Utca*. Sie war nur einen Kilometer von unserer bisherigen Wohnung entfernt und lag ebenfalls noch im Zentrum von Budapest. Unsere Fenster zeigten zur Straße, aber weil die Straße sehr eng war, waren unsere Zimmer nicht viel heller als die in unserer ersten Wohnung. Aber wir hatten jetzt wenigstens ein Schlafzimmer für meine Schwiegermutter, ein richtig großes Schlafzimmer für uns und ein gemeinsames Wohnzimmer zwischen den beiden Räumen.

Wir hatten nur Möbel für zwei Zimmer, und so beschloss ich, ein zusätzliches Sofa für das Wohnzimmer zu besorgen. Doch das war leichter gesagt als getan. In einiger Entfernung entdeckte ich einen Second-Hand-Möbelladen und ich sah ein passendes Sofa im Fenster. Es war groß und hatte eine hellgrüne Polsterung, die bis zum Boden reichte und die die Beine des Sofas verdeckte, die wiederum kleine Rollen hatten. Es war nicht teuer, also schnappte ich zu. Der

Laden lieferte jedoch nicht und schlug vor, dass ich bei der staatlichen LKW-Spedition anfragen sollte. Die Lieferung wäre aber teurer gewesen als das Sofa selbst. Und so fragte ich Feri, einen sportlichen Kollegen von mir, ob er mir helfen könne, es nach Hause zu transportieren.

Das Sofa erwies sich als viel schwerer als gedacht. Zuerst versuchten wir es anzuheben und zu tragen, mussten aber alle fünfzig Schritte anhalten, um uns auszuruhen. Also stellten wir es hin und versuchten es auf seinen Rollen zu schieben. Allerdings war der Bürgersteig in einem schrecklichen Zustand, mit Kopfsteinpflastern und Schlaglöchern, so dass letztendlich die Rollen abbrachen. Wir kämpften uns weiter voran so gut wir konnten, als es anfing zu regnen. Der Regen entwickelte sich zu einem richtigen Wolkenbruch und als sich das Polster mit Wasser vollsog, wurde es von Minute zu Minute schwerer. Auch wir waren inzwischen klatschnass, aber das war unsere geringste Sorge.

„Was machen wir jetzt?", fragte Feri, der es offensichtlich bedauerte, dass er seine Hilfe angeboten hatte. Die einzig sinnvolle Entscheidung war, das Sofa am Straßenrand stehen zu lassen und zu hoffen, dass wir es später wieder abholen konnten.

Wir hätten es besser wissen müssen, denn am nächsten Morgen war es verschwunden. In Budapest gab es viele Menschen, die ärmer waren als wir und für die ein verlassenes Sofa – egal wie klitschnass und schwer es auch sein mochte – ein Geschenk des Himmels war. Aber auch ohne das Sofa fühlten wir uns in unserem neuen Zuhause wie im Himmel.

Vera, István und ich genossen die kleinen Freuden des Lebens, die Budapest nach dem Ende des Stalinismus zu bieten hatte. Leute, die Zugang zu westlichen Devisen hatten, konnten sich jetzt Luxus- und Importwaren in dafür vorgesehenen Läden kaufen (schade, dass wir selbst keine westlichen Devisen hatten, denn der Besitz war für normale Bürger nicht erlaubt). Anfang 1952 verkündete Rákosi im Rundfunk schließlich das Ende der Lebensmittelrationierung. Auch wenn die damit einhergehenden Preissteigerungen die Gehaltssteigerungen bei weitem überstiegen, konnten wir uns jetzt einen gelegentlichen Restaurantbesuch leisten. Auf den Speisekarten standen einfache ungarische Schmorgerichte wie *Gulyás* und *Paprikás,* die gut zubereitet und lecker waren. Bei sommerlichen Temperaturen öffneten die Restaurants ihre Terrassen, so dass man draußen essen konnte. Unser Lieblingsrestaurant lag in einem großen, gepflegten Garten mitten im Landschaftspark der Margareteninsel in der Mitte der Donau. Die Insel hatte zwei Schwimmbäder, ein Open-Air-Theater und einen berühmten Wasserturm, der zu jeder vollen Stunde eine Melodie spielte. Damals mussten die Ungarn am Samstagmorgen arbeiten, aber sonntags war die Margareteninsel immer voller Spaziergänger und Familien, die mit ihren Kindern Fußball spielten oder einfach nur auf dem Rasen picknickten. Manchmal reisten Vera und ich die 100 Kilometer mit dem Zug zu einem Ferienort am Plattensee, der während der Hochsaison ziemlich überfüllt war. Dank Veras Mutter, die auf den kleinen István aufpasste und ihn ordentlich verwöhnte, hatten wir etwas Zeit für uns.

Das mit Abstand billigste und deshalb wohl auch beliebteste Freizeitvergnügen war das Wandern. Vera und ich waren Mitglied in einem Wanderverein und wanderten gemeinsam mit anderen in den nicht sehr hohen Bergen nördlich von Budapest. Unsere Begleiter waren vor allem Studenten und deren Partner. Auf dem Gipfel der meisten Berge gab es einfache Hütten mit Übernachtungsmöglichkeiten, in denen man auch eine heiße Suppe und eine Kleinigkeit zu sich nehmen konnte.

ALS SELBST DIE DICHTER SCHWIEGEN

Weitere Ausflüge als solche, die man mit Hilfe des öffentlichen Nahverkehrs von Budapest bewerkstelligen konnte, waren aus mehreren Gründen nicht möglich. Selbstverständlich besaßen wir kein Auto. Tatsächlich kannte ich damals nur eine einzige Person, die ein eigenes Auto hatte. Dabei handelte es sich um einen Automechaniker, der den Großteil seiner Zeit und seines Geldes investierte, um seinen heruntergekommenen Fiat am Laufen zu halten. Für Dienstreisen hatten wir Dienstwagen mit Fahrern, aber niemand bei Vegyterv oder in vergleichbaren Betrieben hätte jemals darüber nachgedacht, den Führerschein zu machen. Flüge waren nur aus geschäftlichen Gründen oder für Politiker möglich. Ich wurde als wichtig genug angesehen, um mit Flugzeugen der ungarischen DC-3-Flotte fliegen zu dürfen. Die DC-3 konnte auf Gras starten und landen und flog eher niedrig. Der Flug war oft etwas unsanft, aber das wurde wett gemacht durch die atemberaubenden Aussichten während der Reise. Ich flog oft von Budapest nach Miskolc, einer Industriestadt im Nordosten, von wo aus ich zu unserer neuen Nitratfabrik gefahren wurde.

Privatreisen innerhalb von Ungarn waren erlaubt, aber sobald man eine Nacht außerhalb der Heimatstadt verbrachte, musste man sich innerhalb von vierundzwanzig Stunden bei der örtlichen Polizei registrieren lassen. Dazu musste man für ein paar *Fillér* ein Formular bei einem Postamt kaufen, ausfüllen und an der Polizeidienststelle abstempeln lassen. Es war ein ziemlicher Aufwand, in einer unbekannten Stadt sowohl ein Postamt als auch eine Polizeistation zu finden, die dann auch noch geöffnet haben mussten.

Privatreisen in andere Länder, auch in andere kommunistische Staaten, waren nicht möglich. Der offizielle Grund für die Einschränkung des internationalen Reiseverkehrs war die Nichtverfügbarkeit von Fremdwährungen. Der wahre Grund war natürlich, dass man nicht wollte, dass die Leute mitbekamen, was anderswo los war. Abgesehen von den hohen Parteikadern durften nur wenige Menschen in den Westen reisen, dazu gehörten insbesondere Sportler und Künstler. Allerdings mussten sie allein reisen. Die Partei hatte derartige Angst vor Überläufen, dass Familien nicht zusammen reisen durften. Eltern mussten ihre Kinder zu Hause lassen. Wenn sie sie wiedersehen wollten, mussten sie zwangsläufig zurückkehren. Ich selbst erhielt einmal einen Reisepass, als ich in die benachbarte Volksrepublik Rumänien auf Dienstreise geschickt wurde. Er galt aber nur für diese eine Reise in einen anderen kommunistischen Staat.

Die größte Verbesserung unserer Lebensqualität resultierte nicht aus dem ideologischen Wandel im weit entfernten Kreml, sondern aus dem Kauf eines gebrauchten Kajaks. Wir lagerten es auf der Szúnyog Sziget, der nur wenige Kilometer nördlich vom Budapester Stadtzentrum gelegenen Mückeninsel in der Donau, die in den 1950er Jahren ein beliebtes Feriendomizil war. Das Gesetz verlangte, dass wenigstens eine Person in einem Boot, auch wenn es nur ein Kajak war, eine Art maritimen „Führerschein" haben musste. Für den Führerschein musste ich zeigen, dass ich im Schwimmbad 400 Meter ununterbrochen schwimmen konnte, was ungefähr der Breite der Donau entsprach. Danach musste ich eine theoretische Prüfung absolvieren, gefolgt von einem praktischen Teil, bei dem ich mit meinem eigenen Kajak auf den Fluss hinausfahren musste – anfahren, anhalten, drehen und so weiter.

Nachdem ich meinen Kajak-Test bestanden hatte, mussten wir noch eine Hütte auf der Mückeninsel suchen, damit wir eine Nacht dort verbringen und unsere Flussfahrten auf das gesamte Wochenende ausdehnen konnten. Es gab bereits einige Hütten, die in einer Reihe standen. Jede war gerade einmal groß genug, dass zwei Personen darin schlafen konnten. Leider waren sie alle dauerhaft vermietet und die Mieter wollten sich nicht davon trennen.

„Möchten Sie auch eine Hütte?", fragte der Hausmeister der Anlage. Er war ein pfiffiger alter Mann, der jede Gelegenheit nutzte, um sich ein kleines Zubrot zu verdienen. Er wusste, dass die Bootsbesitzer der Stadt besser bezahlt wurden als die einfachen Arbeiter. Wenn überhaupt jemand Trinkgeld geben konnte, dann waren es diese Leute. „Wenn ja, könnte ich Ihnen eine am Ende der Reihe bauen. Dort ist gerade noch genug Platz für eine weitere Hütte."

Er war kein professioneller Tischler und es wurde eine ziemlich primitive Behausung. Er zimmerte sie aus alten Holzbrettern zusammen und sie hatte nur ein Einzelbett und eine mit Stroh gefüllte Matratze. Ein paar Nägel in der Wand dienten als Haken. Fließendes Wasser gab es nicht, aber immerhin hatte er es geschafft, Strom zu legen, so dass wir Licht anmachen konnten. Allerdings gab es keinen Schalter und so mussten wir die an der Decke hängende Glühbirne jedes Mal rein- oder rausdrehen. Als die Hütte fertig war, musste ich in das für die Anlage zuständige Verwaltungsbüro gehen und einen Mietantrag für eine Hütte stellen.

„Es ist keine frei", sagte der Sachbearbeiter ohne in die Unterlagen zu schauen.

„Doch, jetzt gibt es eine", korrigierte ich ihn und zeigte auf dem Plan die Lage unserer Hütte, den dieser pflichtgemäß auf den neuesten Stand brachte. Die Hütte war somit Staatsbesitz und wir wurden die ersten Mieter, allerdings unter der Bedingung, dass wir die jährliche Miete im Voraus zahlten. Wir schätzten uns glücklich und waren dem unternehmungslustigen Hausmeister sehr dankbar.

Tauwetter

Den ganzen Sommer über ließen wir jeden Samstag nach der Arbeit unser Kajak zu Wasser und paddelten flussaufwärts Richtung Norden. Es gab dort eine leere Scheune, an der mehrere junge Bootsbesitzer anhielten, um darin gemeinsam zu übernachteten. Unser Kajak war groß genug für zwei Erwachsene und ein Kind und gelegentlich nahmen wir István mit. Er liebte das Wasser. An den Wochenenden waren immer viele Bötchen auf der Donau. Die meisten waren Ruderboote, die schneller fuhren als unser Kajak. Sie konnten aber wegen der Untiefen nicht so nah an das Ufer heranfahren. In unserem Kajak konnten wir dagegen nah an den Sandbänken vorbeifahren, so dass wir weniger Widerstand durch die Strömung hatten.

Eine Besonderheit unseres Kajaks war das Ruder, das man mit den Füßen bedienen konnte. So hatten wir die perfekte Kontrolle.

Am nächsten Sonntagmorgen gingen wir gewöhnlich in der Donau baden. Am Nachmittag packten wir dann unseren restlichen Proviant ein und fuhren langsam und damals noch von Handelsschiffen ungestört stromabwärts zu unserer Hütte zurück. Sonntagnacht verbrachten wir oft noch auf der Mückeninsel und kehrten dann früh am nächsten Morgen zur Arbeit zurück.

Die Donau, Europas zweitlängster Fluss, hatte zwar eine starke Strömung, floss aber ruhig. In unserem Kajak waren wir vollkommen sicher. Bei stürmischem Wetter konnte es aber tückisch werden. Bei einem herannahenden Sturm – und er konnte von jetzt auf gleich entstehen – feuerte die Wetterstation zur Warnung für die Schiffe eine Kanone ab. Schiffe mussten dann zwingend eine Anlegestelle aufsuchen und den Sturm dort abwarten. Eines Nachmittags hatten wir auf dem Rückweg schon den Stadtrand von Budapest erreicht, als wir den Warnschuss hörten. Glücklicherweise entdeckten wir eine Anlegestelle in der Nähe, wo wir das Kajak vertäuen konnten und paddelten mit großer Geschwindigkeit dorthin. Wir hatten es noch gerade rechtzeitig vor dem Sturm geschafft, als zwei riesige Männer auf uns zurannten und uns anschrien, dass wir uns wieder in unser Kajak setzen und die Anlegestelle sofort verlassen sollten.

Wir protestierten: „Es kommt ein Sturm. Können wir nicht einfach hierbleiben, bis er vorbei ist? Wir haben ein kleines Kind dabei."

„Sie können hier nicht an Land", beharrten die beiden. „Dies ist ein Privatgrundstück."

„Ein Privatgrundstück? Im Kommunismus? Was für ein Unsinn!"

Aber die Männer drohten uns und wir hatten keine andere Wahl, als in das Kajak zu klettern und wieder weg zu paddeln.

Der Sturm war nun direkt über uns und der Wind kam aus Süden, genau aus der Richtung, wo wir hinwollten, und peitschte die Wellen auf. Wir waren nicht sehr weit von zu Hause entfernt, allerdings befanden wir uns auf der falschen Donauseite.

Wir entschieden uns, die Donau zu überqueren und zu versuchen zur Mückeninsel zu gelangen. Es war unglaublich anstrengend, gegen den Wind zu paddeln und es schwappte immer mehr Wasser ins Kajak. Ich hatte Angst und mir war klar, in welch prekärer Situation wir waren. Ich musste aber so tun, als ob ich alles unter Kontrolle hätte, um István nicht zu erschrecken, der alles für ein großartiges Abenteuer hielt. Als wir das Ufer der Insel erreichten, war das Kajak fast vollgelaufen und wir saßen im Wasser. Die Anlegestelle, an der wir den Sturm nicht abwarten durften, gehörte zu einer Anlage für hohe Funktionäre der Kommunistischen Partei. Es war tatsächlich ein privates Grundstück. George Orwells *Farm der Tiere* war bereits Realität geworden, nur wenige Jahre, nachdem die Kommunisten an die Macht gekommen waren. Jeder war gleich, aber schon jetzt waren einige gleicher als andere. Im Rückblick war es ein Schlüsselerlebnis für mich. Für die Kommunistische Partei in Ungarn war die Privatsphäre seiner Funktionäre offensichtlich wichtiger als die Sicherheit meiner Frau und meines Kindes. In mir reifte langsam die Überzeugung, dass es für uns keine Zukunft mehr in Ungarn geben würde.

Ich bin überzeugt, dass der ungarische Aufstand vom Oktober 1956 ein weitgehend spontaner Ausbruch eines unterdrückten Volkes war. Die Kommunistische Partei hatte bei den Wahlen von 1945 weniger als ein Achtel der Stimmen erhalten, sich aber anschließend mit ihrer Salami-Taktik bis 1949 die Macht gesichert. Ein gegenseitiger Beistandsvertrag hatte es der Roten Armee erlaubt, in Ungarn stationiert zu bleiben und die Sowjetunion hatte das letzte Wort, wie Ungarn regiert werden sollte. Die Sowjets forderten den Löwenanteil der ungarischen Agrarproduktion und Kriegsentschädigungen in Höhe von 300 Millionen Dollar strangulierten die Wirtschaft. Im Zuge von Rákosis paranoiden Stalinismus waren Tausende vom verhassten ÁVH verhaftet und in Lager geschickt worden. Die Kollektivierung auf dem Land und die Verstaatlichung der Industrie hatten zu Engpässen und Entbehrungen geführt. Die Friedensanleihen hatten uns verbittert. Wir wollten Presse- und Meinungsfreiheit, Wahlfreiheit, Reisefreiheit und vor allem keine politische Unterdrückung mehr.

Die ersten Anzeichen eines Tauwetters nach Stalins Tod hatten uns Appetit auf mehr gemacht. Ich glaube nicht wirklich, dass die meisten Leute den Sozialismus als solchen unbedingt loswerden wollten und sich bewusst für den Kapitalismus entschieden hätten. Sie wollten nur das System reformieren, um den Sozialismus menschlicher zu gestalten. Sie wollten auch von ganzem Herzen, dass Ungarn wieder ein unabhängiger und souveräner Staat wird und sich aus der sowjetischen Vorherrschaft befreit. Als sich die Dinge nach und nach zu ändern begannen, entwi-

Der Autor mit seiner Frau Vera und dem Sohn István auf der Donau

ckelten die Ereignisse ihre eigene Dynamik. Es war wieder wie bei Rákosis Salami-Taktik, nur diesmal in umgekehrter Richtung. Ich liebte die aufgekratzte Stimmung während des politischen Tauwetters und ich war jeden Tag aufs Neue gespannt, welche positiven Veränderungen der Tag mit sich bringen würde. Ich sehnte mich nach Freiheit, obwohl ich nicht genau wusste, was ich damit anstellen würde.

Eine beliebte Wochenzeitung, die *Irodalmi Újság* oder *Literarische Gazette*, die Zeitschrift des ungarischen Schriftstellerverbands, spielte eine wichtige Rolle in der Zeit bis zum Aufstand. Sie war nur in kleiner Auflage erhältlich und so gab es immer eine lange Schlange mit Leuten, die jede Woche vor den Zeitungsständen warteten. Nach dem Lesen gab man die Zeitschrift weiter, so dass sie letztendlich eine riesige Leserschaft hatte. Bekannte Schriftsteller und Dichter brachten ihre zunehmende Unzufriedenheit mit

Tauwetter

dem Status Quo zum Ausdruck und sprachen sich für eine Neuausrichtung der sehr einseitigen Beziehung zwischen Ungarn und der UdSSR aus. Die Politik der Partei, die eine sozialistische Utopie versprochen, aber nur Korruption und eine desolate Wirtschaft geliefert hatte, sollte auf den Prüfstand.

Nach gewaltsamen Demonstrationen gegen die kommunistische Herrschaft in Polen wurde der in Ungarn höchst unpopuläre Diktator Rákosi im Sommer 1956 vom sowjetischen Politbüro tatsächlich abgesetzt. Allerdings wurde er durch einen anderen Hardliner namens Ernö Gerő erstetzt. Am 23. Oktober, der heute Ungarns Nationalfeiertag ist, eskalierte schließlich eine Studentendemonstration in Budapest.

Es kam zu gewalttätigen Auseinandersetzungen, die in den Volksaufstand mündeten, nachdem der Staatssicherheitsdienst ÁVH das Feuer auf die vor dem Rundfunkgebäude befindliche protestierende Menschenmenge eröffnete. Die Demonstranten, die durch ungarische Soldaten unterstützt wurden, wandten sich daraufhin gegen den ÁVH. Am nächsten Tag waren sowjetische Panzer auf den Straßen und es entwickelten sich chaotische Kämpfe. Ernö Gerő floh in die Sowjetunion und Imre Nagy, der als ein bekannter und reformorientierter Kommunist der Wunschkandidat der demonstrierenden Studenten war, wurde Chef der neuen Regierung. Als die Demonstranten merkten, dass sich das Blatt zu ihren Gunsten gewendet hatte, kam es zu tödlichen Vergeltungsmaßnahmen gegen den ÁVH und die Sowjets. Die staatlichen Strukturen lösten sich auf und die Symbole des ungarischen Kommunismus wurden demontiert. Zum Ende des Monats hatte sich die Rote Armee aus Budapest zurückgezogen, um sich neu zu sammeln. Für einen kurzen Moment war Ungarn frei. Überall im Land brachen Leute auf der Suche nach ihren persönlichen Akten in Parteibüros und die Büros der Personalabteilungen ein. Als wir die über unsere Familie in Orosháza angelegten Akten lasen, stellten wir fest, dass unser Hauptverbrechen war, von unserer Tante Adél aus New York Pakete mit Kaffee, Kakao und Nylonstrümpfen erhalten zu haben.

Tragischerweise blieb lmre Nagys Nationalregierung nur weniger als zwei Wochen im Amt, denn das Politbüro in Moskau beschloss, den Aufstand mit Gewalt zu zerschlagen. Im Nachhinein deutet einiges darauf hin, dass Nagys Andeutungen, Ungarn könnte aus dem Warschauer Pakt austreten, die Sowjets zum Handeln gezwungen hatte. An dieser unübersichtlichen Weggabelung im Kalten Krieg konnte Moskau unmöglich zulassen, dass einer seiner Satellitenstaaten den Schoß der Mutter verlässt. Die USA ihrerseits konnten keinen offenen Konflikt mit der UdSSR riskieren, indem sie Nagy militärisch unterstützten. Am 4. November 1956 marschierte die Rote Armee zum zweiten Mal innerhalb von etwas mehr als zehn Jahren in Budapest ein. Diesmal allerdings nicht als Befreier, sondern als Eroberer.

Die Kämpfe waren jetzt sehr einseitig, die Russen schossen mit Kampfpanzern auf alles, was sich bewegte. Gebäude wurden zerstört und viele weitere beschädigt.

Glücklicherweise war unsere Zichy Jenő *Utca* so eng, dass es die Panzerkommandeure aus Angst vor den Molotow-Cocktails nicht wagten, in die Straße hineinzufahren. So blieb unser Zuhause verschont. Nach knapp einer Woche war der Aufstand niedergeschlagen. Mehr als zweitausend Ungarn waren getötet worden.

Durch einen Zufall verpasste ich diese wichtigste Episode in der Geschichte des modernen Ungarn. Denn am 20. Oktober, also drei Tage vor den Studentendemonstrationen, bei denen es zu den gewalttätigen Ausschreitungen kam, war

Tauwetter

ich mit unserem alten Freund Sándor Farkas und einigen anderen Kollegen von Vegyterv zu einer Dienstreise nach Rumänien aufgebrochen. Wir hatten für die Rumänen eine Pilotanlage entwickelt, mit der man aus Erdgas verschiedene Chemikalien produzieren konnte. Wir übernachteten in Bukarest im Athénée Palace Hotel, einem der wenigen guten Hotels in Rumänien. Unseres Erachtens war Rumänien noch rückständiger als Ungarn und wir waren überrascht, dass man uns fast wie Westeuropäer behandelte. Die Leute auf der Straße kamen auf uns zu und wollten uns alles abkaufen, was wir hatten, von unseren Kameras bis zu den Regenmänteln. Auf der anderen Seite war das Einzige, das für uns als Souvenir interessant war, der schwarze Pfeffer, der in Ungarn gefragt, aber kaum zu bekommen war. Hier in Rumänien gab es ihn in Hülle und Fülle.

Nach ein paar Tagen in Rumänien erreichte uns in der Chemiefabrik die Nachricht von den Kämpfen und den Schüssen in Budapest. Ich verstand zunächst nicht: Wer schoss auf wen und warum? Schließlich konnten wir uns ein Bild davon machen, was vor sich ging. Jeder von uns wollte zurück. Unsere Familien waren in Budapest und wir wollten beim Volksaufstand mitmachen. Jeden Tag erzählte uns das rumänische Außenministerium, dass wir für eine Abreise ein Ausreisevisum bräuchten, das sie uns zu gegebener Zeit geben würden. Sie spielten scheinbar auf Zeit. Falls der Aufstand erfolgreich wäre, könnte Ungarn wie zuvor Titos Jugoslawien die kommunistische Staatenfamile verlassen. Ungarn wäre dann ein Feind Rumäniens.

Vor diesem Hintergrund hatten die rumänischen Behörden kein Interesse daran, einer Gruppe von erfahrenen Chemieingenieuren zu erlauben, ihr Land zu verlassen und zum Feind zu stoßen.

Ich kann mich überhaupt nicht mehr an die Chemieanlage erinnern, die wir kontrollieren sollten. Ich erinnere mich nur noch daran, dass ich befürchtete meine Familie nie mehr wieder zu sehen. Eines Abends schaffte ich es mit Vera zu telefonieren und schlug ihr vor, dass sie aus Ungarn fliehen und mit István mit dem Zug nach Wien reisen sollte. In Bukarest hatten uns Nachrichten erreicht, dass dies relativ einfach möglich wäre. In den ersten Tagen nach dem Volksaufstand gab es eine risikofreie Gelegenheit, da die Grenze nach Österreich geöffnet war. Zahlreiche Flüchtlinge nutzten die Gelegenheit und überquerten sie in Richtung Westen. Ich erklärte ihr, dass ich schon irgendwie über Jugoslawien nach Wien kommen würde und dass wir uns dort treffen könnten. Vera wollte aber auf keinen Fall ohne mich nach Österreich fliehen. Sie hatte Angst, dass etwas schief gehen könnte. Außerdem hatte István gerade eine schmerzhafte Mittelohrentzündung. Sie bestand also darauf, auf mich zu warten. Sie wollte nicht riskieren, dass einer von uns es nicht schaffen würde sich in Sicherheit zu bringen.

Ich besprach mit meinen Kollegen im Athénée Palace unser Dilemma und alle bis auf einer waren dafür, Bukarest so schnell wie möglich zu verlassen. Falls wir nicht direkt nach Ungarn zurückkehren könnten, sollten wir versuchen, nach Jugoslawien und vielleicht sogar nach Österreich zu kommen. Es gab Gerüchte, dass die Jugoslawen es gestrandeten Ungarn erlauben würden nach Österreich weiter zu reisen, aber man wusste nichts Genaues. Nur ein gewissenhafter Kommunist in unserer Delegation sprach sich dafür aus, in Rumänien zu bleiben und unsere Aufgabe zu erledigen.

„Maul halten und weiter dienen!", sagte er auf Deutsch, ein beliebter Spruch, der noch aus der k.u.k Monarchie stammte.

Sándor Farkas war jedoch komplett anderer Meinung.

„Okay, der Kommunismus hat anscheinend nicht funk-

Tauwetter

tioniert", nahm ich den Ball eines Abends auf, „aber was haltet ihr vom Sozialismus? Ich meine natürlich den *richtigen* Sozialismus, nicht das, was wir in Ungarn hatten."

„Das funktioniert auch nicht", sagte Sándor. Er war ein richtiger Sturkopf und wollte immer recht behalten. „Das System ist gegen die menschliche Natur. Die Leute sind egoistisch und wollen immer nur das Beste für sich und ihre Familien rausholen. Sie werden nicht freiwillig Wohlstand und Privilegien mit anderen teilen."

„Und wenn das gesamte System im Zusammenspiel mehr Wohlstand erzeugt, als die Summe seiner Teile?", überlegte ich.

„Es könnte für eine Weile funktionieren", gab er zu, „aber nur bis eine Person anfängt zu mogeln, um sich ein größeres Stück vom Kuchen zu sichern. Dann wäre das Vertrauen dahin und das System bricht in sich zusammen. Du musst dir nur ansehen, was passiert, wenn eine Person versucht, sich an einer Schlange vorbei nach vorne zu drängeln. Jeder in der Schlange wird sich ärgern und ebenfalls nach vorne drängeln."

„Wie kann so ein alter Kommunist wie du, Sándor, solche Meinungen vertreten?", fragte ich erstaunt.

„Verstehst du es nicht, Gyuri? Ich bin doch der lebende Beweis dafür, dass das, was ich eben gesagt habe..."

Am 3. November 1956 erhielten wir überraschend unsere Ausreisevisa von den rumänischen Behörden. Im Nachhinein kann man nur vermuten, dass sie von den Sowjets informiert worden waren, was passieren würde. Ich nahm ein Taxi zum Gara de Nord und stellte fest, dass es immer noch keine direkten Zugverbindungen zwischen Rumänien und Ungarn gab. Schließlich bekam ich eine Bahnfahrkarte für den Nachtzug nach Belgrad, die jugoslawische Hauptstadt. Ich hatte zwar keine Sitzplatzreservierung, aber das machte nichts, denn wir waren in Rumänien: Ich gab dem Schaffner ein großzügiges Trinkgeld und er kümmerte sich darum.

Mit den rumänischen *Leu*, die ich noch bei mir hatte und die in Jugoslawien nichts mehr wert wären, kaufte ich mir eine gebrauchte Kamera. Mein Gedanke war, sie über die Grenze zu schmuggeln ohne sie zu verzollen und sie dann in Belgrad zu verkaufen. Zu meiner Freude passte sie perfekt in den Behälter der Abteiltoilette, in dem das Toilettenpapier aufbewahrt wurde. Nachdem wir die Grenze nach Jugoslawien passiert hatten, ging ich auf die Toilette, um die Kamera zu holen. Leider musste ich feststellen, dass mein Schmuggel fehlgeschlagen war. Man hatte mich bestohlen. Was hatte Sándor noch gesagt? Jeder versucht zu mogeln, um sich ein größeres Stück vom Kuchen zu sichern? Ab und an etwas beim Staat mitgehen zu lassen war im Kommunismus weit verbreitet, aber einen anderen Menschen zu bestehlen war weiterhin nicht entschuldbar. Ich war schwer getroffen.

Als der Zug stoppte, hörte ich von draußen ungarische Stimmen. Das war wenig überraschend. Was 1956 die nördlichen Teile von Jugoslawien waren, hatte bis zum Vertrag von Trianon im Jahr 1920 zur österreichisch-ungarischen Monarchie gehört und ein Großteil der Bevölkerung in der Grenzregion waren gebürtige Ungarn.

„*Hallottak valami újat Magyarországról?*", fragte ich besorgt: „Gibt es was Neues aus Ungarn?"

Ja, es gab Neuigkeiten, aber es waren die schlechtesten Nachrichten, die man sich vorstellen konnte. Die Sowjets hatten vor ein paar Stunden begonnen Budapest anzugreifen. Imre Nagy hatte in einer Radioansprache den Westen um Hilfe gebeten, allerdings vergeblich, und er und einige andere Anführer des Umsturzes hatten mit ihren Familien Zuflucht in der jugoslawischen Botschaft gesucht. Später am Tag erreichte ich Belgrad, musste aber feststellen, dass

Tauwetter

es von hier aus genauso schwierig war, nach Budapest zu kommen. Ungarn war vom Rest der Welt abgeschnitten. Mit ein paar ungarischen Staatsbediensteten, die jetzt alle unfreiwillige Flüchtlinge waren, wurde ich in einem billigen Hotel untergebracht und wir erhielten von der ungarischen Handelskammer in Belgrad etwas Geld zum Überleben. In der Handelskammer verbrachten wir die nächsten Tage und warteten auf Neuigkeiten aus dem Norden.

Die Telefonverbindungen nach Ungarn waren zusammengebrochen und wir hatten keine Möglichkeit zu erfahren, was mit unseren Familien passiert war. Wir wussten nur, dass sie in einer Stadt im Kriegszustand in der Falle saßen.

Schließlich, nach einer gefühlten Ewigkeit, klingelte das Telefon in der Handelskammer und der diensthabende ungarische Beamte bat um Ruhe. „Es ist Budapest!", schrie er aufgeregt. Ich wartete keinen Moment länger und rannte zur Telefonzentrale und gab meine Telefonnummer an.

„Es gibt keine Verbindungen nach Budapest", sagte die Telefonistin ohne es zu versuchen.

„Doch, die Verbindungen stehen wieder", korrigierte ich sie und innerhalb weniger Minuten sprach ich mit der Frau meines Schwagers. Bertalan und seine Frau lebten in einer Wohnung, von der aus man einen wichtigen Platz überblicken konnte, der hart umkämpft war. Aus Sicherheitsgründen waren sie in unsere Wohnung in der Zichy Jenő *Utca* gezogen. Ein befreundeter und alleinstehender Kollege von mir, Péter Schiffer, hatte die Aufgabe übernommen auf Vera aufzupassen. Während der Kämpfe war er vorbeigekommen, um nach dem Rechten zu sehen und Essen für sie und unseren Sohn zu bringen.

Der kurzlebige Widerstand gegen die Rote Armee wurde brutal niedergeschlagen und am 14. November hatte sich die Situation auf der anderen Seite der Grenze so weit beruhigt, dass wir alle einen Bus nach Budapest bestiegen. Ausgestattet waren wir mit Papieren, die sowohl auf ungarisch als auch auf russisch bestätigten, wer wir waren, falls wir während der nächtlichen Ausgangssperre in Budapest ankommen und an eine sowjetische Patrouille geraten sollten. Ich hatte den schwarzen Pfeffer aus Rumänien, einige Sardinenbüchsen (ein Luxus, den man in Ungarn nicht bekommen konnte), ein Spielzeug für István und etwas Silberschmuck für Vera bei mir. Die Fahrt nach Hause war unspektakulär und unsere Heimkehr nach den katastrophalen Ereignissen ernüchternd.

Ich brauchte etwas Zeit, um mich neu zu orientieren. Der Aufstand war zwar vorbei, aber es gab immer noch einen Arbeiterrat, der die normalen Bürger vertrat und mit der neuen, von den Sowjets unterstützten Regierung verhandelte.

Bei Vegyterv arbeitete niemand, alle tranken Kaffee und diskutierten über die politische Lage und die weitere Entwicklung. Es gab zwei Lager: die Optimisten hoffen weiterhin auf eine Intervention des Westens oder einen Kompromiss zwischen der Regierung und dem Arbeiterrat; die Pessimisten sagten eine Rückkehr zum stalinistischen Terror voraus. Die Atmosphäre war gedrückt. Keiner lachte oder machte Witze. Die Lage war zu ernst für politische Witze. Die Straßen in Budapest waren menschenleer, es war kalt und dunkel und es schien so, als ob eine schreckliche Seuche die Stadt heimgesucht hätte.

Gegen Ende November verließ Imre Nagy, der Anführer der Revolution, die jugoslawische Botschaft, nachdem man ihm Straffreiheit zugesichert hatte. Trotz der Garantie wurde er von den Sowjets verhaftet und nach Rumänien deportiert. Später wurde er des Landesverrats beschuldigt, heimlich erhängt und mit dem Gesicht nach unten in einem anonymen Massengrab beerdigt. Dann hörten wir im Radio, dass die neue Regierung den Arbeiterrat verboten hatte und die Anführer verhaften ließ. Dies war der letzte Tropfen, der bei mir das Fass zum Überlaufen brachte. Nachdem der letzte Hoffnungsschimmer erloschen war, gab es nichts mehr, was mich noch in Ungarn halten konnte. Ich war mir sicher, dass jede kleine Verbesserung, die wir nach dem Ende des Stalinismus gesehen hatten, nun zurückgenommen werden würde und dass die repressive kommunistische Herrschaft zurückkehren würde. Da wollte ich nicht mitmachen. Vor allem aber wollte ich nicht, dass mein Sohn in so einer Gesellschaft aufwächst. Alles wäre besser. Es gab keine andere Wahl. Wir mussten das Land verlassen.

Wir stellten den Sender Radio Free Europe an, der rund um die Uhr sendete und der die Leute aufforderte, das Land zu verlassen. Es gab Nachrichten von Flüchtlingen, die es über die Grenze nach Österreich geschafft hatten und die nun auf dem Weg in die Vereinigten Staaten oder andere Länder waren. Sie beschrieben anschaulich die finanzielle Unterstützung, die sie bekommen hatten und die herzliche Begrüßung der lokalen Bevölkerung.

Wenn ich ehrlich bin, beeinflusste dies meine Entscheidung, das Land zu verlassen, in keiner Weise. Erstens glaubte ich nicht alles, was sie sagten. Und zweitens waren es keine finanziellen Gründe, die mich zur Flucht bewegten. Auch hatte ich keine Angst, als Unterstützer des Aufstands verhaftet zu werden, wie es vielen Tausenden passiert ist. Schließlich war ich nachweislich während der Kämpfe nicht in Ungarn gewesen. Ich hatte einfach genug vom Kommunismus und wollte ein besseres Leben für meine Frau und mein Kind.

Wir Ungarn hatten relativ viel Glück, dass sich Österreich, dessen östliche Landesteile bis vor einem Jahr noch von der russischen Armee waren, offiziell zu einem neutralen demokratischen Staat erklärt hatte. Als Nebeneffekt des jüngsten politischen Tauwetters waren die Minen und der Stacheldraht entlang der Grenze entfernt worden. Es gab Gerüchte, dass das neue Regime die Grenze wieder abriegeln wollte, aber bei einer 366 Kilometer langen und von Wäldern und Feldern gesäumten Grenze konnte diese Aufgabe nicht von heute auf morgen bewerkstelligt werden. Es gab also ein kleines Zeitfenster und wir mussten handeln. Wir hätten es sonst den Rest unseres Lebens bereut.

8
Freiheit

UM NACHVOLLZIEHEN zu können, warum wir Ungarn verließen, muss man sich die Hoffnungslosigkeit unserer Situation im Winter 1956 vor Augen führen. Als ein jüdischer Junge, der den Holocaust überlebt hatte, trat ich im Alter von 17 Jahren der kommunistischen Partei bei, nur um im Alter von 20 Jahren wieder ausgeschlossen zu werden. Zwar war ich kein aktives Mitglied, dennoch sympathisierte ich sogar nach meinem Parteiausschluss mit dem Kommunismus. Es war die einzige Ideologie, bei der ich zuversichtlich war, nicht wieder verfolgt zu werden. Aber als die Jahre vergingen, schwand jegliche Sympathie und ich wurde angesichts der Exzesse der Partei, der Etablierung einer neuen herrschenden Klasse und der riesigen Kluft zwischen Theorie und Praxis bzw. zwischen Anspruch und Wirklichkeit immer kritischer. Ich las die Ideen der ungarischen Intellektuellen und Regimekritiker in der *Literarischen Gazette* und verfolgte die Sendungen des BBC World Service und das Radio Free Europe. Langsam entwickelte sich in mir eine alternative Idee – *Demokrácia*. Es war das gleiche Wort, das ich auf einem Wandplakat gesehen hatte, als ich im Jahr 1945 wieder ungarischen Boden betrat.

Vera und ich entschieden uns, mit István zu fliehen. Damit traten wir in die Fußstapfen von ungefähr 200.000 Ungarn, die zu diesem Zeitpunkt bereits die Grenze überquert hatten. Wir gehörten zu den Letzten, die gingen. Diejenigen, die in den 14 Tagen zwischen den Studentendemonstrationen und der erneuten Besetzung von Budapest durch die rote Armee geflohen waren, waren mehrheitlich Opportunisten, die geistesgegenwärtig die Chance nutzten, das Land verlassen zu können. Unter denen, die geflohen waren, nachdem die Panzer erschienen, waren viele, die mit Waffen gegen das Regime gekämpft hatten. Sie mussten fliehen, wenn sie der Todesstrafe entkommen wollten. Andere wiederum flohen, weil sie mit einer einfachen Frage konfrontiert wurden: „Mein bester Freund hat das Land verlassen, mein Nachbar und mein Kollege ebenso, also was mache ich noch hier?"

Dann gab es Leute wie wir, die einfach genug hatten vom Kommunismus und sich ein besseres Leben für ihre Kinder wünschten. Egal aus welchen Gründen auch immer die Leute flohen, für Ungarn war der Exodus ein großer Verlust. Schließlich handelte es sich in der Regel um sehr gut ausgebildete Menschen mit Abenteuer- und Unternehmergeist, die keine Angst vor Veränderungen hatten. Insgesamt überquerten vier Prozent der Bevölkerung die Grenzen. Die meisten flohen nach Österreich, aber es gab auch welche, die in Titos Jugoslawien Zuflucht suchten. In einigen Städten im Westen von Ungarn floh mehr als jeder Zehnte. Der Großteil hatte Ungarn im November verlassen. Da ich aber zwangsweise in Bukarest zurückgehalten wurde, hatten wir uns bis Mitte Dezember immer noch nicht auf den Weg gemacht. Inzwischen war die Grenze besser gesichert, so dass es immer schwieriger wurde zu fliehen. Ich fand den Gedanken einigermaßen amüsant, dass der ungarische Staat mich im Jahr 1944 aus dem Land geworfen hatte und es ihm egal war, ob ich leben oder sterben würde und dass er jetzt alles daran setzte mich im Land zu behalten.

Während der Tage vor unserer Abfahrt diskutierten die Leute im Ingenieurbüro von Vegyterv das Für und Wider einer Flucht. Einige waren aus patriotischen Gründen strikt dagegen, Ungarn zu verlassen und wollten loyal sein. Diejenigen, die über eine Flucht nachdachten, sagten nichts und behielten ihre Gedanken für sich. Und natürlich blieben die meisten am Ende, teils aus aufrichtiger patriotischer Verbundenheit, häufiger aber aus Trägheit oder

Freiheit

aus Angst vor dem Unbekannten. „Ich habe gehört, dass die Grenze wieder vermint ist", sagten sie, oder „Gestern wurde eine fünfköpfige Familie von russischen Grenzsoldaten erschossen", oder „Ich habe gehört, dass Österreich genug hat und die Flüchtlinge wieder zurückschickt." All diese Aussagen basierten auf Gerüchten und bei Gerüchten gibt es nichts zu diskutieren. Entweder man glaubt sie oder nicht. Mich haben die Gerüchte nicht abgeschreckt. Ich war überzeugt, dass die Leute ihre Zweifel aussprachen, um ihre Untätigkeit vor sich selbst zu rechtfertigen. Einige von denen, die das Land verließen, planten ursprünglich nicht lange im Ausland zu bleiben. Sie dachten, dass sie bald zurückkehren würden, wenn sich der Staub gelegt hätte und das Leben in Ungarn wieder zur Normalität zurückgekehrt wäre.

Zu diesen Leuten gehörte ich nicht. Ich verließ Ungarn und wusste, dass ich nicht zurückkehren würde. Ich würde keine andere Wahl haben, als mich in einem neuen Land zu integrieren und für mich und meine Familie dort ein neues Leben aufzubauen. Ich war bereit, die Brücken hinter mir abzureißen und neu anzufangen.

„Ich hoffe, du weißt", warnte ich Vera, „dass die Flucht nicht einfach wird und gefährlich ist. Wenn wir verhaftet werden, wird man mich ins Gefängnis stecken. Ich werde meinen Job verlieren und wir werden fürs Leben gezeichnet sein. Selbst wenn wir es nach Österreich schaffen, wird es schwierig werden. Aber wir sind es István schuldig. Wir müssen ihm die Chance geben, in einem neuen Land aufzuwachsen, in dem er sich integrieren kann. Er soll wie die Bevölkerungsmehrheit aufwachsen und nicht befürchten müssen, verfolgt zu werden, wie es bei uns der Fall war."

Wegen der realen Gefahr verhaftet zu werden nahmen wir keine Wertsachen mit, keine ausländische Währung (wir hatten sowieso keine), keine Dokumente, keine Adressbücher, keine Kamera (so konnte man uns keine Spionage vorwerfen). Das einzige, was wir mitnahmen, war Unterwäsche zum Wechseln und einige Butterbrote. Wir trugen Wanderschuhe und alte Kleidung. So schonten wir unsere gute Kleidung für den Fall, dass wir unsere Flucht abbrechen und zu unserem alten Leben zurückkehren mussten. Ich überlegte, dass es im Fall einer Verhaftung von Vorteil wäre, wenn unser Gepäck nicht verriet, dass wir im Westen ein neues Leben beginnen wollten. So könnten wir möglicherweise erzählen, dass wir eine entfernte Verwandte in der „verbotenen Zone" besuchen wollten, die in den letzten Tagen entlang der ungarisch-österreichischen Grenze eingerichtet worden war. Auch wenn die Sicherheitskräfte uns diese Geschichte wahrscheinlich nicht geglaubt hätten, so hätten sie Vera und István wegen der verbleibenden Zweifel vielleicht erlaubt nach Budapest zurückzukehren, auch wenn ich wahrscheinlich einige Zeit im Gefängnis hätte verbringen müssen.

Es war keine leichte Entscheidung, unseren Besitz zurückzulassen. Allerdings nahm ich an, dass wir die materiellen Dinge im Fall einer erfolgreichen Flucht wieder ersetzen konnten. Was allerdings unersetzlich war, waren die Erinnerungsstücke, die Briefe und die Fotos.

Ich sagte mir, dass ich mein Chemiediplom nicht benötigen würde. Es würde im Westen sowieso nicht anerkannt. Ich könnte mich glücklich schätzen, wenn ich einen Job als Laborassistent bekäme.

Wir ließen beide unsere verwitweten Mütter in Ungarn zurück. Wir teilten meiner Mutter in Orosháza am Telefon unsere Entscheidung zur Flucht mit: Es war schwierig ihr die Gründe zu erklären. Meine Schwiegermutter unterstützte uns uneingeschränkt. Sie war nur besorgt, dass Vera nun von ihrem Bruder Bertalan getrennt wäre. Auf ihr Betreiben hin folgten uns Bertalan und seine inzwischen

Freiheit

schwangere Frau eine Woche später. Wir konnten nur sehr wenige Leute in unseren Plan einweihen, denn in diesen unruhigen Zeiten konnten wir niemandem trauen außer der engsten Familie. Außerdem gab es keine Garantie, dass unsere Flucht gelingen würde und wir wollten unsere Jobs nicht aufgeben. Vielleicht müssten wir auch heimlich still und leise wieder nach Hause zurückkehren.

Es war Freitagabend, als Vera gerade von der Arbeit zurück kam und ich ihr sagte, dass wir uns am nächsten Morgen auf den Weg machen sollten.

„Das geht nicht", protestierte sie.

„Warum nicht?", fragte ich.

„Weil ich gerade auf dem Markt eine Gans gekauft habe. Das ist genug Essen für die ganze Woche! Wie können wir da jetzt einfach gehen?"

Ich konnte sie überzeugen, dass die Zukunft unseres Sohnes wichtiger war als die Gans und so brachen wir am Samstag, den 15. Dezember 1956, frühmorgens auf. Wir bestiegen einen frühen Zug in Richtung Wien, wobei wir Bahnfahrkarten bis Mosonmagyaróvár hatten, die letzte Stadt vor der Sperrzone. Bertalan kam mit zum Bahnhof, um uns zu verabschieden. Es war vollkommen unklar, ob wir uns je wiedersehen würden und so mussten wir uns zusammenreißen, um nicht in Tränen auszubrechen.

Der Zug stand immer noch auf dem Gleis und es wäre ein Leichtes für uns gewesen, wieder auszusteigen und pünktlich zur Arbeit zu erscheinen. Keiner hätte von unseren Plänen erfahren und wir hätten in unser altes Leben zurückkehren können.

Aber wir blieben sitzen und schließlich kam der Bahnhofsvorsteher aus seinem Büro heraus und hob die grüne Fahne hoch. Der Schaffner pfiff zur Abfahrt und die Räder, die von einer Dampfwolke umhüllt wurden, setzten sich in Bewegung. Jetzt gab es kein Zurück mehr. In unserem sechssitzigen Abteil saßen bereits zwei Frauen und ein uniformierter Bahnbeamter, der ungefähr so alt war wie ich. Er nahm die aktuelle Ausgabe der *Szabad Nép* aus seiner Jackentasche und begann zu lesen. Die beiden Frauen, die wahrscheinlich Mutter und Tochter waren, waren gut gekleidet. Sie hatten österreichische Pässe und waren auf dem Heimweg nach Österreich, aber sie sprachen offensichtlich auch Ungarisch. Vermutlich waren sie vor dem Krieg ausgewandert. Die Ältere von den beiden begann sich mit István zu unterhalten und fragte mit einem aufmunternden Lächeln nach seinem Namen.

„Pisti", antwortete er und nannte ihr seinen Spitznamen.

„Und wie alt bist du, Pisti?"

„Vier."

„Und wo fährst du hin?"

„Zu meiner Großmutter", antwortete er so, wie wir es ihm eingetrichtert hatten.

„Und wo wohnt deine Großmutter?"

„In Orosháza."

Jeder im Abteil wusste, dass der Zug genau in die andere Richtung fuhr. Niemand sagte ein Wort, alle sahen sich verlegen an. Die Frau hörte auf zu lächeln. Der Bahnbeamte las weiter in der Zeitung, als wenn er nichts gehört hätte. Wir hatten gerade Budapest verlassen und unser Plan war bereits aufgeflogen. Ich konnte nur hoffen, dass uns niemand verraten würde. Den beiden Frauen konnte man sicher trauen, aber was war mit dem Bahnbeamten? Als gewissenhafter Kommunist würde er uns pflichtgemäß aufhalten oder er könnte einfach Angst bekommen, als Fluchthelfer angeklagt zu werden. Immerhin las er *Szabad Nép*, das Zentralorgan der kommunistischen Partei. Ich überlegte, beim nächsten Bahnhof auszusteigen und unser Glück später mit einem anderen Zug zu versuchen.

Freiheit

Ich ging raus in den Gang, um etwas frische Luft zu schnappen, als mir der Bahnbeamte zu meinem Erschrecken folgte.

„Ich weiß sehr wohl", sagte er, „wohin Sie fahren." Er zwinkerte mir zu, um sicher zu gehen, dass ich wusste, wovon er sprach. „Vielleicht interessiert es Sie zu wissen, dass ich das gleiche Ziel habe. Lassen Sie uns unsere Pläne austauschen. Vielleicht können wir voneinander lernen."

Nach meinem Plan wollten wir in Mosonmagyaróvár aus dem Zug aussteigen und uns tagsüber verstecken, bevor wir während der Nacht in die Sperrzone gehen würden. Dort würden wir uns tagsüber erneut verstecken, um dann in der folgenden Nacht die Grenze nach Österreich zu überqueren. Rückblickend betrachtet war das kein durchdachter Plan, vor allem nicht, wenn man wie wir ein vierjähriges Kind im Schlepptau hatte. Ich hatte keine Ahnung, wo wir uns hätten verstecken können, weder vor noch innerhalb der Sperrzone. Auch wusste ich nicht, wo wir hätten essen oder trinken können oder wo wir schlafen sollten. Aber ich war voller Optimismus und wild entschlossen. Der Bahnbeamte war jedoch wenig beeindruckt von meinem unausgegorenen Plan und hatte Insiderinformationen.

„Ich habe einen besseren Plan", sagte er. „Wissen Sie, die Sicherheitskräfte sind noch nicht ausreichend organisiert, um an jedem Bahnhof auf jeden Zug zu warten. Folgende Information habe ich aus erster Hand: Wenn die Sicherheitskräfte am Bahnhof Levél warten, dem ersten Bahnhof innerhalb der Sperrzone, wird der Bahnwärter den Zug absichtlich außerhalb des Bahnhofs stoppen, so dass die Leute aussteigen und weglaufen können. Wenn der Zug aber in den Bahnhof einfährt ohne zu stoppen, bedeutet das, dass es dort keine Sicherheitskräfte gibt."

Levél lag mitten in der Sperrzone, genau eine Station nach Mosonmagyaróvár, aber immer noch eine Station vor dem Bahnhof von Hegyeshalom, der nur drei Kilometer von der Grenze entfernt lag. Wenn wir also in Levél ausstiegen, hätten wir bereits die halbe Strecke bis zur Grenze geschafft und wir würden die Wahrscheinlichkeit reduzieren, dass man uns entdeckt. Unsere Bahntickets waren zwar nur bis Mosonmagyaróvár gültig, aber es war ziemlich unwahrscheinlich, dass wir noch einmal kontrolliert würden. Ich entschied daher, dass wir den Plan des Bahnbeamten übernehmen und uns mit ihm verbünden sollten.

Als der hübsche Bahnhof von Mosonmagyaróvár hinter uns verschwand, drückten wir die Daumen. Wo würde der Zug anhalten? Würden wir genug Zeit haben, um auszusteigen und wegzurennen, falls der Zug vor dem Bahnhof von Levél anhalten würde? Man kann sich vorstellen, wie groß unsere Freude war, als der Zug ohne Zwischenstopp in den Bahnhof von Levél einfuhr – und wie groß unser Entsetzen war, als wir sahen, dass der Bahnsteig voller Soldaten war. Wir waren nicht sicher, ob es reguläre Soldaten oder Mitglieder des ÁVH waren, aber das spielte jetzt auch keine Rolle mehr. Ein Offizier kontrollierte am Ausgang des Bahnhofs die Dokumente von jedem einzelnen Reisenden und draußen wartete bereits ein Lastwagen, um alle diejenigen aufzusammeln, die ohne die erforderlichen Papiere reisten. Es war offensichtlich zu spät, auf der anderen Seite vom Zug zu springen und unerkannt davonzulaufen. Plötzlich setzte der mit uns reisende Bahnbeamte wortlos seine Mütze auf und ging strammen Schrittes zum anderen Ende des Bahnsteigs. Dort betrat er die kleine Hütte des Bahnwärters, so als ob er etwas Dienstliches besprechen müsste. Was blieb uns anderes übrig als ihm zu folgen? Drinnen war es dunkel und es gab nicht genügend Platz für so viele Leute. Wir hockten uns schließlich unter ein schmales Fenster, das dank zweier Bahnwärter, die draußen arbeiteten, verdeckt war. Einer der beiden, ein

Freiheit

etwa 20-jähriger junger Mann, war ziemlich aufgebracht und wollte, dass wir wieder abhauten. Offensichtlich hatten die Sicherheitskräfte ihren Trick mit dem Zwischenstopp vor dem Bahnhof durchschaut und sie gewarnt, dies noch einmal zu machen. Er vermutete, dass sie nun unter Verdacht standen und man sie ständig beobachten würde. Der ältere Bahnwärter war dagegen deutlich freundlicher und flehte den jüngeren Kollegen an, insbesondere wegen des Kindes ruhig zu bleiben. Paralysiert vor Angst hörten wir gespannt ihrem Streit zu, der unser Schicksal besiegeln konnte.

Nach einigen lange Minuten verließen die Soldaten den Bahnhof mit ihren Gefangenen, ohne uns weiter zu beachten. Ich war überzeugt, dass einige von ihnen mitbekommen hatten, wie wir uns in die Hütte der Bahnwärter geschlichen hatten. Aber wahrscheinlich waren sie zu bequem oder zu unmotiviert, um etwas zu unternehmen – oder sie hatten einfach Mitleid mit uns.

„Mein Haus liegt neben der Bahnlinie, ungefähr vierhundert Meter von hier", sagte der ältere Bahnwärter. „Ihr könnt dort bleiben, bis es dunkel wird."

Also gingen wir ohne etwas zu sagen dorthin. Wir waren aufgeregt und glücklich, dass wir nicht direkt am Anfang unserer Flucht verhaftet worden waren. Sein Haus war ein stattliches Gebäude mit einem großen Garten, das ihm von der staatlichen Bahngesellschaft zur Verfügung gestellt worden war. Auf dem Hof liefen einige Hühner, Enten und Puten herum. Er bat uns in die Küche, es handelte sich um einen dunklen Raum mit einem schmalen Fenster und einem Holzofenherd, wie wir ihn auch in meinem Elternhaus in Orosháza hatten. Auf dem Tisch war eine Tischdecke, die mit gelben Blumen verziert war und um den Tisch herum standen vier Holzstühle. Seine Frau war im mittleren Alter, ganz in schwarz gekleidet und trug eine rotkarierte Schürze über ihrem dicken Bauch. Das Haus roch nach Knoblauch und dem riesigen, aber freundlichen Schäferhund.

„Ihr müsst hier warten", sagte der Bahnwärter. „Die Grenze wird von russischen Soldaten bewacht. Sie warten bis der letzte Zug durchgefahren ist, bevor sie die Felder durchkämmen und die Flüchtlinge nach Österreich umzingeln. So können sie jeden fangen, auch die, die vom Zug gesprungen sind.

Das ist genau das, was wir brauchen, dachte ich. Die Russen wären nicht zimperlich mit den Flüchtlingen, nachdem Hunderte von ihnen während des Aufstands in Budapest getötet worden waren. Und wir konnten nicht einmal mit ihnen auf russisch sprechen, um uns zu verteidigen. Wenn die Rote Armee an der Grenze war, war die Sprache der Gewehre die einzige Sprache, die gesprochen wurde.

„Die russischen Soldaten kommen nach ihrer Treibjagd an unserem Haus vorbei. Anschließend könnt ihr rausgehen und müsst keine Angst mehr haben. Allerdings besteht die Möglichkeit, dass ihr noch auf eine Nachtpatrouille trefft."

Trotz seiner beruhigenden Worte war ich immer noch unsicher, ob wir den Weg nach Österreich finden würden. Immerhin kannten wir das Gelände hier nicht und die Grenze war nicht gekennzeichnet.

Ich fragte, ob uns jemand zumindest einen Teil des Weges begleiten könnte. Ich hatte ein halbes Monatsgehalt bei mir und hätte es liebend gerne jemandem gegeben, der die Gegend kannte und uns den Weg zeigen könnte. Der Bahnwärter machte sich daraufhin in der Stadt auf die Suche nach einem Freiwilligen, aber er kam mit schlechten Nachrichten zurück.

„Ihr seid zu spät dran", sagte er. „Die Situation wird langsam brenzlig. Die Zahl der Patrouillen wurde erhöht

Freiheit

und niemand will sein Leben aufs Spiel setzen. Wollt ihr meinen Rat hören? Gebt auf und geht nach Hause."

„Gibt es dort irgendwelche Tretminen?", fragte ich.

„Ich weiß es nicht. Niemand weiß, was dort vor sich geht."

Egal ob Minen oder nicht, wir wussten, dass es gefährlich werden würde und wir hatten uns bereits entschieden unsere Chance zu nutzen. Hätte ich mich auf den Weg gemacht, wenn ich vorher über die Risiken Bescheid gewusst hätte? Wahrscheinlich nicht, aber zum Glück wusste ich nichts davon. Jetzt war es jedenfalls zu spät. Ich sagte ihm also, dass wir notfalls auch alleine gehen würden. Er sah ein, dass er uns nicht mehr umstimmen konnte und erklärte uns den Weg und das vor uns liegende Gelände.

„Am Anfang müsst ihr parallel zum Gleis gehen, kommt dem Gleis aber nicht zu nah. Der letzte Bahnhof, Hegyeshalom, ist nur einen Steinwurf von der Grenze entfernt und voller Soldaten. Haltet euch also vom Bahnhof fern und nutzt die Lichter nur, um euch zu orientieren. Man kann die Lichter schon von weitem sehen. Die Felder sind bereits abgeerntet und gepflügt. Der Untergrund dürfte also leicht zu begehen sein. An einer Stelle müsst ihr die Nebengleise überqueren. Das dürfte aber leicht sein, die Gleise verlaufen ebenerdig und nicht auf einem Bahndamm."

Das Ackerland war ziemlich flach und von dem Haus des Bahnwärters war es nur sieben Kilometer bis zur Grenze. Wenn wir bei Tageslicht gewandert wären, wie wir es in den Bergen in der Nähe von Budapest so gerne gemacht hatten, wären wir gut vorangekommen. Dies hier war aber kein einfacher Spaziergang. Ich war immer noch besorgt.

„Gibt es keine größeren Hindernisse als die Nebengleise?", fragte ich.

„Wenn Sie die Nebengleise überquert haben, kommen Sie zu einer Schottergrube. Hier müssen Sie sich entscheiden, ob Sie rechts oder links vorbei gehen wollen. Wenn Sie rechts herum gehen, könnten sie gefährlich nah an den Bahnhof von Hegyeshalom herankommen. Wenn sie links herum gehen, besteht die Gefahr, dass sie auf eine Militärbasis treffen."

Pest oder Cholera, dachte ich und war gleich weniger optimistisch, dass wir es schaffen würden. Kurz nachdem der letzte Zug durchgefahren war, hörten wir wie angekündigt, dass die russischen Soldaten am Haus vorbei gingen. Wir erschraken, als sie anhielten und an die Haustür klopften. Jeder konnte sehen, dass wir nicht zur Familie gehörten und die Russen würden sicherlich nicht um Erlaubnis bitten, um herein zu kommen. Wenn wir uns versteckten, würden wir unsere Gastgeber in noch größere Gefahr bringen. Ich streckte automatisch die Hände nach István aus, so als ob ich bereits um Mitleid hoffte. Die Frau des Bahnwärters öffnete die Haustür und zu unserer großen Erleichterung hatten die Soldaten nicht die Absicht, das Haus zu durchsuchen. Sie baten lediglich um etwas zu trinken.

„Warten Sie hier", sagte sie. „Wir haben einen ziemlich bissigen Hund im Haus."

Der ansonsten zahme Hund bellte wie auf Bestellung. Die Frau brachte ihnen eine Karaffe Wasser und nachdem sie ihren Durst gestillt hatten, verließen die Russen uns mit ihren unglücklichen Gefangenen. „Sie haben heute mindestens zwanzig Personen verhaftet", sagte die Frau, als sie wieder weg waren.

Schließlich war es Zeit für uns zu gehen. Da ich Angst hatte, dass István unterwegs schreien könnte, gab ich ihm eine Schlaftablette. Allerdings gab ich ihm zu wenig, da ich eine Überdosierung bei einem so kleinen Kind vermeiden wollte und so wurde er nur schläfrig, blieb aber zum Glück die meiste Zeit ruhig. Wir dankten dem Bahnwärter und seiner Frau und verließen das Haus. Erst jetzt stellten wir

Freiheit

fest, dass es noch weitere Flüchtlinge gab, die nicht ins Haus eingeladen wurden, sondern sich draußen im Hof versteckt hatten. Darunter war auch der Bahnbeamte vom vorherigen Tag.

Insgesamt waren wir jetzt acht Erwachsene und ein Junge im Alter von zwölf Jahren. Es war mitten in der Nacht und mitten im Winter, aber der Junge hatte nichts an außer seine abgetragenen Sommerklamotten. Er hatte keinen Wintermantel, nur einen dunkelblauen Schal, den er sich um die Schultern und seinem Kopf wickeln konnte. Er sagte, dass seine Mutter vor drei Jahren gestorben sei und dass die Frau, die sein Vater geheiratet hatte, ihn nicht mochte. Sie wären froh, wenn sie erführen, dass er endlich weg sei. Wir versuchten ihn von seinem Fluchtplan abzubringen, aber er wollte unbedingt mit uns kommen und folgte uns die ganze Zeit im Abstand von einigen Metern. Ich kann nur hoffen, dass man sich in Österreich gut um ihn gekümmert hat.

Die Gruppe, die aus mehreren starken jungen Männern bestand, war ein Segen für uns, denn die Männer trugen István abwechselnd. Es war jetzt nicht die Zeit für Smalltalk und eine Vorstellungsrunde. Wir alle schleppten unsere Vergangenheit mit uns herum. Jeder hatte seine eigenen Gründe, warum er floh, aber wir hatten alle ein gemeinsames Ziel. Alle reisten mit leichtem Gepäck und kaum einer sagte ein Wort. Aus irgendeinem Grund hatte die Gruppe mich offensichtlich zu ihrem Anführer auserkoren, auch wenn ich das Gebiet nicht besser kannte als irgendwer sonst. Es war eine kalte Nacht und der kalte Nebel stieg aus den Feldern hoch. Ich konnte nur hoffen, dass wir in die richtige Richtung marschierten. Die Grenze verlief hier nicht geradeaus, sondern im Zickzack. Daher bestand die Gefahr, dass wir Ungarn an einer Stelle verließen und an einer anderen Stelle wieder betraten. Als wir die Schottergrube erreichten, entschied ich mich links herum zu gehen und der Militärbasis auszuweichen.

Wir stießen direkt auf eine Nachtwache. Anfangs realisierten wir nicht, dass es kein Soldat war, der uns verhaften und nach Budapest zurückschicken wollte. Wir standen wie hypnotisiert bewegungslos vor ihm wie Kaninchen im Scheinwerferlicht.

„Was macht ihr hier?", fragte er unfreundlich. Es hatte keinen Zweck ihm eine Lügengeschichte aufzutischen, wir erzählten ihm also von unserem Vorhaben.

„Das weiß ich", sagte er und klang jetzt schon etwas freundlicher. „Aber warum nehmt ihr *diesen* Weg?"

„Warum nicht?", entgegnete ich.

„Weil auf diesem Weg gerade eine Patrouille unterwegs ist, deshalb."

Wir bedankten uns bei ihm und er sah uns nach, wie wir die Richtung änderten und nach rechts Richtung Hegyeshalom marschierten. Aber wir waren noch nicht weit gegangen, als Leuchtraketen in den Himmel geschossen wurden, die die ganze Gegend und auch die Stelle, wo wir eben noch gewesen waren, in ein gleißendes Licht tauchten. Wir legten uns alle auf den Boden und waren mucksmäuschenstill. Ich hatte große Mühe, István, der immer noch nicht schlief, vom Schreien abzuhalten. Dann hörten wir auf der anderen Seite der Schottergrube Schreie auf dem Weg, den wir gerade verlassen hatten. Wir hörten auch Schüsse. Es schien so, als ob die Patrouille nicht hinter uns, sondern hinter einer anderen Gruppe her war, die den falschen Weg gewählt haben musste.

Nachdem alles wieder ruhig war, gingen wir weiter und folgten den Lichtern der Stadt Hegyeshalom. Ich fasste Mut und ging etwas näher ran, bis wir hören konnten wie Züge rangiert wurden. Wir hörten Arbeiter rufen – es waren aber keine militärischen Kommandos mehr zu hören.

Freiheit

Ich musste plötzlich an Ikarus denken: Hoffentlich flogen wir nicht zu nah an die Sonne heran. Wir gingen weiter, die Bahngleise immer zu unserer Rechten, wie es uns der Bahnwärter gesagt hatte, bis ich über meine Schulter gerade noch die Lichter des Bahnhofs in der Entfernung erkennen konnte. Wir gingen immer weiter durch die Dunkelheit, bis wir trotz der Dunkelheit einige Heuballen erkennen konnten. Was machten die jetzt hier mitten im Nirgendwo, dazu noch im Dezember? Ich bin auf dem Land groß geworden und ungarische Bauern würden nie Heuballen so wie hier auf den Feldern liegen lassen. Langsam dämmerte es mir, dass die Heuballen bewusst hierher gebracht worden sein mussten, um Flüchtlingen eine Pause zu ermöglichen. Wir mussten Österreich erreicht haben! Wir waren so müde, dass wir kaum weiter gehen konnten. Deshalb setzten wir uns auf die Heuballen und aßen das wenige Essen, das wir noch hatten.

Nach einer Weile sahen wir Lichter und Umrisse von Leuten. Dann hörten wir Stimmen, einer sprach Ungarisch. War dies eine ungarische Patrouille? Dienten die Heuballen dazu, die Leute, die fliehen wollten, hier zu fangen? Waren wir doch noch nicht in Österreich? Wir verharrten in Schockstarre und sagten keinen Ton, als die Menschen immer näher kamen. Sie wussten genau, wo sie uns finden würden. Als sie auf uns zu kamen, sah ich, dass nur einer von ihnen eine Uniform trug. Er kam näher und entpuppte sich als ein österreichischer Polizist. Hinter ihm folgte ein amerikanischer Journalist und schließlich ein ungarischer Übersetzer, der sich mit einem anderen Flüchtling unterhielt.

Der Polizist bat uns die Waffen abzugeben, aber in unserer Gruppe hatte keiner welche dabei. Mithilfe des Übersetzers fragte der Journalist nach den neuesten Nachrichten aus

Ungarn. Es stellte sich heraus, dass der Flüchtling zu der Gruppe gehörte, die in die Patrouille geraten war und auf die geschossen wurde. Er war der einzige, der entkommen konnte. Seine Frau und sein Sohn waren verhaftet geworden. Jetzt realisierten wir, welches Glück wir gehabt hatten und hörten uns aufmerksam seine Geschichte an. Keiner sagte etwas. Was soll man auch sagen in so einer Situation?

Da unser Sohn jetzt schlief, bot uns der amerikanische Journalist an, uns mit seinem Auto ins Flüchtlingslager zu fahren, das im benachbarten Dorf Nickelsdorf vom Roten Kreuz aufgebaut worden war. Die Übrigen mussten noch einige Kilometer allein zu Fuß gehen.

In Nickelsdorf stellte ein dänischer Student unsere Personalien fest. Die Kinder, die es in dieser Nacht über die Grenze geschafft hatten, bekamen eine Tasse heiße Schokolade, die Erwachsenen eine Tasse Hühnersuppe mit Nudeln. Das Lager war ein Transitlager und musste jeden Tag aufs Neue für die nächsten Flüchtlinge freigeräumt werden. Das Rote Kreuz wusste nie, wie viele kommen würden. Aber kein Flüchtling wurde jemals abgewiesen.

Das Lager bestand aus einem großen Raum, es war eine Art Vereinssaal, der in besseren Zeiten von der Dorfbevölkerung für Feierlichkeiten genutzt wurde. Der Boden war mit Stroh ausgelegt. Jeder bekam eine Decke und musste sich eine Schlafstelle suchen. Kinder und Mütter, also auch Vera und István, wurden zur Dorfschule gebracht, wo sie auf Armeebetten schlafen konnten, die Strohmatratzen hatten. Wir wurden also getrennt und man sagte uns, dass wir uns am nächsten Nachmittag um 16 Uhr an der Dorfkirche einfinden sollten. Wir würden dann zu einem anderen Flüchtlingslager gebracht werden. Unter anderen Umständen, an einem anderen Ort und zu einer anderen Zeit hätten wir uns der Aufforderung, uns zu trennen, widersetzt. Wir fühlten uns verwundbar, wir waren zum ersten Mal

Freiheit

zusammen in einem fremden Land, hatten kein Geld, keine Papiere und kannten niemanden. Wir sprachen miteinander und kamen zu dem Schluss, dass wir nicht das Risiko der gefährlichen Flucht auf uns genommen haben, nur um uns zu verhalten, als wären wir immer noch im Kommunismus. Diese Leute wollten uns helfen. Wir mussten ihnen also vertrauen und so folgten wir der Aufforderung.

Ich nahm eine Decke und suchte mir eine Stelle neben der Wand aus. Ich war so müde, dass ich sofort einschlief, obwohl das Licht die ganze Nacht an blieb und ständig neue Flüchtlinge ankamen. Normalerweise erinnere ich mich nicht an meine Träume, aber diesen Traum werde ich bis ans Ende meines Lebens nicht vergessen. Es war ein ziemlicher Albtraum, den ich in dieser Nacht hatte. Ich träumte, dass die Sowjets zurückgekommen waren und Flüchtlinge aus Ungarn, wie wir es waren, suchen würden. Die Soldaten betraten den Raum, forderten uns Männer auf, uns in Reihen aufzustellen und in die eiskalte Nacht hinaus zu marschieren. Sie luden uns auf große Lastwagen und brachten uns in ein Arbeitslager nach Sibirien. Wir protestierten vergeblich, aber wir konnten uns noch nicht einmal von unseren Frauen und Kindern verabschieden. Ich träumte exakt den gleichen Traum in den nächsten Monaten immer wieder, nachdem wir schon lange im Westen in Sicherheit waren. Es war immer wieder schön, wenn ich wach wurde.

Jetzt war ich also zurück in Österreich, in dem Land, das ich vor mehr als zehn Jahren unter vollkommen anderen Umständen verlassen hatte. Ja, ich war wieder arm, hungrig und schlecht gekleidet, aber ich war ein freier Mann.

Ich musste nicht mehr den Judenstern tragen, musste mich weder vor Nazis noch vor Russen fürchten und es gab keine Luftangriffe mehr. Österreich hatte sich ebenfalls gewandelt. Bis zum Kriegsende war es Teil des Deutschen

ALS SELBST DIE DICHTER SCHWIEGEN

Reichs und jetzt war kaum ein Jahr vergangen, nachdem die letzten alliierten Truppen auf der Grundlage eines Abkommens abgezogen waren, das Österreich zu einem neutralen Staat erklärte, der von Feinden im kalten Krieg umgeben war.

Ich verbrachte die Nacht unter einer Decke im Übergangslager in Nickelsdorf. Am nächsten Morgen stand ich auf, klopfte das Stroh aus meinem Mantel und erhielt vom Roten Kreuz ein einfaches Frühstück – Butterbrot und Kaffee. Da ich nicht wusste, wo ich Vera und István unter den anderen Flüchtlingen suchen sollte und da ich noch einen ganzen Tag bis vier Uhr Zeit hatte, entschied ich mich das Dorf zu erkunden, das erste Dorf in der freien Welt. Der Bahnbeamte, der am vorherigen Morgen seinen Plan mit mir geteilt hatte und in der Nacht mit uns die Grenze überschritten hatte, schloss sich mir an. Als wir uns gegenseitig betrachteten, erkannten wir, dass unsere Kleidung während unserer Wanderung in die Freiheit ziemlich dreckig geworden war. Wir klopften gerade den Dreck aus unserer Kleidung, als der katholische Pastor des Dorfes vorbeikam und uns in ein Gespräch verwickelte. Mein Deutsch war nach Schulzeit und Aufenthalt im Zwangsarbeiterlager ganz passabel. Nach etwas Smalltalk lud der Pfarrer uns beide zum Mittagessen ein.

„Ich bin nicht katholisch", warnte ich ihn, aber das machte nichts. Er sagte, er würde jeden Tag einige Flüchtlinge einladen mit ihm und seiner Haushälterin zu essen. Heute wären wir dran. Ungeachtet unseres ungepflegten Äußeren führte er uns in sein Haus, wo wir den dänischen Studenten trafen, der in der Nacht in der Registrierungsstelle unsere Personalien aufgenommen hatte. Zum Mittagessen – ich kann mich noch immer an den Geruch erinnern – gab es Frikadellen mit Spinat und zum Nachtisch *Mákos Beigli*, den traditionellen ungarischen Weihnachtskuchen – ein

Freiheit

gerollter Hefekuchen mit einer üppigen und süßen Mohnfüllung.

Das Essen erinnerte mich an die fettigen, in gezuckertem Mohn eingelegten Nudeln, die das nette alte Paar in Wien während des Krieges für mich gekocht hatten.

Ich bin als säkularer Jude aufgewachsen und war inzwischen Atheist. Für mich war es das erste Mal, dass ich meinen Fuß in ein katholisches Pfarrhaus setzte und ich war überrascht, dass die Religion, abgesehen vom Tischgebet, nicht zur Sprache kam. Die Unterhaltung, soweit ich sie verstehen und mich an ihr beteiligen konnte, drehte sich vollständig um die Politik.

„Wird der Westen eingreifen?"

„Unwahrscheinlich, die Briten und Franzosen haben sich gerade in der Suezkrise die Finger verbrannt."

„Wann wird der Strom der Flüchtlinge versiegen?"

„Sobald es ihnen gelingt, die Grenze wieder mit Stacheldraht und Tretminen zu sichern."

„Was wird aus Ungarn, wenn sich der Staub gelegt hat? Wird sich das System zum Guten oder zum Schlechten wandeln?"

„Wahrscheinlich wird es schlimmer. Die Sowjetunion dürfte ihre Lektion gelernt haben. Sie wird Volksbewegungen im Keim ersticken, damit sie nicht außer Kontrolle geraten."

Die Bewohner von Nickelsdorf konnten sich gut in uns hineinversetzen. Schließlich hatte die Bevölkerung von Niederösterreich und dem Burgenland unter der zehn Jahre währenden Besatzung der Sowjetunion nach dem Ende des Krieges gelitten. Außerdem gehörte das Burgenland, in dem Nickelsdorf lag, bis zum Vertrag von Trianon im Jahr 1920 zu Ungarn. Den Leuten war bewusst, welch zerstörerische Kraft das Auf und Ab der Geschichte in diesem Landstrich hatte.

ALS SELBST DIE DICHTER SCHWIEGEN

Ich hatte immer noch etwas Zeit, bis uns die angekündigten Busse weiter Richtung Westen bringen sollten. Deshalb wechselte ich im Dorfgasthof meine letzten *Forint* in österreichische *Schilling* um. Der Wechselkurs war sehr ungünstig, aber ich dachte mir, dass er mit zunehmender Entfernung zur Grenze noch schlechter werden würde. Wer wollte schon die Währung eines von Unruhen gezeichneten kommunistischen Landes haben? So kam es, dass die Bewohner des Burgenlandes einen sehr erfolgreichen Handel etablierten. Sie kauften mit den überzähligen *Forint* der Flüchtlinge günstig Schweine in Ungarn, schmuggelten sie über die Grenze und verkauften sie in Österreich mit großem Gewinn.

Es kreisten weitere Geier am Himmel und die Flüchtlinge waren eine leichte Beute für sie. Es gibt immer jemanden, der einen Weg finden wird aus der Not anderer Profit zu schlagen. Einer dieser Geier war ein junger ungarischer Mann, der den Leuten erzählte, dass er am nächsten Tag nach Ungarn zurückkehren wolle, um seine Frau zu holen. Er bot den Leuten an, Nachrichten zu übermitteln und Briefe zu verschicken.

„Ich habe einen Brief, könnten Sie ihn für mich abschicken?", fragte ich ihn. „Und hier ist die Telefonnummer meiner Schwiegermutter. Bitte sagen Sie ihr, dass wir in Sicherheit sind." Ich gab ihm den Brief und einen Zettel mit der Nummer, er zögerte aber: „Ich brauche Geld für das Porto, das Telefonat und auch für einen Führer. Außerdem ist meine Frau schwanger, wir benötigen eine Mitfahrgelegenheit." Er sah vertrauenswürdig aus und so gab ich ihm etwas Geld. Der Brief kam nie an und Veras Mutter wurde nie angerufen. Erst als sie und meine Mutter zwei Wochen später Postkarten von uns erhielten, erfuhren sie, dass es uns gut ging. Ich war überrascht, dass die Behörden derartige Postkarten nicht konfiszierten, in denen erfolgreiche

Freiheit

Fluchtgeschichten in die Freiheit schwarz auf weiß nachzulesen waren. Wahrscheinlich waren es einfach zu viele.

Mit meinem ersten österreichischen Geld kaufte ich einen kleinen Spielzeughubschrauber mit Rädern für István und eine Flasche Coca Cola für mich. Coke war bereits damals ein Symbol für die westlichen Freiheiten und war bis zum Ende der 6oer-Jahre in Ungarn nicht zu bekommen. Die privilegierten ungarischen Sportler und Künstler, die ins Ausland reisen konnten, beschrieben Coke als nicht besonders lecker. Das hatte mich nur noch neugieriger gemacht. Wer sollte ihnen so etwas glauben? Sicherlich sagten sie das nur, um den Machthabern zu gefallen. Ich goss daher die kühle, sprudelnde Flüssigkeit langsam und voller Vorfreude in ein Glas und nahm einen Schluck. Enttäuscht musste ich feststellen, dass sie recht hatten.

An der Bushaltestelle traf ich meine Frau und meinen Sohn wieder. Irgendwo hatte er während der Flucht seine Mütze verloren, aber Vera hatte für ihn eine Ersatzmütze vom Roten Kreuz erhalten.

Nach kurzer Fahrt erreichten wir ein anderes Lager des Roten Kreuzes in Mödling. Es lag direkt an der Stadtgrenze nach Wien, nicht einmal zwanzig Kilometer entfernt von meinem alten Zwangsarbeiterlager in der Hafenzufahrtstraße. Dieses Lager hatte vorher militärischen Zwecken gedient. Es hatte mehrere große Säle, die mit mehreren Reihen Etagenbetten ausgestattet waren, so dass insgesamt rund hundert Menschen in jedem Saal untergebracht werden konnten. Zwischen unseren Betten und den Betten unserer Nachbarn gab es kaum Platz, aber unter diesen Umständen konnten wir nicht wählerisch sein.

Glücklicherweise stellte sich heraus, dass auch Mödling nur ein Übergangslager war. Familien mit Kindern wurden zügig in ein anderes Lager gebracht, das im nahegelegenen Schloss Liechtenstein eingerichtet worden war. Hier waren nur zweiunddreißig Personen in einem Schlafsaal und zwischen den Familien wurde etwas mehr Platz gelassen. In unserem Saal befand sich eine bäuerliche Großfamilie, die aus drei Generationen bestand. Sie unterhielten sich die ganze Zeit über das Schwein, das sie gerade geschlachtet hatten und zurücklassen mussten. Ihre größte Sorge schien zu sein, wer am Ende ihre Würstchen essen würde. Sie konnten weder erklären, warum sie geflohen waren, noch wohin sie gehen wollten. Ich vermute, dass sie nach einiger Zeit wieder nach Ungarn zurückgekehrt waren. Immerhin brachte Vera etwas Verständnis für sie auf, da sie sich an unsere fette Gans erinnerte, die sie zurückgelassen hatte.

Wir hatten es warm in Schloss Liechtenstein und das Essen war gut. Außerdem erhielten wir vom Roten Kreuz etwas Taschengeld. Ab und zu kamen Leute in das Lager, die nach freiwilligen Helfern für Arbeiten fragten – dabei ging es darum, die Straßen von Wien vom Schnee zu befreien oder einen Eisenbahnwaggon mit Kohle zu entladen oder vergleichbare Arbeiten. Es gab immer zahlreiche Freiwillige, die glücklich waren, dem monotonen Lagerleben für einen Moment zu entkommen und ein paar *Schilling* dazu verdienen zu können. Weil sie auch einen Arbeiter brauchten, der übersetzen konnte, wurde ich zum Leiter der Gruppe ernannt und durfte regelmäßig an den Arbeitseinsätzen teilnehmen.

Ich war also schon wieder in Wien und hielt erneut eine Schaufel in meiner Hand. Allerdings erhielt ich dieses Mal nach einer Schicht so viel Geld, wie ich in einem Monat als Taschengeld vom Roten Kreuz erhielt. Auf dem Rückweg von der Arbeit ging ich einkaufen. Als ich nach Schloss Liechtenstein zurückkehrte, war ich wie der Weihnachtsmann schwer beladen mit Früchten und Schokolade.

Freiheit

Während meiner regelmäßigen Abstecher in die Stadt ging ich auch zu dem Platz, an dem eine amerikanische Hilfsorganisation eine Suppenküche errichtet hatte. Es gab dort immer eine Schlange, aber das Warten lohnte sich. Die Hühnersuppe mit Nudeln wurde in einem Pappbecher serviert und die Sandwiches waren klein, mit etwas Butter und einer dünnen Scheibe Käse oder Corned Beef. Sie waren nicht zu vergleichen mit den riesigen Sandwiches, die die Amerikaner zu Hause aßen, aber für einen Flüchtling waren sie köstlich. Nachdem ich aufgegessen hatte, ging ich direkt nach draußen und stellte mich gleich noch einmal an. Niemand hat mich jemals davon abgehalten: Wir Flüchtlinge sahen wahrscheinlich für die Amerikaner alle gleich aus. Oder sie erkannten mich wieder, sagten aber nichts.

Als ich eines Tages in der Stadt war, versuchte ich das alte Paar von Hausnummer 32 zu finden, die mich während des Krieges einmal mit *Mákos Nudli* versorgt hatten. Meine Eltern hatten einige Pakete an die Adresse geschickt, um unsere Dankbarkeit zum Ausdruck zu bringen, wobei die ungarischen Behörden genau darauf achteten, dass wir nichts Wertvolles verschickten. Ich ging zu dem Haus, musste aber leider feststellen, dass die beiden bereits verstorben waren. Ich fand heraus, dass es die Firma Spiller und Sohn, für die wir die Bahngleise repariert hatten, noch gab und so vereinbarte ich einen Termin dort. Begleitet wurde ich von Bandi Szirt, den ich zufällig und unerwartet in Wien getroffen hatte. Bandi war damals sieben Jahre alt gewesen, als er durch den Luftangriff auf unser Lager schwere Brandwunden an seinem Bein erlitt. Wir wollten beide eine Bescheinigung von Spiller und Sohn erhalten, dass wir während des Krieges für sie gearbeitet hatten. Mit der Bescheinigung könnten wir vielleicht Entschädigungszahlungen von Deutschland einfordern. Zwei Vertreter der

Firma Spiller und Sohn empfingen uns in einem warmen, aber einfach möblierten Büro.

So sehr ich auch mein Gedächtnis bemühte, ich konnte mich an keinen der beiden erinnern. Vielleicht war das auch der Grund, warum sie geschickt wurden, um mit uns zu reden. Sie bestätigten, dass jüdische Ungarn während des Krieges dort gearbeitet hatten, aber sie weigerten sich zu bestätigen, dass ich einer von ihnen war: „All unsere Aufzeichnungen wurden bei Kriegsende zerstört", behaupteten sie. „Wir haben keine Unterlagen."

Ich fand diese Aussage unglaubwürdig. Ich war fast bis zu dem Tag in dem Lager gewesen, als Wien befreit wurde und ihre Büroräume waren bis zu diesem Zeitpunkt unversehrt geblieben. Natürlich war es auch möglich und vielleicht wahrscheinlicher, dass sie die Unterlagen selbst zerstört hatten, um jegliche Anschuldigungen zu verhindern, dass man Zwangsarbeiter eingesetzt hatte. Zum Beweis, dass er im Lager gewesen war, zeigte Bandi ihnen sein Bein, das von dem heißen Ofen völlig vernarbt war. Das beeindruckte sie allerdings nicht im Geringsten. Sie blieben höflich, wie man es von Österreichern kennt, aber waren nicht im Geringsten bereit zu helfen. Wahrscheinlich machten sie sich Sorgen, dass es trotz der verstrichenen Zeit noch zu Klageverfahren kommen könnte.

Von Schloss Liechtenstein aus machten sich die Menschen zu Zielen rund um den gesamten Globus auf. Viele wussten wenig bis nichts über ihre Zielorte. Das inzwischen neutrale Österreich war bereit, jedem der Flüchtlinge Asyl zu gewähren. Aber ich wollte nicht in einem deutschsprachigen Land bleiben. Einige zwielichtige südamerikanische Länder bemühten sich intensiv um starke und gesunde junge Männer. Andere Länder wollten nur Leute mit bestimmten Berufen. Die Vereinigten Staaten nahmen Leute auf, deren

Freiheit

Verwandte bereits im Land lebten. Obwohl ich Verwandte dort hatte, zog es mich nie wirklich in die USA. Juden durften ohne weitere Voraussetzungen nach Israel einwandern, inzwischen wollte ich allerdings nicht mehr dorthin gehen. Ich fühlte mich als Europäer und ich wollte nach England.

Für diese auf den ersten Blick überraschende Wahl gab es mehrere Gründe. Zunächst einmal lebten Veras Verwandte in London. Einer von ihnen, Feri, war während des Krieges in Budapest geblieben und hatte dort Dokumente gefälscht.

Darunter waren auch die Papiere, die Vera, Bertalan und ihrer Mutter das Leben gerettet hatten. Feri gelang es, ein paar Jahre nach Kriegsende Ungarn zu verlassen und arbeitete nun als Chemiker in London. Der andere, Gyuri, hatte Ungarn vor dem Krieg verlassen, ein englisches Mädchen geheiratet und ein kleines Restaurant in London eröffnet. Der zweite Grund für unsere Entscheidung für England war die Familie Eastwood. Der Gemeindepfarrer und seine Frau hatten Vera in den Vorkriegsjahren mit Essenspaketen unterstützt, die von der Hilfsorganisation Save the Children verschickt wurden. Die Eastwoods waren die Ersten, die wir nach unserer Ankunft in Österreich kontaktiert hatten. Sie hatten in einem Brief eine Bürgschaftserklärung abgegeben und garantiert, dass sie für uns sorgen und wir niemals dem Staat zur Last fallen würden. Der dritte Grund war, dass ich, auch wenn ich ansonsten nicht viel über England wusste, viel von der Universität von Oxford gehört hatte. Irgendwie hatte sich in meinem Kopf der Gedanke breit gemacht, dass es schön wäre, wenn István dort irgendwann studieren könnte (wie es das Schicksal wollte, studierte ich später selbst dort im Rahmen meiner Doktorarbeit, während István nichts mit Oxford zu tun haben wollte und lieber zum Studium nach Edinburgh ging). Zu guter Letzt hatte ich immer eine besondere Hochachtung vor der BBC. Während des Krieges und der kommunistischen Herrschaft hatte ich immer den ungarischen Dienst der BBC gehört. Besonders mochte ich die Beiträge eines Professors Macartney, der ungarisch sprach und uns mit mit seinem charmanten Akzent und seiner ruhigen Stimme trotz der schwierigen Zeiten bei Laune hielt.

Während wir auf unsere Visa für Großbritannien warteten, kamen einige Besucher zu uns, die Geschenke mitbrachten. Einer war ein Mann aus der Gegend, der Süßigkeiten für die Kinder mitbrachte. Er teilte uns mit, dass er als einfacher Arbeiter in einer Bäckerei beschäftigt war und dass dies alles sei, was er sich leisten könne. Er hätte gerne mehr geholfen. Es gab noch weitere Frauen und Männer, die hauptsächlich Süßigkeiten mitbrachten, da sie wussten, dass es sich um ein Lager für Kinder handelte. Solche Besuche trugen mit dazu bei, dass wir langsam das Vertrauen in die Menschheit zurückgewannen.

Ein anderes willkommenes Gesicht war Veras Bruder Bertalan und seine hochschwangere Frau. Die zwei waren uns eine Woche später gefolgt und hatten Ungarn verlassen, indem sie einen Schlepper bezahlt und die meiste Strecke in einem Lastwagen zurückgelegt hatten. An der gefährlichsten Stelle mussten sie vom Lastwagen runter und die Grenze zu Fuß überqueren – der Lastwagen kehrte wieder um. Sie wateten durch die sumpfigen und mit Schilf bewachsenen Uferzonen des Fertőtó, der in Österreich Neusiedlersee heißt. Schließlich waren sie vollkommen durchnässt, was mitten im Winter kein Vergnügen war. Jetzt unterstützte sie eine jüdische Hilfsorganisation mit ausreichend Geld, so dass sie in einem kleinen Hotel übernachten konnten. Anschließend wanderten sie nach Kanada aus.

Auch ich ging los, um meine Familie bei der gleichen jüdischen Hilfsorganisation zu registrieren. Die diensthabende Frau wollte sichergehen, dass alle Bewerber wirklich

Freiheit

Juden waren und forderte mich auf, ein paar Wörter eines jüdischen Gebets auf Hebräisch aufzusagen. Aus der hintersten Ecke meines Gedächtnisses kramte ich hervor, was ich als jüngstes Kind beim *Pészah*-Fest aufsagen musste: *Ma nishtana halayla hazeh?* Was unterscheidet diese Nacht von allen anderen Nächten? Sie war mit meiner Antwort zufrieden. Für Leute, die nicht in die jüdische Kultur hineingeboren wurden, mag mein Verhalten seltsam vorkommen, vielleicht auch etwas scheinheilig. Schließlich war ich nie ein praktizierender Jude gewesen. Allerdings war gerade meine Zugehörigkeit zur jüdischen Gemeinschaft der Grund für meine Verfolgung gewesen. Ich wurde als Jude geboren. Und obwohl im Lauf meines Lebens von Orosháza bis nach Schloss Liechtenstein die Religion immer mehr in den Hintergrund trat und ich mich zu einem Agnostiker und fast zu einem Atheisten entwickelt hatte, war ich doch ein Jude geblieben. Ich hatte die jüdischen Traditionen, mit denen ich aufgewachsen bin, bis zu diesem Zeitpunkt und auch später nie vollständig aufgegeben. Auch hatte ich keine andere Religion angenommen und natürlich konnte ich meine Zugehörigkeit zur ethnischen Gruppe der Juden nicht einfach ablegen. Auf der politischen Agenda der leidenschaftlichen zionistischen *Sómér*-Jugendbewegung, der ich einmal angehört hatte, stand der Sozialismus, die Bewegung war aber trotz des Atheismus jüdisch geprägt. Ich hatte meine jüdische Abstammung nie verleugnet und jetzt, hier im Schloss Liechtenstein, dachte ich keinen Moment daran, dass es scheinheilig war Hilfe anzunehmen, die amerikanische Juden ihren jüdischen Glaubensgenossen anboten.

So erhielten wir etwas Taschengeld extra, blieben aber weiter im Lager. Ich nutzte das Geld, um zwei Koffer für die Kleidung, die Spielsachen und die Hygieneartikel zu kaufen, die wir von verschiedenen Wohltätigkeitsorganisationen erhalten hatten. Zum ersten Mal in meinem Leben fühlte ich mich fast wie ein reicher Mann, und das einzig und allein wegen der Großzügigkeit anderer.

Im Januar 1957 realisierte der Westen, dass die Zahl der ungarischen Flüchtlinge um ein Vielfaches höher war als angenommen. In der Folge wurden die Flüchtlingskontingente revidiert und die Briten erklärten sich damit einverstanden weitere fünftausend Flüchtlinge aufzunehmen. Alle Transporte nach Großbritannien wurden über Traiskirchen abgewickelt. Es war ein nahegelegenes riesiges Lager, in dem rund viertausend Flüchtlinge untergebracht werden konnten.

Asylbewerberausweis vom 20.12.1956

Das Lager Traiskirchen war hastig in den nicht mehr genutzten Gebäuden einer ehemaligen Kadettenanstalt eingerichtet worden, die Anfang des 20. Jahrhunderts gebaut worden war. Nach dem Krieg hatte es zunächst als Militärlazarett und später bis zum Ende der sowjetischen Besatzung vor einem Jahr als Kaserne für die Rote Armee

Freiheit

gedient. Es war ein abweisendes, vierstöckiges Bauwerk mit vielen Fensterreihen und einem mächtigen Dach mit roten Dachpfannen. Angesichts der plötzlich steigenden Flüchtlingszahlen platzte das Lager aus allen Nähten. Da insbesondere die Küche für derartig viele Menschen nicht ausgelegt war, bestand eine Mahlzeit häufig aus einem Stück Brot mit einer Büchse Sardinen für zwei Personen. Manchmal gab es auch Corned Beef in der Dose und ein paar Pellkartoffeln, die wir in unseren Händen halten mussten, da es keine Schälchen gab. Eine Sardinenbüchse war nicht gerade viel für zwei hungrige Erwachsene. Aber ich konnte weitere Büchsen organisieren, denn die ungarische Landbevölkerung kannte keine Sardinen. Und was der Bauer nicht kennt… Gleichzeitig rauchten sie alle wie die Schlote und so fand ich immer jemanden, der bereit war den Fisch gegen die Zigaretten des Roten Kreuzes zu tauschen.

Die Zahl der Flüchtlinge, die nach Großbritannien wollten, stieg immer weiter an. Allerdings gab es kein Anzeichen dafür, dass irgendein Registrierungsprozess etabliert werden sollte.

Meine größte Sorge war, dass es unter den Flüchtlingen zu einer Seuche käme und das ganze Lager für Monate unter Quarantäne gestellt würde. In diesem Fall hätte uns auch das Bürgschaftsschreiben der Eastwoods kaum helfen können.

Ich übersetzte für die Vertreterin des Roten Kreuzes in Traiskirchen vom Deutschen ins Ungarische. Sie war eine große und intelligente Frau mittleren Alters und hatte Charme und vor allem Geduld. Als ich eines Tages in ihrem Büro war, wurde ich dem Vertreter der britischen Gesandtschaft in Wien vorgestellt, der endlich gekommen war, um Reisedokumente auszustellen. Ich erfuhr von ihm, dass die Registrierung für den Transport nach Großbritannien am nächsten Morgen starten sollte. Sobald diese Nachricht die Runde machte, begannen die Leute vor seinem Büro eine Schlange zu bilden, um möglichst unter den Ersten zu sein, die Österreich verlassen konnten. Sie hatten die feste Absicht die Nacht dort auszuharren. Mir war klar, dass Chaos ausbrechen würde, wenn die Wachen kommen würden, um die nächtliche Ausgangssperre durchzusetzen. Ich nahm daher ein Stück Papier und schrieb der Reihe nach die Namen auf und verteilte nummerierte Zettel, die ich unterschrieb. Ich versprach, dass jeder am nächsten Morgen in dieser Reihenfolge aufgerufen würde. Es gab nur wenig Gegenstimmen, als die Registrierung losging. Der britische Vertreter erinnerte sich noch an das Chaos, das beim letzten Mal herrschte, und war daher höchst beeindruckt von meinem Vorgehen. Er fragte mich, ob ich so weiter machen könne und für ihn als inoffizieller Adjutant und Übersetzer arbeiten wolle, bis er mit allen fünftausend Flüchtlinge fertig sei. Da meine Familie am dritten Tag an der Reihe sein würde, lehnte ich das Angebot ab und stellte mich weiter an. Als wir an der Reihe waren, wurden wir fotografiert und erhielten unsere Reisedokumente. Man teilte uns mit, dass wir uns am nächsten Morgen für die Abfahrt bereithalten sollten.

Traiskirchen war so etwas wie der Tiefpunkt unserer Reise in die Freiheit. Wir waren in Sicherheit, nicht wirklich hungrig und wir mussten nicht arbeiten; aber irgendwie nahm uns Traiskirchen unsere Würde. Später, als wir uns in England eingelebt hatten, schrieb ich auf einen Zettel die Worte: „*Emlékezz Traiskirchenre*" – „Erinnere dich an Traiskirchen" – und hängte ihn gut sichtbar über den Kaminsims. Dort blieb er für mehrere Jahre hängen. Er sollte uns an die erlittenen Entbehrungen erinnern und uns davon abhalten uns über unwichtige Dinge zu beschweren. Ich habe den Zettel immer noch.

Freiheit

Wie soll man sich auf eine Reise ins Ausland vorbereiten, wenn man nichts über das Land weiß, in das man reist? Genau das war mein Problem. Ich wusste, dass England weiter im Norden lag als Österreich und so überlegte ich, dass es dort kälter sei. Ich konnte vom Roten Kreuz einige warme lange Unterhosen organisieren und fühlte mich ausreichend vorbereitet. Aber was sollte ich machen, wenn wir dort angekommen waren? Ich hatte zu keinem Zeitpunkt darauf gehofft, dass mein Chemie-Diplom im Westen akzeptiert würde. Deshalb hatte ich mein Chemie-Diplom der Péter-Pázmány-Universität nicht mitgenommen, auch für den Fall, dass wir bei unserem Versuch, aus Ungarn zu fliehen, festgenommen würden. Ich dachte mir, dass ich notfalls auch Laborgläser reinigen könnte. In Traiskirchen wiederum versicherten uns einige nette, alte englische Damen, die für eine Wohltätigkeitsorganisation arbeiteten, dass in England jeder einen Job als Postbote erhalten könne. Ich hatte in Wien unzählige Tage Schnee geräumt und Kohle geschippt, so dass ich unseren Lebensunterhalt auch als Arbeiter verdienen konnte. Mein größter Stolperstein war jedoch die Sprache. Auf dem *Gimnázium* in Orosháza hatte ich nur etwas Englisch gelernt und konnte daher keine richtige Unterhaltung führen. Ich suchte verzweifelt nach einem Ungarisch-Englisch-Wörterbuch, doch niemand hatte eines. Am Ende konnte ich nur ein Wörterbuch Deutsch-Englisch organisieren, das mir bei späteren Bewerbungsgesprächen aber noch von Nutzen sein sollte.

Am Morgen bestiegen zweihundertfünfzig von uns den Zug. Wir fuhren unter der Leitung eines Engländers zunächst durch Österreich, dann weiter durch Deutschland und schließlich durch Belgien. Die Nachricht von den ungarischen Flüchtlingen hatte sich wie ein Lauffeuer verbreitet uns so wurden wir an fast jedem Bahnhof, an dem wir hielten, von der Bevölkerung und ehemaligen ungarischen

Flüchtlingen freudig begrüßt. Sie schwenkten die ungarische Flagge und versorgten uns mit Essen und Trinken und mit dem Grundbedarf des täglichen Lebens. Unser englischer Begleiter riet uns freundlich zu sein und alles anzunehmen, auch wenn es für uns zu viel sein sollte. Wir sollten die überschüssigen Güter später diskret wegwerfen.

Im belgischen Oostende bestiegen wir die Fähre nach Dover. Es war das erste Mal, dass wir das Meer sahen. Zum Glück war die See ruhig und niemand wurde seekrank. Der erste Engländer, mit dem ich ins Gespräch kam, war ein Fotograf und ich bat ihn ein Foto von uns zu machen. Glücklicherweise erklärte er sich einverstanden und schrieb mir seine Adresse auf. Ich sollte ihm schreiben und ihm meine Adresse mitteilen, sobald wir uns niedergelassen hatten. Er hielt sein Versprechen und schickte uns das Foto. Ich bin dem Fotograf noch immer dankbar. Nicht nur wegen des Fotos, sondern auch wegen seines beigefügten Briefs, in dem er uns mit herzlichen Worten alles Gute wünschte.

Nachdem das Schiff in Dover angelegt hatte, fuhren wir per Zug nach London, wo wir Veras Verwandte, Feri und Gyuri, trafen. Sie hatten über das Rote Kreuz erfahren, wann wir ankommen würden. Sie beglückwünschten uns, dass wir uns für England entschieden hatten und versorgten uns mit Kaffee und Früchtekuchen. Aber es blieb wenig Zeit, um in Erinnerungen zu schwelgen, denn von London ging es weiter nach Staffordshire. Rechtlich gesehen waren wir frei, aber praktisch fuhren wir dahin, wo der Zug uns hinbrachte. Warum sollten wir auch woanders hin?

Viele glaubten angesichts der endlosen Reise, dass wir bis nach Schottland gebracht würden, doch schließlich erreichten wir unser Ziel im Herzen der Midlands: das ehemalige Ausbildungslager der Royal Air Force in Hednesford.

Freiheit

Es stellte sich heraus, dass der Stützpunkt vorher eine Schule beherbergt hatte, in der Techniker der Air Force lernten, wie man Flugzeuge und Triebwerke repariert. Die Flugzeuge hatten die Bomben für die Befreiung Europas transportiert. Die ehemaligen Quartiere der Unteroffiziere wurden an Familien mit kleinen Kindern vergeben. Zum ersten Mal, seit wir die Tür zu unserer Wohnung hinter uns geschlossen hatten, hatten wir einen Raum ganz für uns allein. Völlig erschöpft von der Reise gingen wir sofort schlafen und wachten erst spät am nächsten Morgen auf.

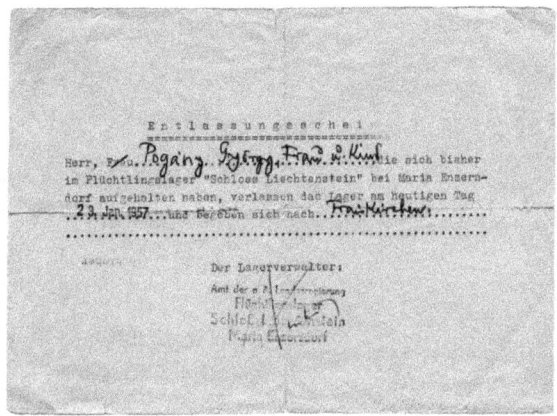

Entlassungsschein aus dem Flüchtlingslager „Schloss Liechtenstein" vom 23.01.1957

Ich duschte mich in der Gemeinschaftsdusche, zog mich an und ging nach draußen, um die Gegend zu erkunden. Es war Anfang Februar, doch es herrschten milde Temperaturen und der Himmel war voller kleiner weißer Wolken. Ich verfolgte gebannt das Spiel der Wolken, denn sie jagten in einer Geschwindigkeit vorbei, wie ich es im kontinentalen Ungarn noch nie gesehen hatte. Es war diese

ALS SELBST DIE DICHTER SCHWIEGEN

Beobachtung, die mir ins Bewusstsein rief, dass ich mich tatsächlich in einem fremden Land befand. Ein Land, von dem ich hoffte, dass es für den Rest meines Lebens meine Heimat sein würde.

Epilog

ES DAUERTE sechzehn Jahre, bis Vera und ich all unseren Mut zusammennahmen und Ungarn erneut besuchten. Im Jahr 1973 hatte die ungarische Regierung eine Amnestie für all diejenigen erlassen, die wie wir illegal geflohen waren. Inzwischen hatten wir zwar unsere britischen Pässe erhalten, wir wagten aber nicht, den inzwischen 21-jährigen István mitzunehmen, denn wir fürchteten, dass er in die ungarische Armee eingezogen werden könnte. Wir erhielten ein Visum von der ungarischen Botschaft in Den Haag und Eingeweihte versicherten uns, dass es sowohl freie Ein- als auch freie Ausreise garantierte. Leuten, die noch polizeilich gesucht wurden, wurde einfach ein Visum verwehrt: Die Festnahme von ausländischen Staatsbürgern hätte eine negative Berichterstattung über ein Land bedeutet, das sich im Zuge des selbsternannten „Gulaschkommunismus" von einem der repressivsten zum wohl liberalsten Vertreter des Ostblocks gewandelt hatte.

Wir reisten mit dem Auto quer durch Europa. Als wir uns der ungarischen Grenze näherten, versuchte ich den Sender *Kossuth Rádió* einzustellen, aber Vera war zu nervös und bat mich, das Radio auszustellen. Die Stelle, an der ich 1945 mit meinen Eltern die Grenze Richtung Ungarn überquerte und wo Vera und ich im Winter 1956 mitten in der Nacht in Richtung Österreich flohen, war nunmehr von einem mit Maschinenpistole bewaffneten Soldaten in einem Wachhäuschen bewacht. Er sah uns uns lange und sorgfältig an, so als ob er prüfen würde, ob wir es wert waren, reingelassen zu werden. Nach einer Weile öffnete er die Schranke.

„Ich hab es mir anders überlegt", flüsterte Vera, „ich will wieder zurück."

Wir fuhren nach Ungarn rein und waren nun zwischen zwei geschlossenen Schranken, wie in einer Falle. Wir konnten weder vor noch zurück. Wir waren beide nervös, als der Grenzbeamte auf uns zutrat und uns einfach fragte, ob wir ungarisch sprachen. Er konnte anhand unserer Pässe erkennen, dass wir in Ungarn geboren worden waren. Aber die Hauptsorge der Ungarn war nicht, wer ins Land einreiste, sondern wer das Land verließ. Er winkte uns durch.

Als ich die Grenze das letzte und bislang einzige Mal in Richtung Ungarn überquert hatte, war ich vollkommen mittellos gewesen und trug keinen einzigen Cent bei mir. Ich war damals ein Kind, das nach seiner verlorenen Kindheit suchte. Und ich war verbittert angesichts des Leids, das die Nazis mir angetan hatten und wusste nicht, was mich erwartete.

Nun wurden wir vom neuen Regime „*távolba szakadt hazánk fia*" genannt, „Mitbürger, die vom Weg abgekommen waren". Hießen sie uns mit diesem Euphemismus für „Flüchtlinge" willkommen oder war es eher unsere harte Währung, die sie willkommen hießen und die wir zum offiziellen Wechselkurs gegen *Forínt* eintauschen mussten? 1945 war ich davon ausgegangen, dass ich für immer in Ungarn bleiben würde; jetzt wusste ich, dass wir nach zwei Wochen wieder nach Hause zurückkehren würden.

Es sollte nur eine nostalgische Reise werden. Sobald wir in Budapest ankamen, machten wir uns daher auf die Suche nach dem kleinen Fenster, aus dem heraus die frittierten *Lángos* verkauft wurden, die wir in meiner Studienzeit regelmäßig dort kauften. Der Laden war verschwunden. Man bekam die *Lángos* nur noch auf den Märkten und so machten wir uns auf den Weg zur Großen Markthalle, dem wohl berühmtesten Markt, der sich zu einer sehr beliebten Touristenattraktion entwickelt hatte. Es gab dort *Lángos* und die ostdeutschen Touristen standen Schlange, um welche zu kaufen. Wir kauften uns jeder einen. Sie waren noch heiß und wir umwickelten sie mit den quadratischen

Epilog

Blättern aus Papier, durch die das Fett nicht durchdringen konnte. Sie waren fettig und wir waren ein bisschen enttäuscht, wie es häufig ist bei nostalgischen Dingen, die man nach einigen Jahren noch einmal wiederentdeckt. Wahrscheinlich suchten wir weniger die *Lángos*, als vielmehr unsere Jugend.

Fähre nach Dover. Der Autor und seine Frau in der Mitte.

Anfang der 1990er Jahre besuchte ich erneut Orosháza. Ich nahm den Zug aus Szeged, wo ich zu der Zeit ungarische Manager über die Arbeit in der freien Marktwirtschaft unterrichtete.

„Ist die nächste Station Orosháza?", fragte ich die junge Frau, die neben mir saß. Sie war gut gekleidet, trug ein dezentes Make-up und verströmte einen angenehmen Duft. Es war offensichtlich, dass sie zum wohlhabenderen Teil der nachrevolutionären ungarischen Gesellschaft gehörte.

„Ich frage mich, ob es am Bahnhof Taxis gibt", ergänzte ich, um eine Unterhaltung in Gang zu bringen.

„Normalerweise gibt es dort ein paar. Warum, wo müssen Sie hin?"

„Ich habe kein richtiges Ziel, ich will nur ins Stadtzentrum. Ich hab dort mal gewohnt. Ich bin aber seit rund dreißig Jahren nicht mehr dagewesen."

ALS SELBST DIE DICHTER SCHWIEGEN

„Wissen Sie was, mein Mann holt mich mit dem Auto vom Bahnhof ab. Wir können Sie gerne mitnehmen."

Als ich zuletzt in Orosháza gewohnt hatte, sind wir mit einem von Pferden gezogenen *Fiáker* vom Bahnhof nach Hause gefahren. Wir wohnten zwar nur ungefähr zwei Kilometer entfernt, aber damals war man nicht gewohnt zu laufen. Körperliche Anstrengung galt als ungesund. Und tatsächlich, ihr Mann wartete schon in seinem Skoda auf uns.

„Wo genau wollen Sie hin?", fragte er.

„In die Nähe der katholischen Kirche. Ich will sehen, ob mein Elternhaus in der Ond *Utca* noch steht."

„Sie werden feststellen, dass sich einiges verändert hat", sagte er. „Aber kein Problem, ich fahre sie dahin."

Die Fahrt war kürzer als ich dachte, wir brauchten nur ein paar Minuten mit dem Auto. Tatsächlich hatte sich einiges gewandelt. Mein Elternhaus und sämtliche Nachbarhäuser waren bis auf eins verschwunden, und mit ihnen die schönen Akazienbäume. An ihre Stelle waren drei hässliche Plattenbauten getreten. Ich drehte mich um und ging Richtung Schule, doch das Gymnasium war inzwischen umgezogen.

Die Tore zur Synagoge waren geschlossen und das Gebäude war verfallen. Die ganze Stadt sah trostlos aus. Die Bürgersteige waren voller Schlaglöcher. Es gab zwar keine Kriegsschäden und keine Einschusslöcher in den Mauern wie in Budapest, aber der Putz hatte sich gelöst und überall blätterte die Farbe ab.

Zum Mittagessen ging ich in das berühmte Alföld-Hotel. Es war das erste Mal überhaupt, dass ich in diesem noblen Restaurant essen ging. Ich bestellte das teuerste Gericht auf der Speisekarte, Rehbraten mit Nudeln und einer Bratensauce sowie Wein und zum Abschluss eine Tasse Kaffee.

Das Essen war gut, allerdings war die Atmosphäre alles andere als freundlich und elegant. Die Holztische hatten

Epilog

keine Tischdecken und die Stühle waren hart und unbequem. Statt der alten Zigeunerband spielte ein Radio Popsongs. Ich bin mir sicher, dass es damals, als meine Eltern sich an ihren Steaks erfreut hatten, vollkommen anders war.

Ich fragte nach dem Telefonbuch und ging sämtliche Namen durch. Ich entdeckte nur zwei bekannte Namen. Einer war Ravasz Karcsi, der Sohn des Metzgers, der direkt neben uns wohnte. Er war inzwischen Tierarzt. Sollte ich ihn besuchen? Was sollte ich sagen? Er war inzwischen bestimmt in Rente und es war unwahrscheinlich, dass wir irgendeine Gemeinsamkeit hatten. Der andere Name war Zelenka. Doktor Zelenka und seine Frau waren Freunde meiner Eltern gewesen. Sie hatte mit meiner Mutter und ihren Freundinnen Rommé gespielt. Sie waren bestimmt nicht mehr am Leben, aber sie hatten zwei Töchter und einen Sohn. Lajcsi war Gynäkologe, der in etwa so alt sein musste wie mein älterer Bruder István. Ich kannte die Familie Zelenka gut und ging zu ihrem Haus, um sie zu treffen.

Ich klingelte, aber es regte sich nichts. Endlich ging nebenan ein Fenster auf und eine Frau lehnte sich heraus, um zu sehen, wer da war.

„Ich habe in Orosháza gelebt", erklärte ich. „Meine Familie war mit den Zelenkas befreundet. Wissen Sie, wann sie nach Hause kommen?"

„Sie sind alle tot.", antwortete sie. „Die Eltern und alle drei Kinder." Es gab nur noch eine Enkeltochter.

Ich ging zum jüdischen Friedhof und fand das ungepflegte Grab meines Vaters. Ich glaube zwar nicht an ein Leben nach dem Tod, trotzdem sprach ich mit ihm.

„Es tut mir leid, Vater, dass ich dich nicht eher besucht habe, aber ich lebe weit weg von hier. Es ist eine Menge passiert, seitdem du von uns gegangen bist. Deine Frau hat dich um elf Jahre überlebt und ist in Manchester in England gestorben. Du kannst stolz auf mich sein. Ich habe einen Doktortitel der Universität Oxford erworben. Dein Enkelsohn ist ein Professor in England.

Ich lebe jetzt in den Niederlanden und bin immer noch mit dem Mädchen verheiratet, das ich in Budapest geheiratet habe. Ich habe die Welt bereist und lebe ein Leben in Luxus, von dem du nicht einmal zu träumen gewagt hast."

Anschließend verließ ich Orosháza für immer.

Die ungarischen Juden:
Von der Emanzipation zum Genozid

PROFESSOR ISTVAN POGANY, UNIVERSITÄT WARWICK

Für die Juden ist die neuere Geschichte Ungarns sowohl eine Quelle des Stolzes als auch der abgrundtiefen Verzweiflung. Während des 19. Jahrhunderts begannen die Juden in großer Zahl aus den benachbarten Staaten einzuwandern. Sie wurden dabei von den ökonomischen Möglichkeiten Ungarns angezogen und von dem vergleichsweise liberalen sozialen und politischen Klima, das Ungarn bot. Während die jüdische Gemeinschaft in der Mitte des 19. Jahrhunderts nur einige 10.000 Mitglieder hatte, erhöhte sich die Anzahl der jüdischen Bevölkerung bis 1869 sprunghaft auf mehr als eine halbe Million und betrug 1910 mehr als 900.000 Menschen.

Die überwältigende Mehrheit der Juden, die sich in Ungarn niederließen, entschieden sich dafür, sich in die örtliche Gemeinde zu integrieren. Am Ende des 19. Jahrhunderts verstanden sich die in Ungarn lebenden Juden im Hinblick auf ihre durch die ethno-kulturelle und sprachliche Identität geprägte Nationalität als Ungarn und im Hinblick auf ihre Religion als „Israeliten" bzw. als Juden. Bei der Volkszählung im Jahr 1900 gaben 72 Prozent der ungarischen Juden an, dass sie der ungarischen Nation angehörten und 63,8 Prozent gaben an, dass Ungarisch ihre Muttersprache sei. Im Jahr 1910 waren es landesweit bereits 71,5 Prozent, deren Muttersprache Ungarisch war. In der Hauptstadt Budapest lag der Wert sogar bei 85,6 Prozent.

Wie mein Vater und seine Familie, die in Orosháza im Osten Ungarns lebten, verstanden sich die meisten Juden des Landes eher als jüdische Ungarn denn als ungarische Juden. Ihre Bindung an – und ihre Identifikation mit – Ungarn war uneingeschränkt. Nicht selten war die Assimilation der ungarischen Juden so umfassend, dass sie ohne Bedenken Schweinefleisch aßen.

Manchmal lebten jüdische Familien – wie meine eigene – in kleinen Dörfern und Kleinstädten und zogen Schweine für den Eigenbedarf groß. Derartige Abweichungen der Ernährungsgewohnheiten von den religiösen Geboten gingen Hand in Hand mit nur gelegentlichen Besuchen der Synagoge.

In den späten Jahrzehnten des 19. Jahrhunderts nahm die ungarische Elite den Wunsch der Juden, sich zu integrieren, wohlwollend zur Kenntnis. Ungarns politische Führer befürchteten zunehmend, dass die Ungarn bzw. die „Magyaren" innerhalb der Grenzen, die traditionell von Ungarn beansprucht wurden, zu einer Minderheit wurden. Juden, die Ungarisch als ihre Muttersprache annahmen und die ungarische Kultur als ihre akzeptierten, wurden als neue Rekruten für die ungarische „Nation" begrüßt, auch wenn vergleichsweise wenige Juden den letzten Schritt gingen und zum Christentum konvertierten. Die ungarischen Juden waren ein willkommenes Instrument, um die Bevölkerung der Magyaren in einer multiethnischen Region anwachsen zu lassen, in der Rumänen, Slowaken, Kroaten, Serben, Slawen und andere Völker kulturelle und politische Anerkennung einforderten.

Die zunehmende Annäherung von Juden und Ungarn offenbarte sich bereits 1848, als das revolutionäre Feuer über den Kontinent fegte. In diesem Jahr beteiligten sich mehrere tausend Juden am ungarischen Aufstand gegen die österreichische Herrschaft der Habsburgerdynastie. Die Habsburger hatten Ungarn im späten 17. Jahrhundert im Anschluss an die mehr als eineinhalb Jahrhunderte dauernde Besatzung des Osmanischen Reichs annektiert. Die türkische Besatzung bedeutete seinerzeit das Ende der mehrere Jahrhunderte andauernden ungarischen Unab-

Die ungarischen Juden

hängigkeit. Es ist bemerkenswert, dass der relative Anteil der Juden, die 1848 bis 1849 bei den *Honvéd*, den Streitkräften zur Landesverteidigung, dienten, weitaus größer war als der Prozentsatz der Nichtjuden, die sich an der Landesverteidigung beteiligten. Nach Lajos Kossuth, dem charismatischen ungarischen Anführer des Aufstands, gab es gut 20.000 jüdische Soldaten bei den Honvéd, die insgesamt aus 170.000 bis 180.000 Männern bestanden.

Obwohl der ungarische Aufstand im folgenden Jahr mit militärischer Unterstützung des russischen Zars niedergeschlagen wurde, wurden viele politische Forderungen Ungarns von den Habsburgern im Jahr 1867 anerkannt. In Folge dessen wurde das Habsburger Reich in Österreich-Ungarn umbenannt.

Später in diesem Jahr verabschiedete das ungarische Parlament ein Emanzipationsgesetz, mit dem die über Jahrhunderte andauernde Diskriminierung der Juden beendet wurde. Bis ins Jahr 1830 waren den Juden viele der grundlegenden Bürgerrechte verweigert worden. Unter anderem war den Juden bis dahin die Arbeit im Staatsdienst verwehrt worden, sie konnten sich nicht überall im Land niederlassen, sie hatten abgesehen vom medizinischen Sektor oder in bestimmten Berufszweigen keine Berufsfreiheit und sie konnten von den ungarischen Adligen kein Eigentum mieten oder kaufen. Darüber hinaus mussten die Juden eine einzigartige und ungerechte „Duldungssteuer" entrichten – sie wurden einzig und allein dafür besteuert, dass sie Juden waren.

In den folgenden Jahrzehnten des 19. Jahrhunderts begannen die Juden eine immer wichtigere Rolle für die wirtschaftliche Entwicklung des Landes zu spielen. Unterstützt wurden sie dabei von Ungarns herrschender Klasse, vornehmlich adlige Landbesitzer mit einer tiefen Abneigung gegen die Wirtschaft. Auch wenn Ungarns führende Politiker sich nicht selbst in der Finanzindustrie, in der Wirtschaft und der Industrie engagieren wollten, so verstanden sie sehr wohl, dass weitreichende wirtschaftliche Reformen notwendig waren.

Im Rückblick betrachtet wird es offensichtlich, das die Freiheiten und Möglichkeiten, die den ungarischen Juden erstmalig in der zweiten Hälfte des 19. Jahrhunderts gewährt wurden, ein zweischneidiges Schwert waren. Gleichberechtigung, die den Juden neue und bislang verwehrte berufliche Perspektiven eröffnete, bedeutete auch eine neue Konkurrenz für die nichtjüdischen Ungarn. Dies galt in besonderem Maße für die freien Berufe im Bereich des Ingenieurswesens, im Journalismus und in den Geisteswissenschaften. Innerhalb weniger Jahrzehnte wurden Juden in all diesen Gebieten außerordentlich erfolgreich.

Im Jahr 1910 waren, den zitierten Zahlen aus Raphael Patais Buch *The Jews of Hungary* nach zu urteilen, 42,4 Prozent der ungarischen Journalisten Juden. Juden stellten darüber hinaus 48,5 Prozent der ungarischen Ärzte, 14,5 Prozent der Apotheker, 40 Prozent der Tierärzte, 26,2 Prozent der Schriftsteller und Künstler und 37,6 Prozent der Ingenieure, darunter auch in der chemischen Industrie. Die erhöhte Sichtbarkeit und der Erfolg der Juden in diesen Sektoren befeuerte Ressentiments und den Neid der Bevölkerung.

Die herausragenden Aktivitäten der jüdischen Geschäftsleute, Bankiers und Industriellen trugen zwar massiv zur Modernisierung der ungarischen Wirtschaft bei, sie provozierten allerdings ebenfalls Verbitterung, insbesondere im niederen Adel und unter der Landbevölkerung. Juden wurden als Vertreter einer ungeliebten Moderne gesehen, in der der Profit und der Materialismus vermeintlich die „traditionellen ungarischen Werte" verdrängt hatten. In der Realität waren die überwiegende Mehrzahl der ungarischen Juden weder wohlhabende Bankiers noch erfolgreiche

Rechtsanwälte. Stattdessen erwirtschafteten die meisten ein bescheidenes Einkommen als Schneider und Schuster, als Kutscher und Hausierer, als Lehrer, Krankenschwester und Hebamme, als Ladenbesitzer und Wirt oder auch als Haushälterin und Magd. Geburtsregister und andere Dokumente von der vorletzten Jahrhundertwende zeigen, dass eine erhebliche Zahl ungarischer Juden, insbesondere in den abseits gelegenen Regionen wie Máramaros im Nordosten der k.u.k. Monarchie, als *Napszámos* oder Tagelöhner arbeiteten. Viele von ihnen waren Analphabeten, die ihren eigenen Namen nicht schreiben konnten.

Die Niederlage Österreich-Ungarns im Ersten Weltkrieg und das daraufhin Ungarn 1920 mit dem Vertrag von Trianon aufoktroyierte Friedensabkommen führte zu einer existenziellen Krise der ungarischen Gesellschaft, von der sie sich nie wieder vollständig erholen sollte. Mit dem Vertrag wurde Ungarn gezwungen, fast drei Viertel seines Hoheitsgebietes abzutreten und verlor ein Drittel seiner ethnischen ungarischen Bevölkerung.

Die in diesen Gebieten beheimateten Ungarn wurde so gegen ihren Willen zu Bürgern der Tschechoslowakei, Rumäniens oder des Königreichs Jugoslawien.

Neben der verheerenden Auswirkung auf die Moral und das Selbstbewusstsein der Ungarn führten die durch den Vertrag von Trianon aufgezwungenen Gebietsverluste in der Nachkriegszeit zu einer schweren Wirschaftskrise. Darauf weist auch Joseph Rothschild in seinem Buch „East Central Europe Between The Two World Wars" hin:

Der Verlust wirtschaftlicher Ressourcen, den der Vertrag von Trianon Ungarn durch die neue Grenzziehung aufbürdete, war atemberaubend. Ungarn verlor 58 Prozent seines Schienen- und 60 Prozent seines Straßennetzes, 84 Prozent seiner wirtschaftlich genutzten Wälder, 43 Prozent seines Ackerlandes, 83 Prozent seiner Eisenerzvorkommen, 29 Prozent seiner Braunkohle- und 27 Prozent seiner Steinkohlevorkommen.

Nach diesem Schock begann unverzüglich die Suche nach den Schuldigen für die Misere. In dieser Situation waren Juden willkommene Sündenböcke. Und so wurden sie für Ungarns politische, wirtschaftliche, soziale und sonstige Missstände verantwortlich gemacht, insbesondere nach dem schnellen Ende der Ungarischen Räterepublik, die im Jahr 1919 in Budapest ausgerufen worden war. Diese Föderative Ungarische Sozialistische Räterepublik, die lediglich von Ende März bis Anfang August existierte, folgte der Koalitionsregierung unter Führung des liberalen und reformorientierten Adeligen, Graf Mihály Károlyi.

Ungarns Räterepublik stieß wegen ihrer extremen, kirchenfeindlichen und autoritären Politik auf zunehmende Ablehnung. Sie war aber auch in weiten Teilen der Bevölkerung verhasst, da sie als jüdisch angesehen wurde. So war Béla Kun, der informelle Führer der Räteregierung, ein ungarischer Kommunist aus Siebenbürgen mit jüdischer Abstammung. Insgesamt stammten nicht weniger als zweiunddreißig der fünfundvierzig Kommissare der Regierung aus jüdischen Familien. Dennoch sollte der hohe Anteil von Juden in der Räteregierung nicht darüber hinwegtäuschen, dass die Mehrheit der ungarischen Juden entweder unpolitisch war, weiterhin der alten, multinationalen österreichisch-ungarischen Monarchie nachtrauerte oder konservative, liberale oder sozialdemokratische Parteien unterstützte. Anhänger der marxistisch-leninistischen Ideologie stellten dagegen eine kleine und nicht repräsentative Minderheit unter den ungarischen Juden dar.

Dem Zusammenbruch der Räterepublik folgte eine Periode, die in der Geschichte Ungarns als „weißer Terror"

Die ungarischen Juden

bekannt geworden ist. Juden und andere mutmaßlichen Anhänger des Rätesystems wurden misshandelt, gefoltert und willkürlich ermordet. Bis zu 6.000 Personen, darunter viele Juden, verloren bei diesem ideologisch befeuerten Blutvergießen ihr Leben. In den folgenden Jahrzehnten, in denen rechte und autoritäre Regierungen an der Macht waren, wurden die Juden häufig sowohl als Symbole einer gottlosen, kommunistischen Revolution als auch als selbstsüchtige Werkzeuge eines seelenlosen Kapitalismus angesehen.

In der Zeit zwischen den beiden Weltkriegen wurde die Politik überschattet von der Weltwirtschaftskrise, dem Schreckgespenst des Vertrags von Trianon, der wachsenden Macht Nazi-Deutschlands und von den Erinnerungen an die kurzlebige Ungarische Räterepublik. Die Macht verschob sich in dieser Zeit allmählich vom konservativen Graf István Bethlen zum populistischen und antisemitischen Gyula Gömbös. Gömbös wurde 1932 zum Premierminister ernannt und blieb bis zu seinem Tod im Jahr 1936 im Amt. Er offenbarte seine politischen Sympathien, als er Hitler als erster ausländischer Regierungschef mit einem Antrittsbesuch seine Aufwartung machte, nachdem dieser zum Reichskanzler ernannt worden war.

Unter den Nachfolgern Kálman Darányi, Béla Imrédy, Pál Teleki und László Bárdossy orientierte sich Ungarn aus opportunistischen und ideologischen Gründen immer mehr an den Achsenmächten. Dank der diplomatischen Vermittlung Deutschlands und Italiens erhielt Ungarn 1938 rund zwanzig Prozent seines Hoheitsgebietes zurück, das es zuvor im Rahmen des Vertrags von Trianon an die Tschechoslowakei hatte abtreten müssen. Mit Unterstützung der selben Achsenmächte gewann Ungarn 1940 den nördlichen und östlichen Teil Siebenbürgens zurück, die zusammen zwei fünftel der zuvor an Rumänien verlorenen

Gebiete ausmachten. Allerdings führte Ungarns Bestreben, die Unterstützung der Achsenmächte für seine revisionistische Politik zu sichern und der stetig wachsende Antisemitismus, zu einer Phase, in der ab 1938 eine ganze Reihe drakonische und diskriminierende Gesetze gegen Juden erlassen wurden. Die kumulative Wirkung dieser Gesetze war, dass Juden vom wirtschaftlichen, öffentlichen und kulturellen Leben ausgeschlossen wurden, dass ihr Vermögen konfisziert wurde und dass sie in Unsicherheit und bitterer Armut leben mussten.

Es ist erstaunlich, dass sowohl die katholische als auch die protestantische Kirche in Ungarn begeisterte Befürworter der antijüdischen Gesetze waren, die 1938 und 1939 verabschiedet wurden, auch wenn einige Kleriker die Anwendung der diskriminierenden Maßnahmen gegenüber jüdischen Konvertiten zum Christentum strikt ablehnten. Die einflussreichen Kirchen in Ungarn hatten keinerlei theologische oder moralische Einwände gegen den Grundsatz, Juden zu diskriminieren, ihr Wahlrecht bei nationalen oder kommunalen Wahlen einzuschränken, ihnen den Zugang zum Staatsdienst und zur Kommunalverwaltung zu verwehren, ihren Zugang zu Berufen drastisch zu beschränken und ihnen eine Tätigkeit als Zeitungsverleger oder Theaterdirektor zu verbieten. Im Gegenteil, die führenden Kleriker befürworteten die Verabschiedung der so genannten „Judengesetze". So unterstützte beispielsweise Bischof László Ravasz von der Reformierten Kirche in Ungarn das zweite Judengesetz „gegen den übermäßigen Einfluss des Judentums auf die geistige Führung". In seiner Rede vor dem Oberhaus des ungarischen Parlaments am 17. April 1939 bedauerte Bischof Ravasz, dass „es nicht die Juden sind, die sich den ungarischen Geist angeeignet haben, sondern die Ungarn, die sich an die Juden angepasst haben." Ebenfalls im Oberhaus beschuldigte der katholische Kardinal Serédi

Die ungarischen Juden

Ungarns Juden, dass sie „die christlichen Werte" im ungarischen Wirtschaftsleben zerstört hätten.

Dieser Vorwurf ließ allerdings geflissentlich den feudalen Charakter der traditionellen ungarischen Gesellschaft außer Acht, in der eine kleine Minderheit in Wohlstand lebte und Macht und Privilegien besaß, während Millionen Menschen auf dem Land entweder völlig mittellos waren oder als Kleinbauern kleine Parzellen Land beackerten und abgeschieden in bitterer Armut leben mussten.

Als Ungarn Schritt für Schritt an der Seite der Achsenmächte in den Zweiten Weltkrieg hineingezogen wurde, stellte sich für die ungarischen Behörden die Frage, wie sie mit den Juden umgehen sollten, die bereits in der Armee dienten oder die wehrpflichtig wurden. Und so schuf die Regierung ein System von *Munkaszolgálat* bzw. „unterstützenden Arbeitskommandos" für Juden oder andere „unerwünschte" Personen. Mitglieder dieser Arbeitskommandos begleiteten die regulären ungarischen Militäreinheiten auch an die russische Front. Allerdings durften sie keine Waffen tragen und wurden in der Regel eingesetzt, um Schützengräben auszuheben, Züge zu entladen und andere schwere körperliche Arbeiten zu verrichten. Dabei wurden sie nur unzureichend mit Essen und Kleidung versorgt und bekamen keine richtige Unterkunft.

Der Historiker Raul Hilberg geht davon aus, dass rund 80.000 jüdische Männer in den *Munkaszolgálat* dienten und dass von diesen ungefähr 40.000 starben. Viele starben an der russischen Front oder fielen der brutalen und sadistischen Behandlung der ungarischen Unteroffiziere und Offiziere zum Opfer. So starben beispielsweise vierzehn Männer des Arbeitskommandos 101/5 Anfang Oktober, weil sie durch die Mangelernährung, die fehlende Unterkunft und die ständigen Schläge mit ihren Kräften

ALS SELBST DIE DICHTER SCHWIEGEN

am Ende waren. Der Historiker László Karsai hat in seiner Arbeit aufgezeigt, dass sich die Männer des Arbeitskommandos hauptsächlich von schwarzem Tee ohne Zucker und von mit Kornkäfern befallenem Mehl ernähren mussten. Trotz dieser mageren Kost wurden sie dazu gezwungen von Sonnenaufgang bis Sonnenuntergang zu arbeiten.

Karsai stellte fest, dass die deutschen Offiziere ihre ungarischen Gegenüber, die für die unterstützenden Arbeitskommandos verantwortlich waren, wiederholt aufforderten, sich zu entscheiden, ob sie die Juden erschlagen oder sie für die Arbeit nutzen wollten.

Einige der führenden ungarischen Schriftsteller und Künstler dienten in den Arbeitskommandos. Darunter war auch der Maler Imre Ámos, der später in einem deutschen Konzentrationslager starb, sowie der Dichter Miklós Radnóti. Der Titel dieses Buches, *Als selbst die Dichter schwiegen*, entstammt der anklagenden *Sechsten Ekloge*, die Radnóti im Mai 1944 nur wenige Monate vor seinem frühen Tod verfasste. Radnóti war zum katholischen Glauben übergetreten und einer der führenden ungarischen Dichter des zwanzigsten Jahrhunderts. Dies bewahrte ihn aber nicht davor, immer wieder zur Zwangsarbeit in Arbeitskommandos abkommandiert zu werden. Am 4. November 1944 war Radnóti am Ende seiner Kräfte und nicht mehr in der Lage weiter zu laufen. Er wurde zusammen mit einundzwanzig weiteren Zwangsarbeitern von seinen ungarischen Bewachern erschossen und in einem Massengrab nahe der Stadt Györ im Westen Ungarns beerdigt.

Ironischerweise bot der Dienst in einem ungarischen Arbeitskommando in gewisser Weise Schutz vor den schlimmsten Auswüchsen der deutschen Judenpolitik, insbesondere nachdem die deutschen Truppen Ungarn im März 1944 besetzten. Der plötzliche Einmarsch der deut-

Die ungarischen Juden

schen Truppen folgte auf die linkischen Bemühungen der ungarischen Führung, das Land aus dem Krieg herauszuhalten und brachte die „Endlösung" nach Ungarn. Bis zu diesem Zeitpunkt waren die ungarischen Juden, auch wenn sie zunehmend verfolgt wurden und verarmten, vom Völkermord verschont geblieben. Sie waren noch nicht an die Deutschen ausgeliefert worden, um in Auschwitz-Birkenau oder anderen Konzentrationslagern ermordet zu werden und sie wurden bis dahin noch nicht systematisch von ungarischen Polizisten und Soldaten getötet.

Adolf Eichmann und ein kleines Sondereinsatzkommando begleiteten die deutschen Truppen, die Ungarn besetzten. 1941 gab es geschätzt 825.000 Juden in den von Ungarn kontrollierten Gebieten. Eichmanns Auftrag lautete, die Deportation dieser jüdischen Bevölkerung in die Todeslager zu organisieren und durchzuführen.

Eichmann und seine Untergebenen starteten ihre Festnahmen und die Deportation von Juden mit Unterstützung ungarischer Beamten und Polizisten in den Gebieten, die erst kürzlich von Ungarn besetzt und annektiert worden waren, darunter auch das nördliche Siebenbürgen. Unter den Deportierten befand sich unter anderem der zukünftige Friedensnobelpreisträger Elie Wiesel und seine Familie, die in der Stadt Sighet in der Nähe der karpatischen Berge lebte. Wiesel, der, anders als seine Mutter, sein Vater und seine jüngere Schwester, die Konzentrationslager überlebte, beschreibt seine letzten Stunden in Sighet in seinem bekanntesten Buch *Die Nacht:*

Am nächsten Morgen marschierten wir zum Bahnhof, wo uns ein Viehwagentransportzug erwartete. Die ungarischen Gendarmen befahlen uns einzusteigen, je achtzig Personen in einem Waggon. Man ließ uns einige Kanten Brot, ein paar Kübel Wasser. Man prüfte die Gitter der Fenster auf ihre

Haltbarkeit. Dann wuden die Wagen versiegelt. Für jeden Wagen wurde ein Wagenältester bestimmt: wenn jemand fliehen sollte, würde er erschossen werden. Auf dem Bahnsteig schlenderten zwei Offiziere der Gestapo lächelnd auf und ab. Schließlich war alles reibungslos abgelaufen.

Die zweite Phase der von Eichmann penibel geplanten und sorgfältig ausgeführten Vernichtung der ungarischen Juden zielte auf die Juden ab, die in der Provinz lebten. So stellte der Historiker David Cesarini fest: „Zwischen dem 15. Mai und dem 7. Juli [1944] wurden 437.000 verhaftet und ins Konzentrations- und Vernichtungslager Auschwitz-Birkenau in Oberschlesien transportiert. Nur ein Bruchteil wurde zur Zwangsarbeit selektiert und von diesen haben wiederum nur einige Tausend überlebt."

Glück, ein zunehmender Arbeitskräftemangel in Deutschland und die Intervention des Hilfs- und Rettungskomitees in Budapest bewahrte meinen Vater und dessen Eltern sowie mehrere tausend jüdische Ungarn davor, ebenfalls nach Auschwitz transportiert zu werden. Zu diesem Zeitpunkt war István, der ältere Bruder meines Vaters, bereits in ein Arbeitskommando eingezogen worden.

Dem Hilfs- und Rettungskomitee gehörte neben Zionisten aus Budapest und dem nördlichen Siebenbürgen auch ein Journalist und Rechtsanwalt namens Rezsö Kasztner an, der später in Israel einem rechtsextremistischen Anschlag zum Opfer fiel. Der bekannteste, wenn auch kontrovers diskutierte Erfolg von Kasztner und dem Hilfs- und Rettungskomitee war, Adolf Eichmann davon zu überzeugen, 1.685 Juden aus Siebenbürgen und Ungarn im Sommer 1944 gegen Zahlung eines Lösegeldes von 1.000 $ pro Person in die Schweiz ausreisen zu lassen.

In weiteren Verhandlungen überzeugten Kasztner und das Hilfs- und Rettungskomitee die Deutschen davon,

Die ungarischen Juden

30.000 Juden als Zwangsarbeiter nach Wien und Umgebung zu schicken. Davon kamen die Hälfte aus der Alföld, der Großen Ungarischen Tiefebene. Eichmann und seine Untergebenen überließen dem Komitee die Auswahl der Juden, die nach Wien anstatt nach Auschwitz geschickt werden sollten. Allerdings konnten auch Glück und sogar der „schwarze Humor" eines SS-Offiziers eine Rolle spielen. In der zweiten Auflage seines Buchs „Die Vernichtung der europäischen Juden" beschreibt Raul Hilberg das Vorgehen bei der Selektion:

> Dem Komitee fiel nunmehr die undankbare Aufgabe zu, die zu rettenden Juden auszuwählen. In Budapest und in den Provinzen wurden Listen aufgestellt. Sie wurden geändert, erweitert oder reduziert. Es gab Originallisten und Ersatzlisten. Schließlich spielte auch der Zufall eine Rolle. So vertauschte ein SS-Mann – versehentlich oder aus Gleichgültigkeit – zwei Züge. Ein Transport aus Győr, in dem sich auch der Rabbi der Stadt, Dr. Emil Roth, befand, wurde nach Auschwitz geleitet. Anstelle des Győr-Zuges traf ein anderer Zug, der planmäßig nach Auschwitz hätte fahren sollen, in Wien ein.

Die Juden von Orosháza, darunter auch mein Vater und meine Großeltern, hatten das außergewöhnliche Glück, zu dem kleinen Teil der 15.000 Juden aus der ungarischen Provinz zu gehören, die in verschlossenen Güterwaggons nach Wien anstatt nach Auschwitz geschickt wurden. Schätzungsweise 75 Prozent der ungarischen Juden, die als Zwangsarbeiter nach Österreich geschickt wurden, überlebten den Krieg.

Der ungarische Historiker Szabolcs Szita betont, dass die Zustimmung der Deutschen, bis zu 30.000 Juden in Arbeitslager nach Wien und Umgebung anstatt direkt nach Auschwitz-Birkenau zu schicken, kein Akt der Barmherzigkeit war. Eichmann bemerkte kühl, dass diese

Juden nur „auf Eis" gelegt waren. Sie könnten ein nützliches Faustpfand sein für zukünftige Verhandlungen mit den Alliierten. Darüber hinaus musste des Rettungskomitee für jeden Juden, der in ein Zwangsarbeiterlager geschickt wurde, 100 $ an die Nazis zahlen und zusätzlich erhielten die Nazis die Löhne der Zwangsarbeiter von den deutschen Unternehmen, die diese beschäftigten. Und nicht zuletzt war den Nazis bewusst, dass die Einberufung der arbeitsfähigen Männer zu einem schwerwiegenden Arbeitskräftemangel im Großraum Wien geführt hatte. Man benötigte händeringend Arbeiter, insbesondere im Hoch- und Tiefbau; auch Juden wurden als akzeptabel angesehen.

Anders als die Juden aus der ungarischen Provinz, entging der Großteil der Budapester Juden der Deportation in die Todeslager. Der zunehmende Mangel an Zügen für den Transport und die schnell heranrückende Front mit der angreifenden Roten Armee führten dazu, dass die systematische Vernichtung der Budapester Juden im November 1944 nicht mehr zur Option stand. Allerdings war in einem von Deutschland unterstützten Staatsstreich die ungarische Pfeilkreuzlerbewegung in Budapest an die Macht gekommen. Als fanatische Antisemiten waren die Pfeilkreuzler verantwortlich für den Tod tausender Budapester Juden, die am Ufer der Donau erschossen und deren Leichen in das eiskalte Flusswasser geworfen wurden.

Zehntausende der in der Stadt lebenden Juden, darunter auch meine Mutter, mein Großvater mütterlicherseits und ein Großonkel, wurden festgenommen und mussten zu Fuß Richtung deutsche Grenze marschieren, die fast 230 Kilometer entfernt war. Während dieser Todesmärsche kamen zahllose Menschen ums Leben, denn es gab kaum Essen, Wasser oder Unterkünfte, ganz zu schweigen von medizinischer Versorgung. Die meisten Juden, die es letztlich

Die ungarischen Juden

bis nach Deutschland schafften, wurden entweder getötet oder starben an den Folgen der Misshandlungen.

Von meinen direkten Familienangehörigen, die auf diese Todesmärsche geschickt wurden, überlebte lediglich meine Mutter. Zusammen mit einer anderen jungen Jüdin ließ sie sich zurückfallen, indem sie in der Dämmerung so tat, als ob sie sich ihre Schuhe zubinden würde. Sie hatten Glück, dass sie nicht von dem berittenen ungarischen Polizisten gesehen wurden, der die marschierenden Frauen eskortierte. Meiner Mutter gelang es, sich bis nach Budapest zurück durchzuschlagen und sich dort bis zum Kriegsende zu verstecken.

Für die große Mehrheit der verbliebenen Juden in Ungarn bedeutete die Vertreibung der deutschen und ungarischen Truppen durch die Rote Armee nicht nur die Befreiung, sondern auch die Rettung aus höchster Lebensgefahr. Wenn die sowjetischen Truppen nicht Ungarn besetzt hätten, wäre jeder ungarische Jude von den Pfeilkreuzlern und ihren deutschen Verbündeten ermordet worden. Es ist daher nicht überraschend, dass viele Juden wie meine Eltern nach dem Krieg aus Dankbarkeit und einem naiven Glauben an die kommunistische Propaganda in die Kommunistische Partei eintraten. Schließlich propagierte sie, dass sie für soziale Gleichheit und das Ende der rassistischen Unterdrückung und Tyrannei sorgen würde, wenn die Kommunisten an die Macht kämen.

Für die allermeisten ungarischen Nichtjuden stand die sowjetische Herrschaft dagegen für eine fremde, gottlose Tyrannei, die weitaus verhasster war und repressiver erschien als die vorherige deutsche Besatzung. Schließlich hatten die Deutschen viele ungarische politische und wirtschaftliche Institutionen unversehrt gelassen.

Die offensichtliche Begeisterung vieler ungarischer Juden für die Sowjets und die Einführung des Kommunismus bestätigte lediglich die Meinung vieler Nichtjuden in Ungarn, dass die Juden unpatriotisch seien und dass sie niemals „richtige" Ungarn werden könnten. Diese gegenseitigen Verdächtigungen und Ressentiments, die aus der unterschiedlichen Wahrnehmung der Geschichte des Zweiten Weltkriegs und der nachfolgenden kommunistischen Herrschaft resultiert, überschatten bis heute die Beziehungen der Juden und der Nichtjuden in Ungarn.

Allerdings bedeutete die sowjetische Besatzung für viele tausend Juden in Ungarn, darunter auch für den älteren Bruder meines Vaters, keine Befreiung. Nachdem er den Krieg in einem Arbeitskommando überlebt hatte, war István zu Fuß auf dem Weg zurück nach Hause, als er von einer sowjetischen Militäreinheit festgenommen und als Zwangsarbeiter in die Sowjetunion transportiert wurde, wo er verhungerte. Es gab mehrere hunderttausend Ungarn, darunter sowohl Zivilisten als auch Kriegsgefangene, die als Zwangsarbeiter in der Sowjetunion festgehalten wurden.

Trotz der Bitterkeit, die viele ungarische Juden angesichts der Mitschuld Ungarns erfüllte, entschied sich ein großer Teil der überlebenden Juden des Landes, nach dem Krieg in Ungarn zu bleiben. Dies deutet darauf hin, dass sie sich immer noch mit Ungarn, seiner Sprache und seiner Kultur identifizierten. Der Schriftsteller und Essayist György Konrád, ein Holocaust-Überlebender, der in den 70er und 80er Jahren im kommunistischen Ungarn ein politischer Dissident wurde, betonte, dass es für Juden wie ihn weiterhin möglich – wenn nicht sogar notwendig – sei, sowohl Jude als auch Ungar zu sein; trotz der langen und traurigen Schatten, die über der jüdisch-ungarischen Geschichte im 20. Jahrhundert liegen.

Professor Istvan Pogany, Warwick, 2011

Danksagung

Ich danke Rob Groot und dem emeritierten Professor Dudley Jackson für ihre Unterstützung und Peter Bowing nicht nur für die Korrektur des englischen Texts, sondern auch für die zahlreichen und wertvollen Hinweise. Peter, ohne Dich hätte ich es nicht geschafft. Einen großen Dank schulde ich auch meinem Verleger und Herausgeber Liam D'Arcy-Brown für seine Geduld und seinen Umgang mit meiner Sturheit und meiner Ablehnung seinen Rat anzunehmen. Ich bedanke mich auch bei Váraljai Nóra für das Layout und die Erstellung des Buchsatzes. Selbstverständlich übernehme ich die Verantwortung für noch verbliebene Fehler. Ebenso habe ich viele hilfreiche Ratschläge und Korrekturhinweise von meinem Sohn, Professor Dr. Istvan Pogany, erhalten. Und nicht zuletzt bin ich dankbar für die Geduld meiner Frau Vera, die es mir ermöglicht hat, Tag für Tag an meinem Computer zu sitzen ohne ihr zu helfen.

Nachwort des Übersetzers

Meine persönliche Reise in die Vergangenheit begann 2018, als mir mein Freund und Verleger Liam D'Arcy-Brown bei einem Besuch vorschlug, die Autobiographie von George Pogany vom Englischen ins Deutsche zu übersetzen. Die Reise beginnt in der vermeintlich „guten alten Zeit" einer Kindheit im Ungarn der k.u.k. Monarchie in der landwirtschaftlich geprägten Provinzstadt Orosháza. Ich selbst komme aus dem landwirtschaftlich geprägten Westfalen und konnte mir dank der Erzählungen meines Vaters und Großvaters sehr gut vorstellen, wie das Leben in Orosháza seinerzeit gewesen sein muss. Dass es trotz der eindrucksvollen, idyllischen Schilderungen – man denke nur an das Fest der Schweine – keine „gute" alte Zeit war, wird allerdings schnell deutlich.

George Pogany schildert eindrucksvoll, wie sich die Lebensumstände während seiner Kindheit für ihn und seine jüdische Familie immer weiter verschlechtern, bis es 1944 zur Deportation der jüdischen Bevölkerung von Orosháza kommt, zunächst in ein Ghetto und schließlich in ein Zwangsarbeiterlager in Wien. Im Jahr 1944 war George Pogany 16 Jahre alt – genauso alt wie mein Sohn Maximilian zum Zeitpunkt der Übersetzung. Ich konnte daher sehr gut mitfühlen, wie schmerzhaft der durch die äußeren Umstände erzwungene frühzeitige Schritt ins Erwachsenenleben für ihn gewesen sein muss. Beeindruckend ist, wie er während der Zeit der Deportation und der schweren Zwangsarbeit früh Verantwortung für seine Mitmenschen übernimmt.

Die anfängliche Begeisterung für den Kommunismus im Nachkriegsungarn kühlt sich vor dem Hintergrund der wirtschaftlichen Not und der zunehmenden politischen Unterdrückung schnell ab. George Pogany erkennt als junger Chemiker und scharfsinniger Beobachter schnell, dass es sich beim Kommunismus um ein Herrschaftssystem handelt, das die selbst gesteckten Ziele wegen der systemimmanenten Konstruktionsfehler nicht erreichen kann. Die humorvollen Beschreibungen der skurrilen Auswirkungen der Planwirtschaft zeigen dies anschaulich. Das Buch endet mit der dramatischen und erfolgreichen Flucht von George Pogany und seiner Familie nach England, nachdem zuvor im Jahr 1956 der Volksaufstand in Ungarn blutig niedergeschlagen worden war.

Ich bin sehr dankbar, dass ich George Pogany und seine Frau Vera in ihrer neuen Heimat in den Niederlanden kennenlernen durfte. Wir verbrachten zwei Tage miteinander, in denen wir uns intensiv austauschten und in denen mir George Pogany wertvolle Hinweise für die Übersetzung gab. Ich lernte zwei wunderbare, warmherzige und humorvolle Menschen kennen – vielen Dank, George und Vera!

Bei meiner Reise in die Vergangenheit begleiteten mich meine Frau Ulli und meine beiden Kinder Maximilian und Franziska. Ihnen danke ich für die Unterstützung. Mein Dank geht auch an meine Eltern Elisabeth und Klaus sowie an Olaf Nitsche und Katharina Schenk für die Korrektur und die wertvollen Hinweise. Ebenfalls danke ich Andrea Banai für die Hilfe bei der Übersetzung der Sechsten Ekloge von Miklós Radnóti und der ungarischen Redewendungen. Schließlich danke ich Liam D'Arcy-Brown für das entgegengebrachte Vertrauen.

Ich hoffe, dass die deutsche Übersetzung einen Beitrag leistet, die Erinnerung an die Schreckenszeit des Naziregimes im deutschsprachigen Raum weiter wach zu halten. Die heute Lebenden tragen zwar keine Verantwortung für das Unrecht, das den Juden und anderen Menschen angetan wurde – aber wir haben die Verantwortung, dem Antisemitismus und dem Hass auf Minderheiten entschieden entgegen zu treten.

Michael Sieker, Münster, 2020

www.ingramcontent.com/pod-product-compliance
Lightning Source LLC
LaVergne TN
LVHW041539070426
835507LV00011B/821